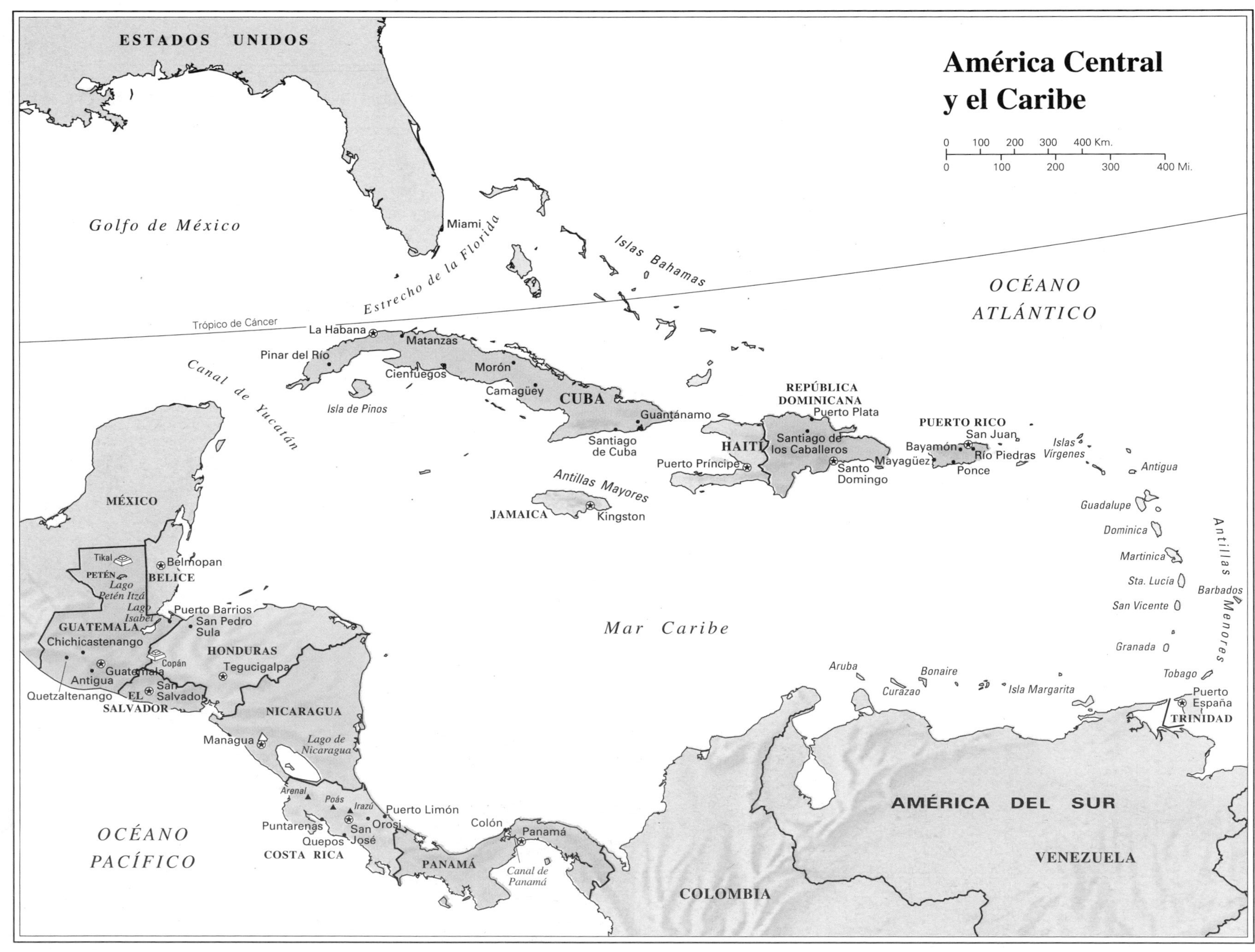

América Central
y el Caribe
0 100 200 300 400 Km.
0 100 200 300 400 Mi.
ESTADOS UNIDOS
Golfo de México
Miami
Estrecho de la Florida
Islas Bahamas
Trópico de Cáncer
OCÉANO
ATLÁNTICO
La Habana
Matanzas
Pinar del Río
Cienfuegos
Morón
Camagüey
CUBA
Isla de Pinos
Canal de Yucatán
Guantánamo
Santiago
de Cuba
REPÚBLICA
DOMINICANA
Puerto Plata
Santiago de
los Caballeros
HAITÍ
Puerto Príncipe
Santo
Domingo
PUERTO RICO
San Juan
Bayamón
Río Piedras
Mayagüez
Ponce
Islas
Vírgenes
Antigua
Antillas Mayores
JAMAICA
Kingston
MÉXICO
Guadalupe
Dominica
Martinica
Sta. Lucía
San Vicente
Barbados
Antillas Menores
Granada
Tobago
Puerto
España
TRINIDAD
Tikal
PETÉN
Lago
Petén Itzá
Belmopan
BELICE
Lago
Isabel
Puerto Barrios
San Pedro
Sula
GUATEMALA
Chichicastenango
HONDURAS
Copán
Tegucigalpa
Guatemala
Antigua
Quetzaltenango
EL
SALVADOR
San
Salvador
NICARAGUA
Managua
Lago de
Nicaragua
Mar Caribe
Aruba
Curazao
Bonaire
Isla Margarita
Arenal
Poás
Irazú
Puerto Limón
San
José
Orosi
Puntarenas
Quepos
COSTA RICA
Colón
Panamá
PANAMÁ
Canal de
Panamá
OCÉANO
PACÍFICO
AMÉRICA DEL SUR
VENEZUELA
COLOMBIA

Hispanos en Estados Unidos

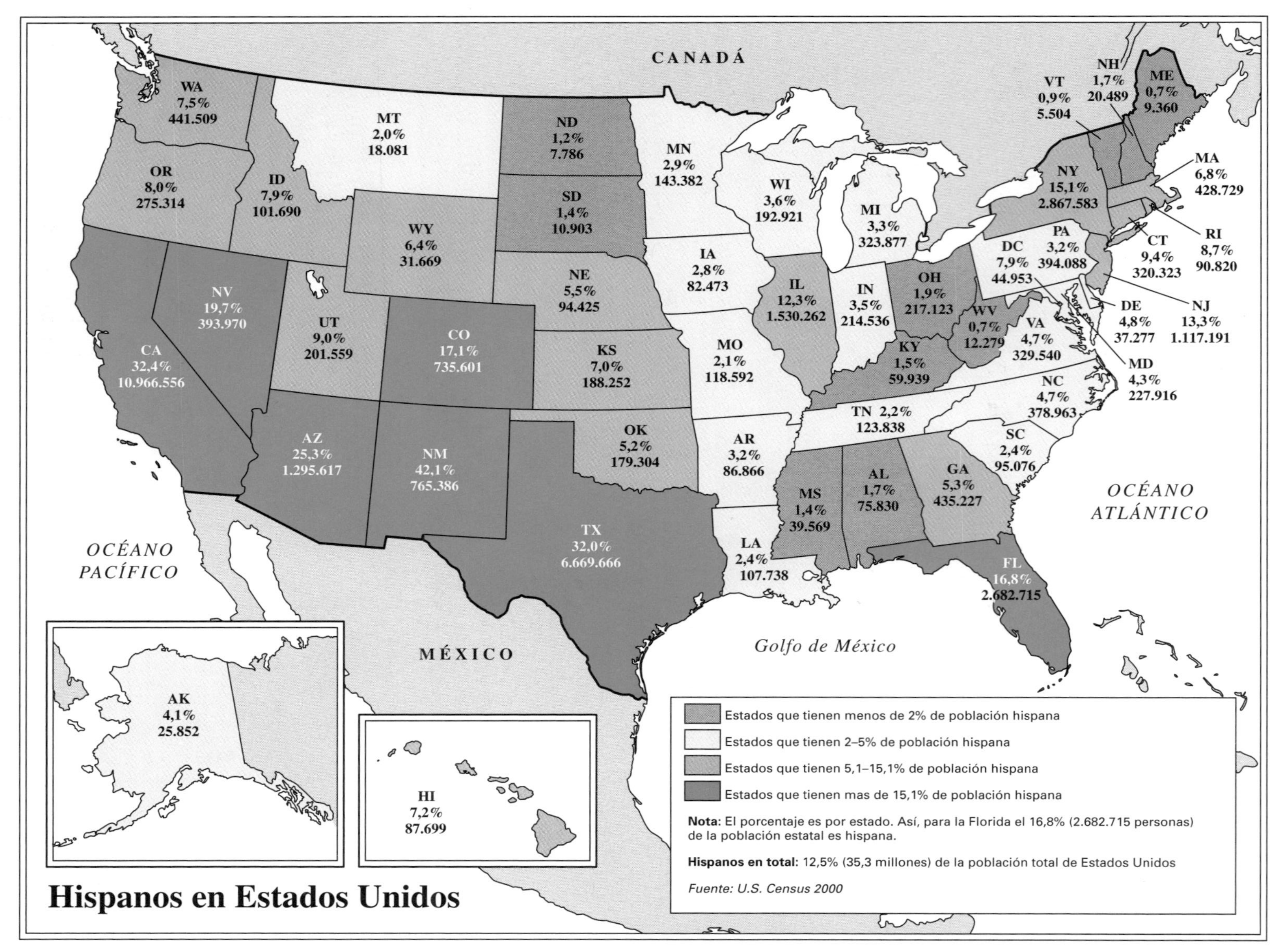

CANADÁ
MÉXICO
OCÉANO PACÍFICO
OCÉANO ATLÁNTICO
Golfo de México
WA 7,5% 441.509
OR 8,0% 275.314
CA 32,4% 10.966.556
NV 19,7% 393.970
ID 7,9% 101.690
MT 2,0% 18.081
WY 6,4% 31.669
UT 9,0% 201.559
AZ 25,3% 1.295.617
CO 17,1% 735.601
NM 42,1% 765.386
ND 1,2% 7.786
SD 1,4% 10.903
NE 5,5% 94.425
KS 7,0% 188.252
OK 5,2% 179.304
TX 32,0% 6.669.666
MN 2,9% 143.382
IA 2,8% 82.473
MO 2,1% 118.592
AR 3,2% 86.866
LA 2,4% 107.738
WI 3,6% 192.921
IL 12,3% 1.530.262
MI 3,3% 323.877
IN 3,5% 214.536
OH 1,9% 217.123
KY 1,5% 59.939
TN 2,2% 123.838
MS 1,4% 39.569
AL 1,7% 75.830
GA 5,3% 435.227
FL 16,8% 2.682.715
SC 2,4% 95.076
NC 4,7% 378.963
VA 4,7% 329.540
WV 0,7% 12.279
DC 7,9% 44.953
PA 3,2% 394.088
NY 15,1% 2.867.583
VT 0,9% 5.504
NH 1,7% 20.489
ME 0,7% 9.360
MA 6,8% 428.729
RI 8,7% 90.820
CT 9,4% 320.323
NJ 13,3% 1.117.191
DE 4,8% 37.277
MD 4,3% 227.916
AK 4,1% 25.852
HI 7,2% 87.699
Estados que tienen menos de 2% de población hispana
Estados que tienen 2–5% de población hispana
Estados que tienen 5,1–15,1% de población hispana
Estados que tienen mas de 15,1% de población hispana
Nota: El porcentaje es por estado. Así, para la Florida el 16,8% (2.682.715 personas) de la población estatal es hispana.
Hispanos en total: 12,5% (35,3 millones) de la población total de Estados Unidos
Fuente: U.S. Census 2000

THE BASIC SPANISH SERIES

BASIC SPANISH FOR GETTING ALONG

ANA C. JARVIS
Chandler-Gilbert Community College

RAQUEL LEBREDO
California Baptist University

HOUGHTON MIFFLIN COMPANY
Boston New York

Publisher: *Rolando Hernández*
Sponsoring Editor: *Van Strength*
Development Editor: *Judith Bach*
Senior Project Editor: *Tracy Patruno*
Manufacturing Manager: *Karen Banks*
Executive Marketing Director: *Eileen Bernadette Moran*
Associate Marketing Manager: *Claudia Martínez*

Cover image: Street in Red, © Ruby Aranguiz. Reprinted by arrangement with Mill Pond Press, Inc., Venice, Florida 34285

Photo Credits: p. 1, Beryl Goldberg; p. 7, © Digital Vision/Getty Images; p. 11, © Owen Franken/Corbis; p. 21, © 2005 JupiterImages Corporation; p. 25, Robert Fried; p. 36, © 2005 JupiterImages Corporation; p. 39, © Susan Steinkamp/Corbis; p. 51, © Comstock Images/Alamy; p. 60, © 2005 JupiterImages Corporation; p. 63, © Buddy Mays/Corbis; p. 74, © 2005 JupiterImages Corporation; p. 85, © Danny Lehman/Corbis; p. 94, © 2005 JupiterImages Corporation; p. 97, © John Neubauer/PhotoEdit; p. 109, © Andres Leighton/AP/Wide World Photos; p. 118, © 2005 JupiterImages Corporation; p. 121, © Ulrike Welsch/PhotoEdit; p. 132, © 2005 JupiterImages Corporation; p. 135, © ImageState Royalty Free/Alamy; p. 155, © Jeremy Horner/Corbis; p. 169, © 2005 Robert Frerck/Odyssey Productions, Inc.; p. 181, © 2005 JupiterImages Corporation; p. 183, © Royalty-Free/Corbis; p. 197, David Simson/Stock Boston; p. 206, © 2005 JupiterImages Corporation; p. 209, © Charles O'Rear/Corbis; p. 218, © 2005 JupiterImages Corporation; p. 229, Peter Menzel; p. 239, © 2005 JupiterImages Corporation; p. 242, © Warren Morgan/ Corbis; p. 253, © 2005 JupiterImages Corporation; p. 257, © Jeff Greenberg/PhotoEdit; p. 271, © Larry Williams/Corbis; p. 285, © Ariel Skelley/Corbis.

Printed in the U.S.A.

Library of Congress Control Number: 2005924677

ISBN: 0-618-50571-7

123456789-HS-09 08 07 06 05

Contents

PREFACE

Drawn from the successful *Basic Spanish Grammar,* Sixth Edition, and career manuals, ***The Basic Spanish Series*** offers a flexible, concise introduction to Spanish grammar and communication in an updated series to better address the needs of today's students, pre-professionals, and professionals needing a working knowledge of Spanish.

Basic Spanish for Getting Along

As a key component of *The Basic Spanish Series,* ***Basic Spanish for Getting Along*** is a communication manual designed to serve those who seek basic conversational skills in Spanish. Written for use in two-semester or three-quarter courses, it presents everyday situations that students may encounter when traveling or living in Spanish-speaking countries or when dealing with Spanish-speaking people in the United States.

Basic Spanish for Getting Along introduces essential vocabulary and provides students with opportunities to apply, in a wide variety of practical contexts, the grammatical structures presented in the corresponding lessons of the *Basic Spanish* core text.

When used in combination, *Basic Spanish* and *Basic Spanish for Getting Along* create a perfect introductory conversation class at the college level or in adult education classes.

Organization of the Text

Basic Spanish for Getting Along contains two preliminary lessons, twenty regular lessons, and four review sections *(Repasos).*

Each lesson contains the following sections:

- The **lesson opener** consists of a cultural photo and lesson objectives divided into three categories: *Structures* practiced from *Basic Spanish, Communication,* and *Culture.*
- The ***Aprenda estas palabras*** section opens each regular lesson with illustrations, captioned in Spanish, depicting the thematic active vocabulary. The illustrations without Spanish labels are available as transparency masters on the Instructor's HM ClassPrep CD.
- A **Spanish dialogue** introduces and employs key vocabulary and grammatical structures in the context of the lesson theme. They feature country-specific contexts to promote and enhance discovery of different customs of the Spanish-speaking world. Each dialogue is divided into manageable segments and is accompanied by illustrations to help students visualize what the characters are saying, thereby encouraging them to think in Spanish rather than English. Audio recordings of the dialogues can be found on the In-Text Audio CDs. Translations of the dialogues can be found on the Instructor's HM ClassPrep CD.

- The ***¡Escuchemos!*** activity, together with recordings on the In-Text Audio CDs, encourage students to listen to the dialogue and check their comprehension with true/false questions.
- The ***Vocabulario*** section summarizes new, active words and expressions presented in the dialogue and categorizes them according to their parts of speech. The vocabulary highlights the most important communication tools needed in a variety of real-life situations. A special subsection of cognates heads up the vocabulary list so students can readily identify these terms. The *Vocabulario adicional* subsection supplies supplementary vocabulary related to the lesson theme.
- ***Notas culturales*** give students insights into important aspects of Hispanic culture, from practical information about everyday life to useful facts about history, geography, and civilization. A corresponding set of personal questions, called *En tu mundo...*, offers students the opportunity to compare their own cultural values with what they learn in the lesson. These cultural notes are in English in the first half of the manual and in accessible Spanish in the second half.
- ***Dígame...*** questions check students' comprehension of the dialogue.
- The ***Hablemos*** section provides personalized questions spun off from the lesson theme, where students are encouraged to work in pairs, asking and answering each question presented.
- The ***¿Cómo lo decimos?*** activity reviews grammar and vocabulary topics that students need to know before proceeding in the lesson.
- ***¿Qué pasa aquí?*** questions guide students as they describe illustrations depicting situations related to the lesson theme.
- The ***En estas situaciones*** section develops students' communication skills through role-playing in pairs or small groups and encourages more interactive speaking practice.
- ***Una encuesta*** is a survey that allows students to interview each other in class to discover information about one another. This whole-class activity promotes interaction between classmates and allows students to warm up before doing the more interactive, open-ended speaking activities.
- The ***¿Qué dice aquí?*** realia-based activity exposes students to authentic documents such as advertisements, menus, and weather maps. Questions guide students through the documents and elicit their personal reactions.
- ***Una actividad especial*** transforms the classroom into a real-world setting such as a restaurant, food market, or airport. The entire class participates in open-ended role-playing that re-creates and expands on the situations introduced in the dialogue and the *En estas situaciones* section.
- The ***Un paso más*** section features an activity that practices the supplementary words and expressions in the *Vocabulario adicional* section.
- All lessons conclude with ***Un dicho,*** a Spanish saying, proverb, riddle, tongue twister, song, or cartoon related to the lesson theme.
-  Pair and group icons indicate pair and group activities.

 Audio icons show what is available on the In-Text Audio CDs, including corresponding track numbers.

Web-search icons indicate activities related to the *Notas culturales.*

Web-audio icons indicate vocabulary available in audio flashcards on the *Basic Spanish for Getting Along* website.

- **Five maps** of the Spanish-speaking world are included in the front and back of the text to support the focus on more country-specific contexts in all of the opening dialogues.
- For easy reference and to aid in lesson planning, the table of contents lists the **grammar structures** presented in the corresponding *Basic Spanish* text and practiced in *Basic Spanish for Getting Along,* plus the communication objective for each lesson.
- The text's grammatical sequence parallels the core text of the series, *Basic Spanish.*

Organization of the *Repasos*

After every five lessons, a review section contains the following materials:

- ***Práctica de vocabulario*** exercises check students' cumulative knowledge and use of active vocabulary in a variety of formats: matching, identifying related words, selecting the appropriate word to complete a sentence, and puzzles.
- A ***Práctica oral*** section features questions that review key vocabulary and structures presented in the preceding five lessons. To develop students' aural and oral skills, the questions are also recorded on the *Basic Spanish for Getting Along* In-Text Audio CDs.
- Also recorded on the In-Text Audio CDs, the ***Para leer y entender*** reading comprehension section presents a passage that ties together the themes, vocabulary, and structures of the preceding five lessons. Follow-up questions check students' understanding.

Appendixes

The appendixes of this book include the following information:

- **Appendix A, Introduction to Spanish Sounds and the Alphabet,** presents the alphabet and briefly explains vowel sounds, consonant sounds, linking, rhythm, intonation, syllable formation, and accentuation.
- **Appendix B, Verbs,** presents charts of the three regular conjugations and of the regular **-ar, -er,** and **-ir** stem-changing verbs, as well as lists of orthographic-changing verbs and some common irregular verbs.
- **Appendix C, Useful Classroom Expressions,** consists of a list of the most common expressions and directions used in the introductory Spanish-language class.
- **Appendix D, Weights and Measures,** features conversion formulas for temperature and metric weights and measures, as well as Spanish terms for U.S. weights and measures.

End Vocabularies

Comprehensive Spanish-English and English-Spanish vocabularies contain all words and expressions from the *Aprenda estas palabras* and *Vocabulario* sections. Each term is followed by the lesson number where the active vocabulary is introduced. All passive vocabulary items found in the *Vocabulario adicional* sections, in marginal glosses to readings, and in glosses of direction lines or exercises are also included.

Components

For Students

Student In-Text Audio CDs

Packaged automatically with ***Basic Spanish for Getting Along,*** this two-CD set features recordings of the dialogues from the two preliminary lessons and all twenty regular lessons. The recordings of the *Práctica oral* and *Para leer y entender* sections of the *Repasos* appear on the audio CDs following Lessons 5, 10, 15, and 20 in accordance with their order in ***Basic Spanish for Getting Along.***

Spanish Phrasebook

The ***Basic Spanish for Getting Along Phrasebook*** contains vocabulary words and phrases arranged alphabetically to provide students and professionals with a handy reference for real-life and on-the-job situations.

Student CD-ROM (video)

This dual-platform CD-ROM contains video grammar presentations for 73 grammar topics presented in the *Basic Spanish* core textbook.

Student Website (www.college.hmco.com/students)

The student website contains the following:

- ACE practice tests for each grammar topic in the *Basic Spanish* core text
- ACE practice tests for the vocabulary in each chapter
- Web search activities related to the *Notas culturales* in each lesson
- Audio Flashcards organized by lesson for vocabulary and pronunciation practice
- A link to the SMARTHINKING™ website. SMARTHINKING™ offers a range of tutorial services including live online help, questions any time, and independent study resources.

For Instructors

Instructor's HM ClassPrep CD

This new CD-ROM contains:

- Testing program with answer key, available in PDF and Word files; includes twenty quizzes, two midterms, and two final exams
- Answer keys for the worktext
- Audio scripts
- Transparency masters
- Translations of dialogues
- Lesson plans and syllabi
- Situation cards
- Script for oral test questions

Instructor's Website (www.college.hmco.com/instructors)

The instructor's website contains all of the resources that exist on the Instructor's HM ClassPrep CD minus the testing program and the answer key, plus the answer keys for the worktext.

Instructor's Course Management powered by Blackboard™ and WebCT

Both components provide materials in an online format for those instructors or institutions moving to online instruction. They include all the resources included on the HM ClassPrep CD plus the Testing Program in Blackboard™ or WebCT format.

Feedback Welcome

We would like to hear your comments on and reactions to ***Basic Spanish for Getting Along*** and to ***The Basic Spanish Series*** in general. Reports on your experience using this program would be of great interest and value to us. Please write to us in care of:

Houghton Mifflin Company
College Division
222 Berkeley Street
Boston, MA 02116-3764

Acknowledgments

We wish to thank our colleagues who have used previous editions of ***Basic Spanish for Getting Along*** for their many constructive comments and suggestions. We especially appreciate the valuable input of the following reviewers of ***Getting Along in Spanish,*** Fifth Edition:

Robert Adler, *University of North Alabama*
Herbert J. Brant, *Indiana University at Purdue*
William Clamurro, *Emporia State University, KS*
Carmen Coracides, *Scottsdale Community College*
Gustavo Garcia, *Indiana University at Purdue*
John Parrack, *University of Central Arkansas*
Carmen Rivera Villegas, *Providence College*
Tomás Ruiz-Fabrega, *Albuquerque Technical Vocational Institute*
Juan Sempere-Martínez, *San Jose State University*
Edith Valladares, *Central Piedmont Community College*
Valerie Watts, *Asheville Community College*

We also extend our sincere appreciation to the World Languages staff at Houghton Mifflin Company, College Division: Publisher, Rolando Hernández; Sponsoring Editor, Van Strength; Development Manager, Glenn Wilson; Development Editor, Judith Bach; Associate Marketing Manager, Claudia Martínez; and Executive Marketing Director, Eileen Bernadette Moran.

Ana C. Jarvis
Raquel Lebredo

LECCIÓN PRELIMINAR I

CONVERSACIONES BREVES

OBJECTIVES

Structures

- Greetings and farewells
- Cardinal numbers 0–39
- The alphabet
- Days of the week
- Months of the year
- Colors

Communication

- Greetings and farewells
- Polite expressions
- Days of the week
- Months of the year

Culture

- How to address and greet people
- Names and surnames

Nombre ______________________ **Sección** __________ **Fecha** __________

CONVERSACIONES BREVES

1-2 **A.** —Hola, ¿qué tal, José María?
—Bien, ¿y tú? ¿Qué hay de nuevo?
—No mucho.
—Chau. Nos vemos el lunes.
—Sí. ¡Adiós!

1-3 **B.** —Buenas tardes, doctora Ramírez. Con permiso.
—Buenas tardes. Pase. Tome asiento, por favor.
—Gracias.
—¿Cómo se llama usted?
—Me llamo María Isabel Paz Medina.

1-4 **C.** —Buenos días, señorita Vega. ¿Cómo está usted?
—Muy bien, gracias, señor Pérez. ¿Y usted?
—Bien, gracias.
—Hasta mañana.
—Hasta mañana, señorita.

1-5 **D.** —Profesora Ortiz: el señor Méndez.
—Mucho gusto.
—El gusto es mío.
—Tomen asiento, por favor.
—Gracias.

Nombre ______________________ Sección ____________ Fecha ____________

1-6 **E.** —¿Qué fecha es hoy?
—Hoy es el cuatro de enero.
—¿Hoy es martes?
—No, señora. Hoy es lunes.

1-7 **F.** —Muchas gracias, María Inés.
—De nada, Jorge. Hasta luego.
—Hasta la vista. Saludos a Claudia.

Audio

VOCABULARIO (*VOCABULARY*)

SALUDOS Y DESPEDIDAS (*Greetings and farewells*)

Buenas tardes.[1] *Good afternoon.*
Buenos días. *Good morning.*
¿Cómo está usted?[2] *How are you?* (*formal*)
Hola. *Hello.*
Muy bien. ¿Y usted? *Very well. And you?*
¿Qué hay de nuevo? *What's new?*
¿Qué tal? *How is it going?*
Adiós. *Good-bye.*
Chau. *Bye.*
Hasta la vista. *I'll see you around. (Until we meet again.)*
Hasta luego. *I'll see you later.*
Hasta mañana. *I'll see you tomorrow.*
Nos vemos. *See you.*

TÍTULOS (*Titles*)

doctor(a) (Dr. / Dra.) *doctor* (*m., f.*)
profesor(a) *professor, teacher (m., f.)*
señor (Sr.) *Mr., sir, gentleman*
señora (Sra.) *Mrs., madam, lady*
señorita (Srta.) *Miss, young lady*

EXPRESIONES DE CORTESÍA (*Polite expressions*)

Con permiso. *Excuse me.*
De nada. *You're welcome.*
El gusto es mío. *The pleasure is mine.*
Gracias. *Thanks.*
Muchas gracias. *Thank you very much.*
Mucho gusto. *It's a pleasure (to meet you).*
por favor *please*

---

[1]**Buenas noches:** *Good evening*
[2]**¿Cómo estás?** is used when addressing a friend or a very young person.

Nombre ______________________ Sección ____________ Fecha ____________

OTRAS PALABRAS Y EXPRESIONES
(*Other words and expressions*)

bien *well, fine*
¿Cómo se llama usted?[1] *What's your name?*
conversaciones breves *brief conversations*
hoy *today*
lunes *Monday*
martes *Tuesday*
Me llamo... *My name is...*
mucho *much, a lot*
muy *very*
no *no, not*
Pase. *Come in.*
¿Qué fecha es hoy? *What's the date today?*
Saludos a... *Say hello to...*
Tome(n) asiento.[2] *Have a seat.*
y *and*

- Notice the difference between dialogue A and dialogue C, on page 2: In dialogue A, José María and his friend, who are both young, call each other **tú.** Their relationship is informal. In dialogue C, Mr. Pérez greets Miss Vega and calls her **usted.** Their relationship is amicable, but formal.
- **Hola** is used to greet relatives, friends, and acquaintances; it is not used when addressing strangers.
- In most Spanish-speaking countries, lawyers and members of many other professions who hold the equivalent of a Ph.D. are addressed as **doctor** or **doctora.**
- In Spain and Latin America, the week starts on Monday (**lunes**), as you can see in the calendar in Figure E, on page 3.
- Many people in Spanish-speaking countries use two last names: the father's (first) and the mother's maiden name (second). Notice the name **María Isabel Paz Medina.**
- When saying hello or good-bye, and when being introduced, Hispanic men and women almost always shake hands. When greeting each other, girls and women often place their cheeks together, kissing not each other's cheek, but the air. In Spain, this kissing is done on both cheeks. Men who are close friends sometimes embrace and pat each other on the back.
- **María** is a very popular name in Spain and Latin America. It is frequently used in conjunction with other names: **María Inés, Ana María, María Isabel,** etc. It is also used as a middle name for men, for example, **José María, Luis María,** etc.

---

[1]When addressing a very young person or a child, **¿Cómo te llamas?** is used.
[2]When talking to one person, **"Tome asiento"** is used. When talking to two or more people, **"Tomen asiento"** is used.

Nombre ______________________ Sección ______________ Fecha ______________

Actividades

Hablemos (*Let's talk*) With a partner, take turns responding to the following greetings and questions.

1. Buenos días (Buenas tardes, Buenas noches, señor (señora, señorita).
2. Hola, ¿qué tal?
3. ¿Cómo está usted?
4. Mucho gusto, señor (señora, señorita).
5. ¿Qué fecha es hoy?
6. ¿Qué día es hoy?
7. ¿Qué hay de nuevo?
8. Hasta la vista.
9. Muchas gracias.
10. ¿Cómo se llama usted?

En estas situaciones (*In these situations*) What would you say in the following situations? What might the other person say?

1. You encounter your professor in the morning and want to know how he/she is.
2. You greet Mrs. Peña in the evening. You ask her to come in and have a seat.
3. You see your professor in the afternoon.
4. You greet your friend Carlos and ask what's new with him.
5. You are leaving a friend, whom you are going to see again that same day.
6. You tell someone to say hello to your best friend.
7. You thank María Inés for a favor, and tell her you'll see her tomorrow.
8. You ask a little girl what her name is.
9. You want to talk to your professor, who is in his office.
10. You want to know today's date.

Un poema (*A poem*)

Treinta días trae° noviembre	*brings*
con abril, junio y septiembre.	
De veintiocho sólo° hay uno,	*only*
y los demás° de treinta y uno.	**los...** *the others*

Lección Preliminar II

En el club

Objectives

Structures

- Gender and number
- The definite and indefinite articles
- Subject pronouns
- The present indicative of **ser**
- Uses of **hay**
- Cardinal numbers 40–299

Communication

- Answering the phone
- Inquiring about origin
- Discussing quantities

Culture

- Different ways to answer the phone according to countries
- How to address adults with respect

Nombre ______________________ Sección ____________ Fecha ____________

EN EL CLUB

Por teléfono

1-8 **A.**

Recepcionista	—Club Náutico, buenos días.
Un señor	—Buenos días. ¿Está la señorita Ana Reyes?
Recepcionista	—¿De parte de quién?
Un señor	—De Mario Vargas.
Recepcionista	—Un momento, por favor.

1-9 **B.**

Recepcionista	—Bueno.
Una señora	—¿Está el señor Calderón?
Recepcionista	—No, no está. Lo siento. ¿Algún mensaje?
Una señora	—No, gracias. Llamo más tarde.

En la cafetería

1-10 **C.**

La Sra. Paz	—¿De dónde eres tú, Maribel?
Maribel	—Yo soy de Quito, doña Ana. ¿De dónde son ustedes?
La Sra. Paz	—Nosotros somos de Bogotá.

1-11 **D.**

Empleado	—¿Cuántas mesas hay aquí?
Empleada	—Hay veinte mesas.
Empleado	—¿Cuántas sillas hay?
Empleada	—Hay ochenta sillas.

Nombre ______________________ Sección ____________ Fecha ____________

Vocabulario

COGNADOS (*Cognates*)[1]

la cafetería
el club
el (la) recepcionista[2]

NOMBRES (*Nouns*)

el club náutico *marina club, yacht club*
el (la) empleado(a) *employee*
el mensaje *message*
la mesa *table*
la silla *chair*
el teléfono *phone*

VERBO (*Verb*)

ser *to be*

OTRAS PALABRAS Y EXPRESIONES (*Other words and expressions*)

algún mensaje *any message*
aquí *here*
Bueno *Hello*
¿cuántos(as)? *how many?*
de *from*
de dónde *where from*
¿De parte de quién? *Who's speaking (calling)?*
¿Está... + ***name?*** *Is... (name) there?*
hay *there is, there are*
Lo siento. *I'm sorry.*
Llamo más tarde. *I'll call later.*
No está. *He (She) is not here.*
por teléfono *on the phone*
un momento *one moment*

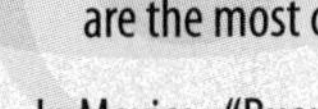

Notas culturales

- In Spanish-speaking countries, people use different expressions when answering the phone. The following are the most commonly used:

In Mexico: "Bueno"

In Spain: "Diga", "Dígame", "¿Sí?"

In Cuba and other Caribbean countries: "Oigo"

In Argentina: "¿Sí?", "Hable", "Hola"

- **Don** (for men) and **doña** (for women) are titles of respect used with a first name when addressing an older person: **don Antonio; doña Marta.**

---

[1]Cognates are words that resemble one another and have similar meanings in Spanish and English. Note that English cognates often have different spellings and always have different pronunciations than their Spanish counterparts.
[2]In nouns ending in **-ista,** only the article will change to indicate gender: **el recepcionista** (*m.*); **la recepcionista** (*f.*).

Nombre ______________________ Sección ____________ Fecha ____________

Actividades

Hablemos With a partner, take turns responding to the following questions.

1. ¿De dónde eres tú?
2. ¿De dónde es el profesor (la profesora)?
3. ¿Cuántos estudiantes hay aquí hoy?
4. ¿Cuántos empleados hay en la oficina (*office*)?
5. ¿Hay un teléfono aquí?
6. ¿Hoy es lunes?

En estas situaciones What would you say in the following situations? What might the other person say?

1. You are on the phone. You ask whether Mr. Campos is there.
2. You are answering the phone. Someone wants to speak with Miss Valdivia. Ask who is speaking and tell the person to wait a moment.
3. Someone wants to speak with your mother. Tell the person she is not home and ask if there's any message.
4. The person you are calling is not home. Say that you will call later.
5. Someone is checking your answering machine. Ask how many messages there are.
6. Someone asks you where you are from. Reply.
7. You want to know where your new classmate is from.
8. You just did an inventory of the college cafeteria. Report that there are fifty-six tables and two hundred and seventy chairs.

Un dicho (*A saying*)

Querer es poder. *Where there is a will, there is a way.*

Lección 1

En el restaurante Don Pepe, en Madrid

Objectives

Structures

- The present indicative of regular **-ar** verbs
- Interrogative and negative sentences
- Forms and position of adjectives
- Telling time
- Cardinal numbers 300–1,000

Communication

- How to order a meal
- Asking for the check and discussing method of payment

Culture: España

- Eating habits in Spanish-speaking countries
- Methods of payment

Nombre ______________________ Sección ____________ Fecha ____________

Audio

APRENDA ESTAS PALABRAS (*LEARN THESE WORDS*)

[1]Mexico and Puerto Rico.
[2]Also called **una nieve** in Mexico and **un mantecado** in Puerto Rico.

Nombre ______________________ Sección ____________ Fecha ____________

EN EL RESTAURANTE DON PEPE, EN MADRID

1–12 En el restaurante, Ana, una turista de California, habla con el mozo.

Ana —Deseo una ensalada mixta, sopa de verduras y bistec con papas fritas.
Mozo —¿Qué desea tomar? ¿Vino blanco...? ¿Vino tinto...? ¿Agua mineral...?
Ana —No, deseo un vaso de agua con hielo.
Mozo —¿Y de postre? ¿Fruta con queso? ¿Helado?
Ana —Helado de vainilla.
Mozo —¿Desea una taza de café?
Ana —No, un vaso de té frío.
Mozo —No hay té frío, señorita. ¿Desea té caliente?
Ana —No, tráigame un cortado, por favor.

Más tarde:

Ana —¡Camarero! La cuenta, por favor.
Mozo —Sí, señorita.
Ana —¿Aceptan ustedes cheques de viajero?
Mozo —No, no aceptamos cheques de viajero, pero aceptamos tarjetas de crédito.
Ana —Bien, ¿qué hora es, por favor?
Mozo —Son las dos y cuarto.
Ana —Gracias.

Ana paga la cuenta y deja una propina. A las tres y media regresa a la pensión.

Nombre ______________________ Sección ____________ Fecha ____________

1-12

¡Escuchemos!

While listening to the dialogue, circle **V (verdadero)** if the statement is true and **F (falso)** if it is false.

1. Ana habla con el camarero. V F
2. Ana desea bistec con papas fritas. V F
3. Ana toma vino. V F
4. Ana no toma agua. V F
5. Ana no desea postre. V F
6. Ana desea tomar té frío. V F
7. Ana no paga la cuenta. V F
8. El restaurante no acepta tarjetas de crédito. V F
9. Ana deja una propina. V F
10. Ana regresa a la pensión a las dos y cuarto. V F

Vocabulario

Cognados

el cheque
la fruta
el restaurante
el té
el (la) turista

Nombres

el agua mineral *mineral water*
el bistec *steak*
el cheque de viajero *traveler's check*
el helado de vainilla *vanilla ice cream*
el hielo *ice*
la papa, la patata (*Spain*) *potato*
las papas fritas *French fries*
la pensión *boarding house*
la propina *tip*
el queso *cheese*
la sopa *soup*
la sopa de verduras *vegetable soup*
el té frío (helado) *iced tea*
las verduras, los vegetales *vegetables*

Verbos

aceptar *to accept*
dejar *to leave* (*behind*)
desear *to wish, to want*
pagar *to pay*
regresar *to return*
tomar *to drink*

Nombre ______________________ Sección ____________ Fecha ____________

ADJETIVOS

blanco(a) *white*
caliente *hot*
frío(a) *cold*
frito(a) *fried*
mixto(a) *tossed (ref. to salad), mixed*
tinto *red (ref. to wine)*

OTRAS PALABRAS Y EXPRESIONES

con *with*
de *of*
de postre *for dessert*
más tarde *later*
o *or*
pero *but*
¿qué? *what?*
sí *yes*
tráigame *bring me*

VOCABULARIO ADICIONAL (*ADDITIONAL VOCABULARY*)

FRUTAS (*Fruits*)

la banana, el plátano *banana, plantain*
el durazno, el melocotón *peach*
las fresas *strawberries*
la manzana *apple*
el melón *melon*
la naranja, la china (*Puerto Rico*) *orange*
la pera *pear*
la piña *pineapple*
la sandía, el melón de agua (*Cuba*) *watermelon*
el tomate *tomato*
la toronja, el pomelo (*Spain*) *grapefruit*
las uvas *grapes*

JUGOS (*Juices*)[1]

jugo de {
durazno, melocotón
fresa
manzana
melón
naranja
pera
piña
tomate
toronja
uva
}

NOTAS CULTURALES

- In Spanish-speaking countries, coffee is generally served very strong (what we call *espresso)*, and is prepared in individual two- or three-ounce servings. At breakfast, hot milk is added to create *café con leche.* Coffee is never drunk during other meals, but is served after dessert. Coffee with a splash of milk is called *un cortado.* Wine is often drunk with meals.
- In Spain, people often have fruit and cheese for dessert.

[1]**zumos,** in Spain

Nombre ______________________ Sección ____________ Fecha ____________

- Except in some resort areas, traveler's checks generally are not accepted as cash at restaurants and shops in the Hispanic world, as they are in the United States. They must be cashed at banks, currency exchanges, or hotels. Credit cards are widely used, especially in urban areas, but personal checks are not.
- In many Spanish-speaking countries, gratuities are included in the price of the meal.
- In Spanish-speaking countries, restaurants generally have waiters, not waitresses.

EN TU MUNDO... (*IN YOUR WORLD...*)

1. Generalmente, ¿qué toman los americanos con las comidas (*meals*)?
2. En este país, ¿aceptan los restaurantes cheques de viajero? ¿Aceptan cheques personales?
3. Generalmente, ¿la propina está incluida (*is included*) en el precio?

Actividades

Dígame... (*Tell me...*) Answer the following questions, basing your answers on the dialogue.

1. ¿Qué desea Ana?

   ____

2. ¿Desea tomar vino? ¿Qué desea tomar?

   ____

3. De postre, ¿Ana desea fruta con queso? ¿Qué desea?

   ____

4. En el restaurante, ¿hay té frío o té caliente? ¿Qué toma Ana?

   ____

5. ¿Aceptan cheques de viajero en el restaurante Don Pepe? ¿Qué aceptan?

   ____

6. ¿Qué paga Ana? ¿Qué deja?

   ____

Nombre _______________ Sección _______________ Fecha _______________

7. ¿Qué hora es?

____

8. ¿A qué hora regresa a la pensión?

____

Hablemos Imagine that you are at a restaurant with a classmate. Ask him or her the following questions. When you have finished, switch roles.

1. ¿Deseas una copa de vino o un vaso de agua con hielo? ¿Tomas agua mineral a veces (*sometimes*)?

____

2. ¿Deseas sopa o ensalada mixta?

____

3. ¿Deseas bistec con papas fritas o sopa de verduras?

____

4. ¿Qué deseas de postre: helado de vainilla o fruta con queso?

____

5. ¿Qué deseas tomar, café o té?

____

6. ¿Tomas té frío o té caliente?

____

7. ¿Deseas crema y azúcar con el café?

____

8. ¿Pagamos con cheque o con tarjeta de crédito?

____

9. ¿Dejamos propina? ¿Cuánto (*How much*)?

____

10. ¿Qué hora es?

____

Nombre ______________________ Sección ____________ Fecha ____________

¿Cómo lo decimos? ***(How do we say it?)*** Complete the following, using the Spanish equivalent of the words in parentheses.

1. ¿__________ una taza de té caliente, Anita? *(Do you want to drink)*
2. Nosotros deseamos __________ y __________. *(French fries / white wine)*
3. Eva desea __________ y __________. *(mixed salad / iced tea)*
4. __________ la cuenta y __________ la propina. *(We pay / they leave)*
5. __________ cheques de viajero. *(They don't accept)*
6. Yo necesito *(need)* __________ dólares y ella necesita *(needs)* __________ dólares. *(five hundred / one thousand)*
7. __________ de la tarde. *(It's two-thirty)*
8. Nosotros __________ a la pensión __________. *(don't return / in the afternoon)*

¿Qué pasa aquí? ***(What's happening here?)*** With a partner, decide what the people are saying according to what you see in the pictures.

1.

2.

3.

?
Estela

4.

El Menú
Roberto

5.

MASTER CARD ?
MASTER CARD
$ CHEQUE DE VIAJERO $
Ana

Nombre ______________________ Sección ____________ Fecha ____________

Una encuesta Survey your classmates and your instructor to find someone who fits each of the following descriptions and write the person's name in the space provided. Remember to use the **tú** form when speaking with your classmates and the **Ud.** form when speaking to your instructor.

Esta persona...

1. ☐ es camarero(a). ______________
2. ☐ trabaja en un restaurante. ______________
3. ☐ toma agua mineral. ______________
4. ☐ desea una taza de café. ______________
5. ☐ toma café con crema y azúcar. ______________
6. ☐ desea jugo de naranja. ______________
7. ☐ toma jugo de tomate. ______________
8. ☐ toma jugo de uvas. ______________
9. ☐ desea una botella de vino. ______________
10. ☐ paga con tarjeta de crédito. ______________
11. ☐ deja buenas propinas. ______________
12. ☐ regresa a la universidad mañana. ______________

En estas situaciones What would you say in the following situations? What might the other person say?

1. You are at a restaurant. You are very hungry and tell the waiter to bring you soup, salad, a main course, wine, dessert, and coffee. When it's time to pay the bill, you discover that you don't have any cash in your wallet.
2. A friend has dropped by unexpectedly. The only drinks you have on hand to offer are mineral water and iced tea.
3. You and a friend have just finished dinner at a restaurant. You volunteer to pay the bill and suggest that your friend leave the tip.
4. You ask someone whether he/she wants to drink red or white wine.
5. You ask a friend what time he/she returns home (**a casa**).

Nombre ______________________ **Sección** ____________ **Fecha** ____________

Una actividad especial *(A special activity)*

Organize the class so that three or four students play the roles of waiters and waitresses (the number will depend on class size). Divide the rest of the students into groups of two or three. The class should be set up to resemble a restaurant. The waiters and waitresses should pass out the menus, take the customers' orders, and shout them to the instructor. The customers will then ask for the bill and discuss how to pay it. Copies of this menu from *Restaurante Don Pepe* should be made in advance.

RESTAURANTE

PARA COMER[1]

Ensalada de lechuga[2] y tomate	eu[3] 3.50
Sopa (de verduras o de pollo[4])	eu 3.50
Bistec	eu 12.00
Langosta[5]	eu 15.00
Bistec con langosta	eu 19.50
Arroz con pollo[6]	eu 9.50
Hamburguesa	eu 5.00

POSTRES

Flan con crema	eu 2.50
Helado (de chocolate o de vainilla)	eu 2.00
Flan con helado	eu 3.50
Fruta	eu 3.00
Fruta con queso	eu 4.50

PARA TOMAR

Agua mineral	eu 2.00
Limonada	eu 2.50
Vino tinto	eu 3.50
Vino blanco	eu 3.00
Cerveza	eu 2.50
Café	eu 2.00
Té	eu 2.00
Refrescos[7]: Coca-Cola o Fanta de naranja	eu 2.00

Un paso más *(One step farther)*

A Review the **Vocabulario adicional** in this **lección,** and give the ingredients and amounts needed for a fruit salad, based on the following pictures.

Modelo Para la ensalada de frutas necesitamos tres bananas (plátanos).

[1]**comer** *to eat*
[2]**lechuga** *lettuce*
[3]*All prices are in euros.*
[4]**pollo** *chicken*
[5]**langosta** *lobster*
[6]**arroz con pollo** *chicken and rice*
[7]**refrescos** *soft drinks*

Nombre ______________________ Sección ____________ Fecha ____________

____

____

____

____

____

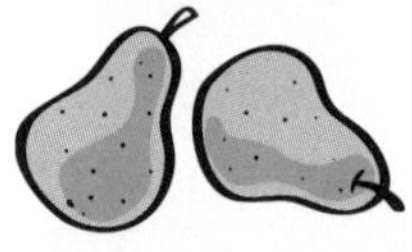
____

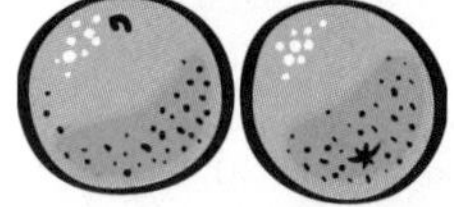
____

____

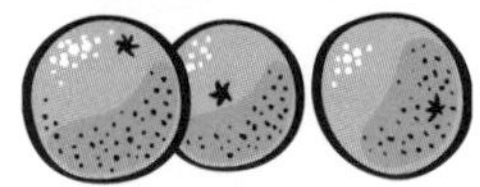
____

____

____

Nombre ______________________ Sección ____________ Fecha ____________

B Use the appropriate forms of **desear** to do the following.

1. Say what kind of juice everyone wants: You and a friend want orange juice, another friend wants tomato juice, and two others want grapefruit juice.

2. Ask a classmate (using the **tú** form) if he or she wants grape juice or strawberry juice and ask your instructor (using the **Ud.** form) if he or she wants a certain kind of juice.

Un trabalenguas *(A tongue twister)*

Tres tristes° tigres *sad*

¡Feliz aniversario!

Objectives

Structures

- Agreement of articles, nouns, and adjectives
- The present indicative of regular **-er** and **-ir** verbs
- Possession with **de**
- Possessive adjectives
- The personal **a**

Communication

- More restaurants and eating out

Culture: México

- Celebrations
- Mealtime customs
- Godparents

Nombre ______________________ Sección ____________ Fecha ____________

APRENDA ESTAS PALABRAS

1. el brindis

2. el vermut

3. el ron

4. el pastel

5. la torta

6. la langosta

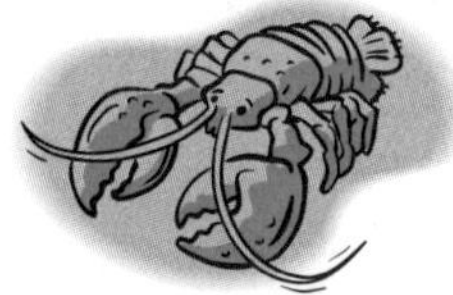

7. el camarón[1]

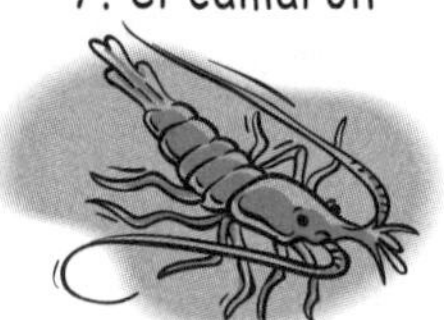

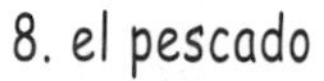

8. el pescado

9. el cangrejo

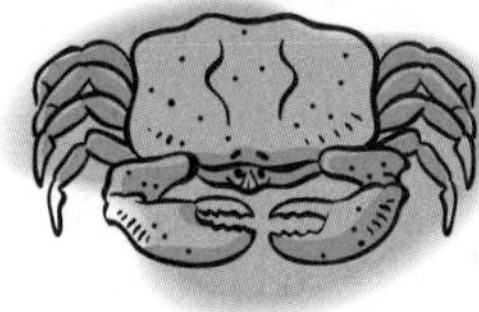

10. el pato

11. el cordero

[1]**La gamba,** *in Spain.*

Nombre ______________________ Sección ____________ Fecha ____________

¡Feliz aniversario!

1–13 Para celebrar su aniversario de bodas, Raúl lleva a su esposa, Nora, a cenar a un restaurante muy elegante en la Zona Rosa en la Ciudad de México.

Mozo —Por aquí, por favor. Aquí está el menú. ¿Desean tomar algo?
Raúl —Sí, tráiganos un vermut, por favor.
Mozo —Muy bien, señor. En seguida regreso.
Raúl —¿Qué deseas comer, mi amor? El pescado y los mariscos son la especialidad de la casa.
Nora —No me gusta el pescado. (*Lee el menú.*) Cordero asado con papas al horno... o con puré de papas.
Raúl —(*Lee también.*) Chuletas de cerdo con papas fritas y vegetales con salsa de queso.

Raúl y Nora deciden pedir las chuletas de cerdo con papas fritas y media botella de vino tinto.

Nora —(*Lee la lista de postres.*) Pastel de coco... torta al ron... pudín... ¿Qué te gusta?
Raúl —Me gusta el pastel de coco. Es muy sabroso.

El mozo regresa, anota el pedido y después trae la comida y abre la botella de vino.

Raúl —(*A Nora*) ¡Un brindis! ¡Salud, dinero y amor!
Nora —¡Y feliz aniversario!

Cuando terminan de cenar conversan un rato y beben café. Después deciden ir a la casa de la madrina de Nora porque hoy es el día de su santo.

1-13

¡Escuchemos!

While listening to the dialogue, circle **V (verdadero)** if the statement is true and **F (falso)** if it is false.

1.	Raúl y Nora celebran su aniversario.	V	F
2.	Raúl y Nora cenan en su casa.	V	F
3.	Raúl y Nora toman vermut.	V	F
4.	Nora desea comer pescado.	V	F
5.	Raúl y su esposa comen chuletas de cerdo con papas fritas.	V	F
6.	Raúl y Nora toman vino blanco.	V	F
7.	Raúl abre la botella de vino.	V	F
8.	Nora y Raúl beben té.	V	F
9.	Nora y Raúl deciden ir a la casa de la madrina de Nora.	V	F
10.	La madrina de Nora celebra el día de su santo.	V	F

Nombre ______________________ Sección __________ Fecha __________

Audio

VOCABULARIO

COGNADOS

el coco
elegante
la especialidad
la lista
el pudín, el budín

NOMBRES

el amor *love*
el aniversario de bodas *wedding anniversary*
la casa *house*
la ciudad *city*
la comida *food*
la chuleta de cerdo *pork chop*
el día *day*
el dinero *money*
la esposa, la mujer *wife*
el esposo, el marido *husband*
la madrina *godmother*[1]
los mariscos *shellfish*
la papa al horno *baked potatoes*
el pedido *order*
el puré de papas *mashed potato*
la salsa *sauce*
la salud *health*
el (la) santo(a) *saint*
la torta al ron *rum cake*

VERBOS

abrir *to open*
anotar *to write something down*
beber *to drink*
celebrar *to celebrate*
cenar *to have dinner (supper)*
comer *to eat*
conversar *to talk, to chat*
decidir *to decide*
ir[2] *to go*
leer *to read*
llevar *to take (someone or something some place)*
pedir (e:i) *to order, to ask for*
terminar *to finish*
traer[3] *to bring*

ADJETIVOS

asado(a) *roasted*
feliz *happy*
medio(a) *half*
sabroso(a), rico(a) *tasty*

OTRAS PALABRAS Y EXPRESIONES

Aquí está el menú. *Here is the menu.*
cuando *when*
después (de) *later, after*
en seguida *right away*
En seguida regreso. *I'll be right back.*
media botella *half a bottle*
mi amor *darling, my love*
(no) me gusta *I (don't) like*
(no) te gusta *you (don't) like*
para *in order to*
por aquí *this way*
porque *because*
también *too, also*
tomar algo[4] *to have something to drink*
tráiganos *bring us*
un rato *a while*

---

[1]**padrino** *godfather*
[2]**Ir** is an irregular verb. It is presented in Lesson 3.
[3]Irregular first person: **yo traigo**
[4]**comer algo:** *to have something to eat*

Nombre ______________ Sección __________ Fecha __________

Audio

VOCABULARIO ADICIONAL

RESTAURANTE MIRAMAR

Especialidad en carnes y mariscos

Sopas

Sopa de pollo	$ 20,00[1]	Sopa de fideos (*noodles*)	$ 20,00
Sopa de arroz (*rice*)	$ 20,00	Sopa de cebollas (*onion*)	$ 25,00

Ensaladas

De tomate	$ 30,00	Mixta (*Mixed*)	$ 35,00
De lechuga (*lettuce*)	$ 30,00	De papas	$ 30,00

Todos los platos de la lista se sirven [2] con entremeses, la sopa del día y ensalada.

Pescados y mariscos

Bacalao (*Cod*)	$ 40,00	Trucha (*Trout*)	$ 45,00
Langosta	$150,00	Camarones	$ 90,00
Salmón	$ 50,00	Cangrejo	$ 95,00

Carne (Meat)

Albóndigas (*Meatballs*)	$ 70,00	Chuletas de cerdo	$ 65,00
Bistec (filete)	$ 80,00	Pato asado	$ 75,00
Cordero asado	$ 75,00	Pavo relleno (*stuffed turkey*)	$ 70,00
Guisado (guiso) (*stew*)	$ 70,00	Pollo frito (*fried chicken*)	$ 70,00

Postres

Arroz con leche (*rice pudding*)	$ 15,00	Flan con crema (*caramel custard*)	$ 20,00
Pudín	$ 20,00	Helado	$ 15,00
Torta de chocolate	$ 25,00	Frutas	$ 15,00
Pastel de coco	$ 20,00		
Torta al ron	$ 25,00		

Bebidas (Drinks)

Cerveza (*Beer*)	$ 25,00	Café	$ 20,00
Champán (*Champagne*)	$ 60,00	Té	$ 20,00
Vino blanco	$ 35,00	Agua mineral	$ 20,00
Vino tinto	$ 35,00	Jugo de frutas	$ 20,00

[1] All prices are in Mexican pesos. Notice the use of a comma, rather than a decimal point.
[2] *se sirven:* are served

Nombre ______________________ Sección ____________ Fecha ____________

PARA HABLAR DE LA COMIDA (*To talk about food*)

la comida
- **mexicana**
- **italiana**
- **china** (*Chinese*)
- **francesa** (*French*)
- **alemana** (*German*)
- **japonesa** (*Japanese*)

el bistec
- **medio crudo** *rare*
- **término medio** *medium rare*
- **bien cocido** *well done*

NOTAS CULTURALES

Search

- In most Spanish-speaking countries, restaurants do not start serving dinner before 9:00 P.M.
- In Spain and Latin America, most people are reluctant to leave the table right after they finish eating. They prefer to remain seated and chat, discuss events, exchange ideas, tell jokes, and just enjoy each other's company. This lingering at the table after lunch or dinner is called **hacer la sobremesa.**
- When a child is baptized, the parents invite two friends or relatives to participate in the baptism ceremony. They are the child's godfather (**padrino**) and godmother (**madrina**).
- In Spain and Latin America people generally celebrate their birthday and also the day of their patron saint. For example if a boy is born in June and his name is Miguel, he celebrates his birthday in June and the day of his "santo" on September 29, the day of Saint Michael.

EN TU MUNDO...

1. Generalmente, ¿a qué hora comienzan (*begin*) los restaurantes a servir la cena (*dinner*) en este país?
2. En este país, generalmente, ¿hacen la sobremesa las familias?
3. ¿Celebran el día de su santo muchos americanos?

Actividades

Dígame... Answer the following questions, basing your answers on the dialogue.

1. ¿Adónde lleva Raúl a su esposa a cenar? ¿Para qué? (*What for?*)

____

Nombre ________________ Sección ________ Fecha ________

2. ¿Cuál es la especialidad de la casa?

3. ¿Qué lee Nora? ¿Desea ella comer pescado?

4. ¿Qué deciden pedir Nora y Raúl?

5. ¿Qué postre es muy sabroso?

6. ¿Qué trae el mozo? ¿Qué abre?

7. ¿Conversan Nora y Raúl cuando terminan de comer?

8. ¿Qué beben Nora y Raúl después de cenar?

9. ¿Por qué deciden ellos ir a la casa de la madrina de Nora?

Hablemos Imagine that you are at a restaurant with a classmate. Ask him or her the following questions. When you have finished, switch roles.

1. ¿Te gusta la comida mexicana? ¿italiana? ¿china?
2. La especialidad de la casa es pescado. ¿Te gusta?
3. ¿Qué mariscos comes? ¿Qué pescados comes?
4. En el menú hay papas fritas, papas al horno y puré de papas. ¿Qué deseas pedir?
5. ¿Deseas sopa de arroz, sopa de fideos o sopa de cebollas?
6. ¿Deseas comer albóndigas, guisado o pollo frito?
7. ¿Bebes vino blanco, vino tinto o refrescos?
8. ¿Deseas pedir una copa de vino o media botella de vino?
9. ¿Qué más (*What else*) deseas beber? ¿Bebes café con las comidas? ¿Bebes jugos de frutas?
10. Hay pastel de coco, pudín y torta al ron. ¿Qué deseas comer de postre?

Nombre ______________________ Sección __________ Fecha __________

11. ¿Tú celebras el día de tu santo?

12. ¿Cuándo es el aniversario de bodas de tus padres (*parents*)?

¿Cómo lo decimos? Give the Spanish equivalent of the words in parentheses.

1. __________ chuletas de cerdo y __________ pescado. (*We eat / they eat*)
2. En seguida regreso con __________. (*his order*)
3. ¿Qué __________, señores? ¿Ron o vermut? (*do you drink*)
4. __________ la comida y __________ dos botellas de vino. (*They bring / open*)
5. __________ es muy __________. (*The sauce / tasty*)
6. __________ cena en el restaurante Miramar. (*Olga's godmother*)
7. ¿Tú llevas __________ y __________ a la fiesta (*party*)? (*Carmen / Marta*)
8. Ellos conversan con __________. (*our professor's wife*)
9. ¿Ud. trae __________ a la universidad, señor Vega? (*your wife*)
10. Yo regreso a __________ a las ocho de la noche. (*my house*)

Nombre ______________________ **Sección** ____________ **Fecha** ____________

¿Qué pasa aquí? With a partner, answer the following questions according to what you see in the pictures.

1. ¿Cuál es la especialidad de la casa según (*according to*) el mesero?
2. ¿Juan desea comer langosta?
3. ¿Qué desea comer Yolanda?
4. ¿Qué desea beber Yolanda?

1. ¿Qué lee Mario?
2. ¿Qué decide pedir Mario de postre?
3. ¿Sara desea pedir helado?

1. ¿Qué anota el mozo?
2. ¿Qué desea comer Rosa?
3. ¿Ana desea comer pato o camarones?

1. ¿Cuántos dólares desea dejar Lola de propina?
2. ¿Deja mucho dinero Jorge?

Nombre ______________________ Sección ____________ Fecha ____________

Una encuesta Survey your classmates and your instructor to find someone who fits each of the following descriptions and write the person's name in the space provided. Remember to use the **tú** form when speaking with your classmates and the **Ud.** form when speaking to your instructor.

ESTA PERSONA...

1. ☐ come camarones. ____________
2. ☐ come langosta. ____________
3. ☐ come chuletas de cerdo. ____________
4. ☐ come pollo frito. ____________
5. ☐ come albóndigas. ____________
6. ☐ come mucha comida mexicana. ____________
7. ☐ come pastel de fresas. ____________
8. ☐ come torta de chocolate. ____________
9. ☐ bebe cerveza. ____________
10. ☐ bebe vino tinto. ____________
11. ☐ lee un rato después de comer. ____________
12. ☐ celebra su aniversario de bodas en un restaurante. ____________

En estas situaciones What would you say in the following situations? What might the other person say?

1. You are hosting an anniversary party for your parents. You offer a guest two different desserts, asking if he or she likes each one of them. After offering a selection of beverages, you propose a toast and wish your parents a happy anniversary.
2. You are a waiter/waitress. Tell a customer to follow you and give him or her a menu. Tell the customer you'll be right back.
3. You are dining at a restaurant. When the waiter/waitress comes to your table, order a meat or fish dish, a baked potato or French fries, and vegetables.

Nombre ______________________ **Sección** ____________ **Fecha** ____________

¿Qué dice aquí? You and a classmate have decided to go out to dinner tonight. Read the following ad and, with a partner, take turns answering the following questions.

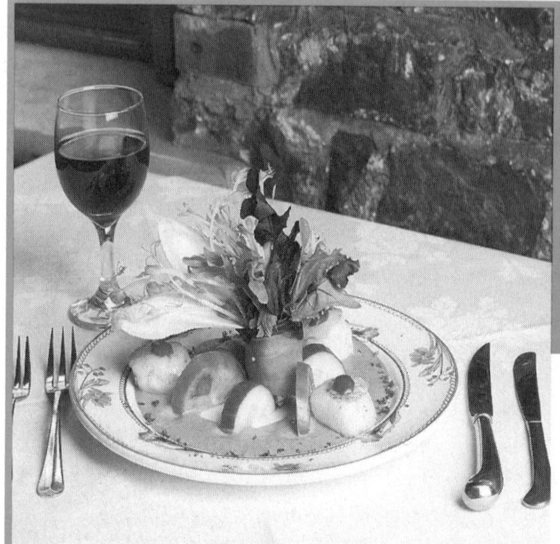

Don José

Restaurante Típico

TENEMOS LA MÁS DELICIOSA COMIDA TÍPICA E INTERNACIONAL

Servimos
18 platos de mariscos y pescados
13 platos de carnes y de aves
6 platos variados para vegetarianos
Postres deliciosos para todos.

MÚSICA EN VIVO DESDE LAS 6 DE LA TARDE

Estamos ubicados en lo mejor de la Zona Rosa.
Amplio parqueo exclusivo para nuestros clientes

Para reservaciones llamar al teléfono 342-6518, después de las 11 de la mañana

1. ¿Cuál es el nombre (*name*) del restaurante?
2. ¿Qué tipo (*type*) de comida sirven (*serve*) en el restaurante?
3. ¿Podemos comer mariscos en el restaurante? ¿Qué más (*What else*) podemos comer?
4. En el restaurante, ¿sirven platos para personas que no comen carne?
5. ¿Cómo son los postres?
6. ¿Qué hay en el restaurante desde (*since*) las 6 de la tarde?
7. ¿Dónde está ubicado (*located*) el restaurante?
8. ¿A qué teléfono y a qué hora debo llamar (*call*) para reservaciones?

Nombre ______________________ **Sección** __________ **Fecha** __________

Una actividad especial The class will be divided into seven groups. Each group will prepare a lunch and dinner menu (including dessert and drinks) for a different day of the week. A member of each group will read the menus out loud. Vote on which group has created the healthiest menu (**el menú más sano**), the least healthy menu (**el menú menos sano**), and the most original menu (**el menú más original**).

Un paso más Review the **Vocabulario adicional** in the menu from Restaurante Miramar in this **lección,** and match the questions in column A with the corresponding answers in column B.

A		B
1. ¿Deseas comer ravioles?	______	**a.** No, de papas.
2. ¿Cómo te gusta el bistec?	______	**b.** Sí, me gusta la comida mexicana.
3. ¿Deseas una ensalada mixta?	______	**c.** No, él no come carne.
4. ¿Comes bacalao?	______	**d.** Sí, de cerdo.
5. ¿Tú comes tacos?	______	**e.** Sí, especialmente el chou-mein.
6. ¿Te gusta el bistec casi crudo?	______	**f.** No, no me gusta el pescado.
7. ¿El desea albóndigas?	______	**g.** No, término medio.
8. ¿Deseas pedir *sauerkraut?*	______	**h.** No, no me gusta la comida italiana.
9. ¿Desean Uds. chuletas?	______	**i.** No, como guiso.
10. ¿Comen trucha Uds.?	______	**j.** No, no me gusta la comida alemana.
11. ¿Te gusta la comida china?	______	**k.** Bien cocido.
12. ¿Ud. come pavo relleno?	______	**l.** No, comemos atún.

Un proverbio

No sólo de pan vive el hombre. *Man does not live by bread alone.*

Nombre ______________________ Sección ____________ Fecha ____________

LECCIÓN 3

NAVIDAD EN GUATEMALA

OBJECTIVES

Structures

- The irregular verbs **ir, dar,** and **estar**
- **Ir a** + infinitive
- Uses of the verbs **ser** and **estar**
- Contractions

Communication

- How to describe people and circumstances
- Exchanges at a party
- How to discuss plans

Culture: Guatemala

- Family ties
- Celebrations
- Salsa

Nombre ______________________ Sección ____________ Fecha ____________

Aprenda estas palabras

Audio

[1]**Los hijos,** meaning *children,* can refer to either sons or sons and daughters.

Nombre ______________________ Sección ____________ Fecha ____________

Navidad en Guatemala

1-14 El profesor Gómez y su esposa dan una fiesta de Navidad en su casa. Él invita a muchos de sus estudiantes a la fiesta. Allí los muchachos y las chicas bailan y conversan.

Sandra y Julio están ahora en la sala. Ella es bonita, de estatura mediana, y muy inteligente. Él es alto, moreno y guapo. Los dos son muy simpáticos.

Julio —¿De dónde eres tú, Sandra? ¿De los Estados Unidos?
Sandra —Sí, yo soy norteamericana, pero mi familia es de aquí.
Julio —¿Tú vives aquí ahora?
Sandra —No, yo asisto a la Universidad de California, pero siempre paso la Navidad con mi familia.
Julio —Y Luis... ¿es tu novio?
Sandra —No, es el novio de mi hermana.
Julio —Oye, tocan una salsa. ¿Bailamos?
Sandra —Ahora no... estoy un poco cansada.
Julio —¿Tú vas a la fiesta de Marta mañana?
Sandra —Sí, voy con mis primos. ¿Con quién vas tú?
Julio —Yo voy solo. ¿Deseas tomar algo? ¿Una cerveza?
Sandra —No, una copa de champán, por favor.

Julio trae el champán.

Sandra —Julio, ¿tú vas a asistir a la conferencia del Dr. Salgado el viernes?
Julio —No, las conferencias de él son muy aburridas. Yo voy a ir al cine con un amigo.
Sandra —¿Qué película van a ver?
Julio —Una película americana.
Sandra —Entonces, voy con ustedes.

Nombre ______________________ Sección ____________ Fecha ____________

1–14

¡Escuchemos! While listening to the dialogue, circle **V (verdadero)** if the statement is true and **F (falso)** if it is false.

1. El profesor Gómez y su esposa invitan a muchos muchachos a su fiesta. V F
2. Sandra es una chica muy alta. V F
3. Sandra es estudiante. V F
4. El 25 de diciembre, Sandra está con su familia. V F
5. Sandra es la novia de Luis. V F
6. Sandra no desea bailar porque está cansada. V F
7. Marta da una fiesta mañana. V F
8. Julio no va a la fiesta. V F
9. Julio va a dar una conferencia. V F
10. Julio va a ir al cine solo. V F

Audio

Vocabulario

Cognados

inteligente
norteamericano(a), americano(a)
la universidad

Nombres

el (la) amigo(a) *friend*
la cerveza *beer*
la chica, la muchacha *girl, young woman*
el chico, el muchacho *boy, young man*
el cine *movie theatre*
la conferencia *lecture*
los Estados Unidos *United States*
el (la) estudiante *student*
la fiesta *party*
la hermana *sister*
el hermano *brother*
la película *movie, film*
el (la) primo(a) *cousin*
la sala *living room*

Verbos

asistir *to attend*
dar (yo doy) *to give*
estar (yo estoy) *to be*
pasar *to spend (time)*
tocar *to play (i.e., music)*
ver (yo veo) *to see*

Adjetivos

aburrido(a) *boring*
bonito(a) *pretty*

Nombre ______________________ Sección ____________ Fecha ____________

guapo(a) *handsome*
muchos(as) *many*
simpático(a) *nice, charming*
todos(as) *all*

OTRAS PALABRAS Y EXPRESIONES

ahora *now*
allí *there*
¿Bailamos? *Shall we dance?*
de estatura mediana *of medium height*
entonces *then, in that case*
los (las) dos *both*
mañana *tomorrow*
¡oye! *listen!*
¿quién? *who?, whom?*
siempre *always*
solo(a) *by oneself, alone*
un poco *a little*

VOCABULARIO ADICIONAL

OTROS MIEMBROS DE LA FAMILIA (*Other members of the family*)

la abuela *grandmother*
el abuelo *grandfather*
la nieta *granddaughter*
el nieto *grandson*
la sobrina *niece*
el sobrino *nephew*
la tía *aunt*
el tío *uncle*

PARIENTES POLÍTICOS (*In-laws*)

la cuñada *sister-in-law*
el cuñado *brother-in-law*
la nuera *daughter-in-law*
la suegra *mother-in-law*
el suegro *father-in-law*
el yerno *son-in-law*

OTROS PARIENTES (*Other relatives*)

la hermanastra *stepsister*
el hermanastro *stepbrother*
la hijastra *stepdaughter*
el hijastro *stepson*
la madrastra *stepmother*
el padrastro *stepfather*

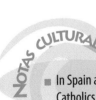

NOTAS CULTURALES

- In Spain and Latin America, people generally celebrate Christmas Eve (*la Nochebuena*) with a late dinner. Catholics go to Midnight Mass (**Misa del Gallo**). Most children do not believe in Santa Claus, but rather in the Three Wise Men (**los Tres Reyes Magos**), who come on the night of January 5, bringing presents. Instead of hanging up a stocking, children leave their shoes on the windowsill.
- In Spanish-speaking countries, children, teenagers, and their parents do many things together, including going to parties. This practice generally is more common than it is in the United States.

Nombre ______________________ **Sección** ____________ **Fecha** ____________

- **Familia** generally means extended family, and includes not only the nuclear family but also all relatives. Family ties are very strong in the Hispanic world.
- The word **salsa,** meaning "sauce" refers to the Caribbean music with influence from jazz. It is based on Afro-Cuban music but was developed by Puerto Rican musicians in New York. It is very popular around the world.

EN TU MUNDO...

1. Generalmente, ¿los americanos celebran la Nochebuena o la Navidad?
2. Los adolescentes americanos, ¿van a fiestas con sus padres?
3. ¿Qué tipo de música bailan los muchachos en este país (*this country*)?

Actividades

Dígame... Answer the following questions, basing your answers on the dialogue.

1. ¿Quiénes dan una fiesta en su casa? ¿A quiénes invitan?

   ____

2. ¿Dónde están Julio y Sandra? ¿Ellos bailan o conversan?

   ____

3. ¿Cómo es Julio?[1] ¿Cómo es Sandra?

   ____

4. ¿Sandra es de Guatemala o de los Estados Unidos?

   ____

5. ¿De dónde es la familia de Sandra? ¿Ella vive con ellos?

   ____

6. ¿Luis es el novio de Sandra?

   ____

[1] *What is Julio like?*

7. ¿Con quién va Sandra a la fiesta de Marta? ¿Con quién va Julio?

______

8. ¿Sandra desea tomar cerveza? ¿Qué desea tomar?

______

9. ¿Por qué no va a asistir Julio a la conferencia del Dr. Salgado? ¿Adónde va a ir?

______

10. ¿Con quién va Julio?

______

Hablemos

Interview a classmate, using the following questions. When you have finished, switch roles.

1. ¿De dónde eres tú? ¿De dónde son tus padres?
2. ¿Tu mamá es rubia o morena? ¿Es alta, baja o de estatura mediana?
3. ¿Tu papá es gordo o delgado?
4. ¿Dónde viven tus padres? ¿Tú vives con ellos?
5. ¿Tú das muchas fiestas en tu casa? ¿Das fiestas de Navidad?
6. ¿Vas a una fiesta mañana?
7. Generalmente (*Generally*), ¿vas solo(a) a las fiestas? ¿Y al cine?
8. En una fiesta, ¿tú bailas o conversas? ¿Bailas bien?
9. ¿Tú bebes cerveza, champán o refresco?
10. ¿Tú vas a estar en tu casa mañana?
11. ¿Tú asistes a muchas conferencias? ¿Son aburridas?
12. ¿Estás cansado(a) ahora?

¿Cómo lo decimos?

Complete the following, using the Spanish equivalent of the words in parentheses.

1. ¿Cómo ______ ustedes? ¿Bien? (*are*)
2. Mis amigos ______ a la fiesta porque ______. (*aren't going / they are tired*)
3. Nosotros ______ fiestas los sábados. (*give*)
4. Las fiestas ______ en el club. (*are*)
5. Mis primos ______ los viernes. (*go to the movies*)

Nombre ______________________ Sección __________ Fecha __________

6. Los estudiantes __________ en Guatemala. (*are going to live*)

7. __________ de Colombia, pero ahora __________ en Venezuela. (*Mr. Vega's niece is / she is*)

8. Ana __________ rubia, de estatura mediana. __________ profesora. (*is / She is a*)

9. ¿Dónde __________ sus nietos, Sr. Molina? ¿En la sala? (*are*)

10. ¿__________? ¿Guapo? (*What is your brother like*)

¿Qué pasa aquí? With a partner, answer the following questions according to what you see in the picture.

1. ¿Quién da una fiesta?
2. ¿Es una fiesta de Navidad o de aniversario?
3. ¿Con quién conversan Paco y Ana?
4. ¿Es gorda Elena?

5. ¿Es alto Julio?
6. ¿De dónde es Dora?
7. ¿Está Pedro en la sala?
8. ¿Está Raquel en la fiesta?
9. ¿Con quién baila Rita?
10. ¿Qué toma Dora?
11. ¿Es bonita Estela?
12. ¿Quién toma champán?
13. ¿Es delgado Alberto?
14. ¿Mario es rubio o moreno?

Una encuesta Survey your classmates and your instructor to find someone who fits each of the following descriptions and write the person's name in the space provided. Remember to use the **tú** form when speaking to your classmates and the **Ud.** form when speaking to your instructor.

ESTA PERSONA...

1. ☐ da muchas fiestas en su casa. ______________
2. ☐ baila muy bien. ______________
3. ☐ siempre pasa la Navidad con su familia. ______________
4. ☐ va a ir a una fiesta el sábado. ______________
5. ☐ bebe champán. ______________
6. ☐ va al cine con sus amigos. ______________
7. ☐ ve películas extranjeras (*foreign*). ______________
8. ☐ va a asistir a una conferencia. ______________
9. ☐ toca el piano. ______________
10. ☐ es el nieto (la nieta) favorito(a) de su abuela. ______________
11. ☐ es el sobrino (la sobrina) favorito(a) de su tía. ______________
12. ☐ está un poco cansada. ______________

Nombre ______________________ Sección ____________ Fecha ____________

En estas situaciones What would you say in the following situations? What might the other person say?

1. Someone asks you to describe your best friend.
2. Someone asks you to dance at a party, but you're very tired.
3. You are having a party. Ask a friend if he/she wants to drink beer, wine, champagne, or a soft drink. Your friend wants to know where your brother is, and whether he's going to the party by himself or with his wife. Your brother is at your father's house.
4. Someone invites you to attend a lecture. You say that you don't go to lectures because they are always boring.
5. Your friends are going to the movies. Ask them what movie they're going to see.
6. You tell a new acquaintance where and with whom you spend Christmas.

Una actividad especial It's show and tell time! Students will bring pictures of their families and friends and pair up to talk about them. Find out at least three things about your partner's family and friends and be ready to report your findings to the rest of the class.

Un paso más With a partner, review the **Vocabulario adicional** in this **lección** and complete the following exchanges.

1. —¿Susana es tu ____________?
   —Sí, es la hermana de mi papá. Yo soy su ____________ favorita.
2. —¿Carlos es tu esposo?
   —No, es mi ____________. Es el esposo de mi hermana.
3. —¿Con quién vas a la fiesta?
   —Con mis ____________, las hijas de mi tío Rafael.
4. —¿Elba es tu mamá, Rosita?
   —No, es mi ____________. Es la esposa de mi papá. Yo soy su ____________.
5. —¿De dónde son la esposa de tu hijo y el esposo de tu hija?
   —Mi ____________ es de Chile y mi ____________ es de Venezuela.
6. —¿Tu suegro va a llevar a tu hijo a México?
   —Sí, porque (*because*) él es su ____________ favorito.
7. —¿El Sr. Valenzuela es tu ____________?
   —Sí, es el papá de mi mamá.
8. —¿Sergio y César son tus hermanos?
   —No, son mis ____________; son los hijos de mi padrastro.

Nombre ______________________ Sección ____________ Fecha ____________

Cante esta canción (*Sing this song*)

(To the tune of *Row, row, row your boat*)

Voy, voy, voy, feliz;°	*happy*
río abajo,° voy.	**río...** *down the river*
En mi barquito de vela,° señora,	**barquito...** *little sailboat*
¡qué contento° estoy!	**qué...** *how happy*

La fiesta
es especialmente
para él.

En el hotel

Objectives

Structures

- The irregular verbs **tener** and **venir**
- Expressions with **tener**
- Comparative forms
- Irregular comparative forms

Communication

- Discussing accommodations and prices at a hotel
- Getting additional information

Culture: Honduras y El Salvador

- Types of hotels in Latin America
- The naming of children

Nombre ______________________ Sección ____________ Fecha ____________

APRENDA ESTAS PALABRAS

Audio

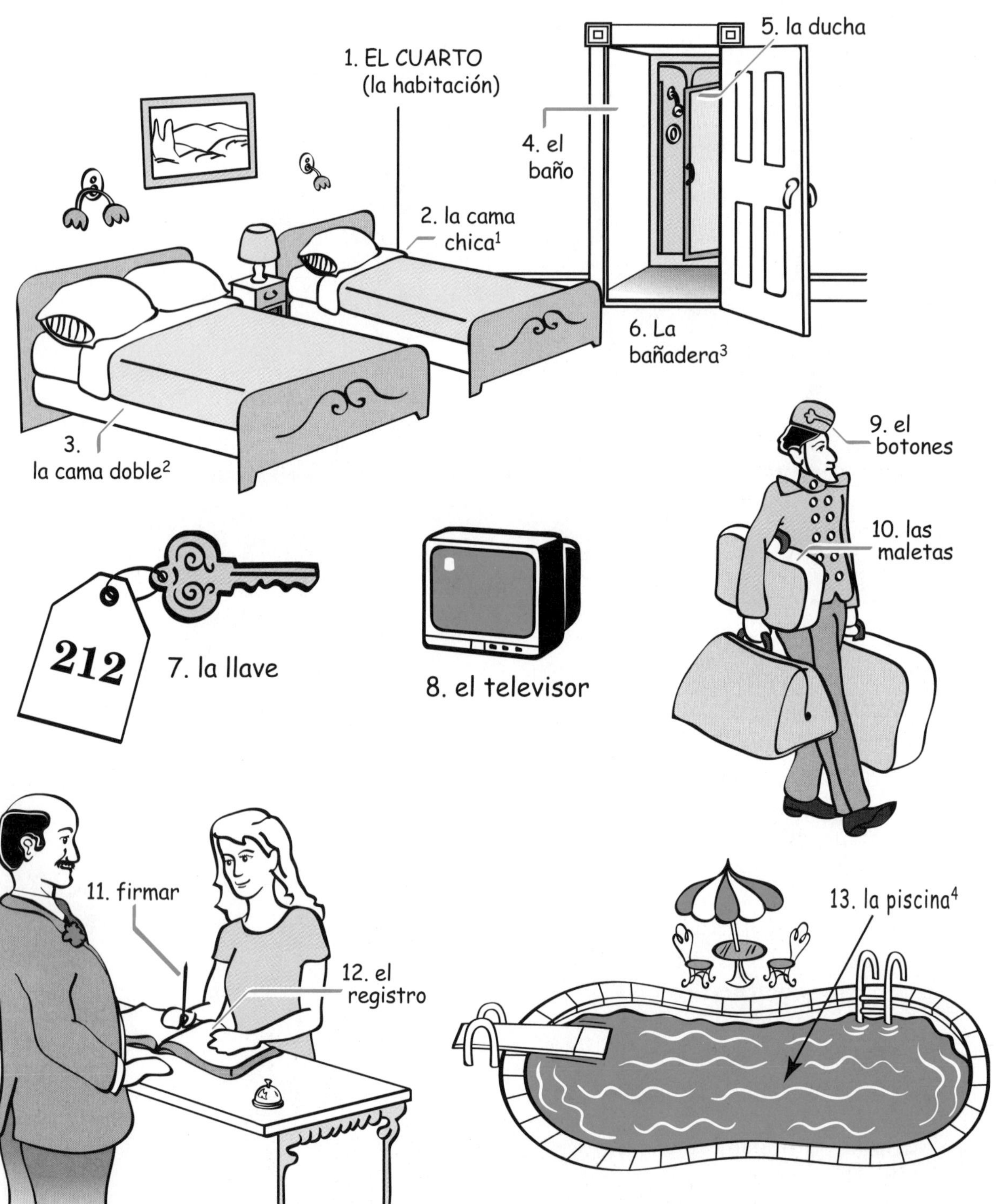

[1]also called **cama de una plaza** [2]also called **cama matrimonial, cama de dos plazas** [3]also called **bañera** [4]also called **alberca** (*Mexico*) and **pileta de natación** (*South America*)

Nombre _______________ Sección _______________ Fecha _______________

En el hotel

1-15 El Sr. Carlos Vega, de El Salvador, está en Tegucigalpa, Honduras en un viaje de negocios. Su esposa y su hijo, un niño de siete años, están con él. Ahora están en el hotel y el Sr. Vega habla con el gerente.

Gerente —¿En qué puedo servirle?
Sr. Vega —Necesito una habitación para tres personas.
Gerente —¿Desea una cama doble y una cama chica?
Sr. Vega —Sí. El cuarto tiene baño privado, ¿no?
Gerente —Sí, y también tiene televisor, teléfono y aire acondicionado.
Sr. Vega —¿Cuánto cobran por noche?
Gerente —Cien dólares. ¿Por cuántas noches necesitan el cuarto?
Sr. Vega —Por tres noches.
Gerente —¿Cómo desea pagar?
Sr. Vega —Con tarjeta de crédito.
Gerente —Muy bien. Aquí tiene la llave. (*El Sr. Vega firma el registro.*)

Nombre ______________________ **Sección** ____________ **Fecha** ____________

Sr. Vega —Gracias. ¡Ah! Aquí vienen mi esposa y mi hijo.
Sra. Vega —Carlos, tenemos que ir a comer porque Carlitos tiene mucha hambre.
Sr. Vega —¡Carlitos! ¡Acabas de comer!
Carlitos —¡Tengo hambre y tengo sed! ¡Y tengo calor! ¿Dónde está la piscina?
Sr. Vega —Tienes que esperar. (*Al gerente.*) ¿Es bueno el restaurante que queda en la esquina?
Gerente —Sí, es uno de los mejores restaurantes de la ciudad. No es barato, pero no es tan caro como otros.
Sr. Vega —Bien. ¿A qué hora debemos desocupar el cuarto?
Gerente —Al mediodía. (*Llama al botones.*) ¡Jorge! Tienes que llevar las maletas de los señores al cuarto 125.

El botones lleva las maletas al cuarto mientras Carlitos corre a la piscina.

1–15

¡Escuchemos!

While listening to the dialogue, circle **V (verdadero)** if the statement is true and **F (falso)** if it is false.

1.	El hijo del Sr. Vega tiene siete años.	V	F
2.	La familia Vega necesita dos camas dobles.	V	F
3.	El Sr. Vega paga con tarjeta de crédito.	V	F
4.	La Sra. Vega tiene mucha hambre.	V	F
5.	Carlitos acaba de comer.	V	F
6.	Carlitos tiene hambre y sed.	V	F
7.	El restaurante queda en la esquina.	V	F
8.	El restaurante es muy caro.	V	F
9.	La familia Vega tiene que desocupar el cuarto al mediodía.	V	F
10.	El botones lleva las maletas de la familia Vega al cuarto.	V	F

Vocabulario

COGNADOS

el dólar
el hotel
la persona
privado(a)

NOMBRES

el aire acondicionado *air conditioning*
el año *year*
la cama *bed*
la esquina *corner*
el (la) gerente(a) *manager*
el mediodía *noon*
el (la) niño(a) *boy, (girl) child*
la noche *night*
el viaje *trip*
el viaje de negocios *business trip*

Nombre ______________ Sección ______________ Fecha ______________

VERBOS

cobrar *to charge*
correr *to run*
deber *must, should*
desocupar *to vacate*
esperar *to wait for*
hablar *to talk, to speak*
llamar *to call*
llevar *to carry*
necesitar *to need*
quedar *to be located*
tener[1] *to have*
venir[2] *to come*

ADJETIVOS

barato(a) *inexpensive*
bueno(a) *good*
caro(a) *expensive*
chico(a) *small*
mejor *better, the best*
otro(a) *other, another*

OTRAS PALABRAS Y EXPRESIONES

¿A qué hora? *At what time?*
acabar de + infinitivo *to have just (done something)*
Aquí tiene... *Here's...*
¿cuánto(a)? *how much?*
¿dónde? *where?*
¿En qué puedo servirle? *May I help you? (How can I serve you?)*
mientras *while*
para *for*
por *for*
por noche *per night*
porque[3] *because*
tan... como *as... as*
tener calor *to be hot*
tener mucha hambre *to be very hungry*
tener que + infinitivo *to have to (do something)*
tener sed *to be thirsty*

VOCABULARIO ADICIONAL

OTROS MUEBLES (*Other pieces of furniture*)

la butaca *armchair*
la cómoda *chest of drawers*
el escritorio *desk*
la mesa de centro *coffee table*
la mesita de noche *nightstand*
la reclinadora *recliner*
la silla *chair*
el sofá *sofa, couch*
el tocador *dresser*

OTROS CUARTOS (*Other rooms*)

la cocina *kitchen*
el comedor *dining room*
el dormitorio, la recámara (*Méx.*) *bedroom*
la sala de estar, el salón de estar *den, family room*

MÁS SOBRE HOTELES (*More about hotels*)

confirmar (cancelar) una reservación *to confirm (to cancel) a reservation*
hacer una reservación *to make a reservation*
el servicio de habitación, el servicio de cuarto *room service*

[1]Irregular first person: **yo tengo**
[2]Irregular first person: **yo vengo**
[3]**¿por qué?** *why?*

Nombre ______________________ Sección ____________ Fecha ____________

NOTAS CULTURALES

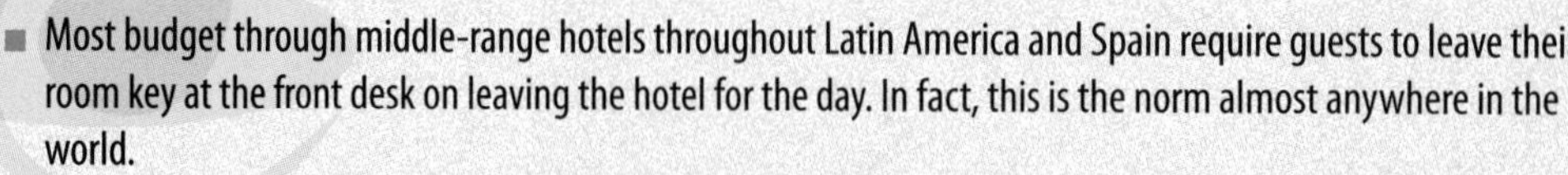

Search

- Most budget through middle-range hotels throughout Latin America and Spain require guests to leave their room key at the front desk on leaving the hotel for the day. In fact, this is the norm almost anywhere in the world.
- Many hotels in Latin America quote prices in American dollars.
- Hotels in a range of categories, including many owned by North American chains, exist in all Latin American cities and can usually be reserved through a travel agency. In choosing a hotel, remember that room prices quoted usually don't include taxes, which are very high in some countries.
- In Spain and Latin America it is common practice to name the oldest son after the father. In these cases the diminutive is used: Carlos - **Carlitos;** Luis - **Luisito.**

EN TU MUNDO...

1. En los Estados Unidos, ¿es necesario dejar (*leave*) la llave en el registro del hotel cada vez (*each time*) que salimos (*we leave*)?
2. Generalmente, ¿los precios de los hoteles tienen los impuestos (*taxes*) incluidos (*included*)?
3. Aquí, ¿cuáles son algunos diminutivos populares para los nombres de los niños?

Actividades

Dígame... Answer the following questions, basing your answers on the dialogue.

1. ¿En qué ciudad está el Sr. Vega? ¿Por qué está allí?

   ____

2. ¿Dónde está el Sr. Vega ahora? ¿Con quién habla?

   ____

3. ¿Cuánto cobran por noche en el hotel? ¿Por cuántas noches necesita el cuarto el Sr. Vega?

   ____

4. ¿Tiene el cuarto baño privado? ¿Qué más (*What else*) tiene?

   ____

5. ¿Qué firma el Sr. Vega?

   ____

Nombre ______________________ Sección ____________ Fecha ____________

6. ¿Qué problemas tiene Carlitos?

____

7. ¿Es barato el restaurante que queda en la esquina? ¿Es bueno?

____

8. ¿A qué hora debe desocupar el cuarto la familia Vega?

____

9. ¿A qué cuarto tiene que llevar las maletas el botones?

____

10. ¿Quién corre a la piscina?

____

Hablemos Interview a classmate, using the following questions. When you have finished, switch roles.

1. ¿Tienes televisor en tu habitación?
2. ¿Tienes una cama doble o una cama chica? ¿Qué otros muebles tienes?
3. ¿Tu baño tiene ducha o bañadera?
4. ¿Tu casa (apartamento) tiene piscina? ¿Tiene aire acondicionado?
5. ¿Tienes la llave de tu casa? ¿Qué otras personas tienen la llave?
6. ¿Qué días vienes a la universidad? ¿Con quién vienes?
7. ¿Eres más (*more*) alto(a) o más bajo(a) que tu mamá?
8. ¿Quién es el (la) más (*the most*) inteligente de tu familia?
9. ¿Cuál (*Which*) es el mejor hotel de la ciudad donde vives? ¿Es muy caro?
10. En un hotel, ¿quién lleva tus maletas al cuarto?
11. ¿Qué comes cuando tienes hambre? ¿Qué bebes cuando tienes sed?
12. ¿Adónde (*Where*) tienes que ir mañana?

¿Cómo lo decimos? Complete the following sentences, using the Spanish equivalent of the words in parentheses.

1. Ellos ____________ una cama doble y yo ____________ una cama chica. (*have* / *have*)

2. ¿Tú ____________ la llave del cuarto? (*have*)

3. El hotel México es ____________ la ciudad. (*the best in*)

4. Mi cuarto es ____________ el cuarto de Uds. (*much smaller than*)

5. ¿El cuarto ____________ aire acondicionado? Nosotros ____________. (*has* / *are very hot*)

6. Ana ____________, pero ____________. (*isn't hungry* / *is very thirsty*)

7. El restaurante Miramar no es ____________ el restaurante que queda en la esquina. (*as good as*)

8. Yo no necesito ____________ tú, Anita. (*as much money as*)

9. Yo ____________ los sábados y el gerente ____________ los domingos. (*come* / *comes*)

10. Elsa es ____________ yo. Yo soy ____________ la familia. (*much older than* / *the youngest in*)

¿Qué pasa aquí? With a partner, take turns answering the questions according to what you see in the picture.

Nombre ______________________ **Sección** __________ **Fecha** __________

1. ¿En qué hotel está la familia Soto?
2. ¿Con quién habla el Sr. Soto?
3. ¿Con quién habla la Sra. Soto?
4. ¿Cómo se llama la hija del Sr. Soto?
5. ¿Qué número tiene la habitación de la familia Soto?
6. ¿Tiene aire acondicionado la habitación de la familia Soto? ¿Televisor?
7. ¿Cuántas maletas tienen los Soto?
8. ¿Quién lleva las maletas al cuarto?
9. ¿Cuánto cobran por una persona en el hotel Caracas?
10. ¿Cuánto cobran por dos personas?
11. ¿Cuánto necesita pagar el Sr. Soto?
12. ¿Es caro el hotel Caracas?

Una encuesta Survey your classmates and your instructor to find someone who fits each of the following descriptions and write the person's name in the space provided. Remember to use the **tú** form when speaking to your classmates and the **Ud.** form when speaking to your instructor.

ESTA PERSONA...

1. ☐ tiene una cama doble en su dormitorio. ______________
2. ☐ tiene un televisor grande en su dormitorio. ______________
3. ☐ tiene una cómoda en su dormitorio. ______________
4. ☐ tiene dos mesitas de noche en su dormitorio. ______________
5. ☐ tiene una reclinadora en su sala de estar. ______________
6. ☐ tiene ducha y bañadera en su baño. ______________
7. ☐ tiene piscina en su casa o apartamento. ______________
8. ☐ corre por la mañana. ______________
9. ☐ tiene que trabajar mañana. ______________
10. ☐ siempre lleva dos maletas cuando viaja. ______________

Nombre ______________________ Sección ____________ Fecha ____________

11. ☐ viene a la universidad los sábados.

12. ☐ tiene sed.

En estas situaciones What would you say in the following situations? What might the other person say?

1. You are at a hotel in Tegucigalpa. The manager asks if he (she) can help you. You want a room for three people with a private bathroom, a double bed, and a single bed. Discuss with the manager the price of the room and other procedures required to check in.
2. You don't like your room. You want a better one, so you call the hotel manager.
3. You just met a gentleman from El Salvador; ask whether he is here on a business trip.
4. You tell someone that you need to have something to drink because you are very hot and thirsty.

¿Qué dice aquí? You and a partner want to make hotel reservations for a trip to Tegucigalpa that you are planning. Read the following ad to find the information you need about the hotel, and answer the questions.

Hotel Honduras
INTERNACIONAL
Avenida Robles, 554
Tegucigalpa
(504) 932-3312
Habitaciones dobles y sencillas con baño privado, aire acondicionado y televisor
Restaurante con comida internacional
Servicio de habitación las 24 horas del día
Música en vivo de jueves a domingo, de 7 a 10 de la noche
Piscina, gimnasio y cancha de tenis
Amplio estacionamiento
Se aceptan tarjetas de crédito y cheques de viajero
Situado a 15 minutos del aeropuerto

Nombre ______________________ Sección ____________ Fecha ____________

1. ¿Cómo se llama el hotel?

2. ¿Cuál es la dirección del hotel?

3. ¿Las habitaciones tienen baño privado? ¿Qué más (*What else*) tienen?

4. ¿Qué tipo (*type*) de comida sirven (*serve*) en el hotel?

5. ¿Podemos (*Can*) comer en la habitación? ¿Por qué?

6. ¿Qué tienen en el hotel de jueves a domingo? ¿A qué hora?

7. ¿El hotel tiene piscina? ¿Qué más tiene?

8. ¿Podemos estacionar (*park*) en el hotel? ¿Por qué?

9. Para pagar, ¿qué aceptan en el hotel?

10. ¿El hotel está situado (*located*) cerca (*near*) del aeropuerto?

Una actividad especial Two or more hotels can be set up in different corners of the classroom. Two or more students are hotel clerks. The rest of the students play the roles of customers. Some suggestions: a couple and their child, two women traveling together, two men on business, a couple on their honeymoon, etc. Students should ask about prices and accommodations, and also try to find out about restaurants. Students should "shop around" before deciding where to stay.

Un paso más

A Review the **Vocabulario adicional** in this **lección** and identify the furniture Alicia has in her house.

1. En su dormitorio, Alicia tiene una ____________ chica, un ____________, una ____________ y dos ____________ de noche.

2. En el comedor, Alicia tiene una ____________ y ocho ____________.

3. En la sala, Alicia tiene dos ____________ y una mesa de ____________.

4. En el salón de estar, Alicia tiene un ____________, dos ____________ y un ____________.

B Complete the following sentences.

1. No voy a El Salvador. Tengo que ____________ la reservación en el hotel.

2. ¿Tienen Uds. ____________ de habitación?

3. Deseo ____________ una reservación para el quince de mayo en el hotel Azteca.

4. Mis padres van a Honduras el sábado. Tienen que ____________ la reservación en el hotel.

Nombre ______________________ Sección ____________ Fecha ____________

Letra de una canción infantil (*Words to a children's song*)

Los pollitos° dicen
pío,° pío, pío,
cuando tienen hambre,
cuando tienen frío.
Pío, pío, pío,
pío, pío, pío.

los... *baby chicks*
pío *chirp*

... ¡Y también tiene piscina!

LECCIÓN 5

DE VACACIONES EN MANAGUA

OBJECTIVES

Structures

- Stem-changing verbs **(e:ie)**
- Some uses of the definite article
- The present progressive
- Ordinal numbers

Communication

- How to discuss prices and accommodations at a boarding house
- Errands and excursions while traveling

Culture: Nicaragua

- Meals
- Boarding houses in the Hispanic world

Nombre ______________________ Sección ______________ Fecha ______________

Audio

APRENDA ESTAS PALABRAS

1. el desayuno

2. el almuerzo

3. la cena

4. el periódico (diario)

5. la revista

6. la frazada (cobija, manta)

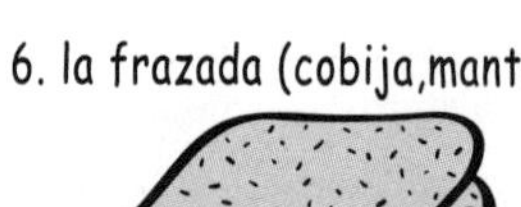

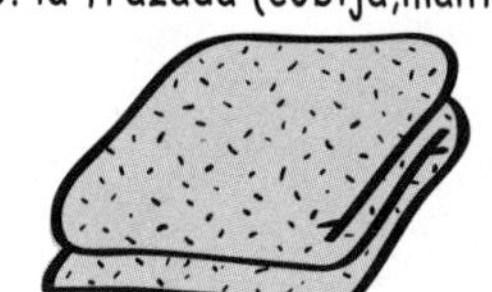

la almohada 7.

8. la toalla

9. el jabón

10. el equipaje

11. la calefacción

12. la semana

Nombre ______________________ Sección ____________ Fecha ____________

De vacaciones en Managua

1–16 Ana y Eva, dos chicas mexicanas, están de vacaciones en Managua, la capital de Nicaragua. Ahora están en una pensión del centro. Están hablando con el dueño de la pensión.

Ana —¿Cuánto cobran por un cuarto para dos personas?
El dueño —Con comida, el precio es de 3.300 córdobas[1] por semana.
Eva —¿Eso incluye el desayuno, el almuerzo y la cena?
El dueño —Sí, señorita. ¿Cuánto tiempo piensan estar aquí?
Eva —Pensamos estar una semana en Managua.
Ana —Yo siempre tengo frío por la noche. ¿Tienen calefacción los cuartos?
El dueño —No, pero hay mantas en todas las habitaciones.
Eva —¿Tenemos que pagar por adelantado?
El dueño —Sí, señorita. ¿Llevo el equipaje a la habitación?
Ana —Sí, por favor.

En la habitación, que está en el segundo piso, las dos chicas están conversando.

[1]Nicaraguan currency: current rate of exchange: $1.00 = 16 córdobas (*subject to change*)

Nombre ______________________ **Sección** __________ **Fecha** __________

Eva —¿A qué hora empiezan a servir la cena?
Ana —A las nueve. ¿Por qué? ¿Tienes hambre?
Eva —No, pero quiero ir a la tienda porque necesito comprar jabón y una toalla.
Ana —Vamos. Yo quiero periódicos y revistas. ¿A qué hora cierran la tienda?
Eva —A las diez. Oye, ¿adónde vamos de excursión el lunes?
Ana —Vamos a ir al Palacio Nacional y al Teatro Rubén Darío.
Eva —Bueno, y si tenemos tiempo vamos a ir a ver el lago Nicaragua la semana próxima, ¿verdad?
Ana —Sí, yo quiero ir. Eva ¿dónde está la llave del cuarto?
Eva —¿No está en tu bolso? ¡Ay, mujer! ¡Tú siempre pierdes las benditas llaves!
Ana —¡Aquí están! Vamos.

1-16

¡Escuchemos! While listening to the dialogue, circle **V (verdadero)** if the statement is true and **F (falso)** if it is false.

1. Ana y Eva están en un hotel. V F
2. El precio de la pensión no incluye el almuerzo. V F
3. Eva y Ana piensan estar en Managua por siete días. V F
4. Los cuartos de la pensión no tienen calefacción. V F
5. Hay frazadas en las habitaciones. V F
6. Eva y Ana no tienen que pagar. V F
7. Empiezan a servir la cena a las cuatro de la tarde. V F
8. Ana no lee revistas. V F
9. Ana y Eva piensan ir de excursión. V F
10. Las chicas quieren ver el lago Nicaragua. V F

Nombre ____________________ Sección ____________ Fecha ____________

Audio

VOCABULARIO

COGNADOS

la capital
las vacaciones[1]

NOMBRES

el bolso *handbag*
el centro *downtown, downtown area*
la comida *food, meal*
el (la) dueño(a) *owner, proprietor*
el lago *lake*
el piso *floor*
el precio *price*
el teatro *theatre*
el tiempo *time*
la tienda *store*

VERBOS

cerrar (e:ie) *to close*
comprar *to buy*
empezar (e:ie), comenzar (e:ie) *to start, to begin*
incluir[2] *to include*
pensar (e:ie) *to plan, to intend, to think*
perder (e:ie) *to lose*
querer (e:ie) *to want, to wish*
servir (e:i) *to serve*

ADJETIVOS

bendito(a) *darn, blessed*
próximo(a) *next*
segundo(a) *second*
todos(as) *all, every*

OTRAS PALABRAS Y EXPRESIONES

¿adónde? *where (to)?*
bueno... *well...*
¿cuánto tiempo? *how long?*
de vacaciones *on vacation*
¿Eso incluye...? *Does that include...?*
ir de excursión *to go on a tour (excursion)*
por adelantado *in advance*
si *if, whether*
Vamos. *Let's go.*
¿Verdad? *Right?*

VOCABULARIO ADICIONAL

PARA EL DESAYUNO

el café con leche *coffee with milk*
el cereal *cereal*
el chorizo, la salchicha *sausage*
el huevo *egg*
el jamón *ham*
la leche *milk*
la mantequilla *butter*
la margarina *margarine*
la mermelada *marmalade, jam*
el pan *bread*
el pan tostado *toast*
el panqueque *pancake*
el tocino *bacon*

---

[1]**Vacaciones** is always plural in Spanish.
[2]Present indicative: **incluyo, incluyes, incluye, incluimos, incluís, incluyen**

Nombre ______________________ Sección ____________ Fecha ____________

PARA EL ALMUERZO Y LA CENA

los espaguetis, los tallarines *spaghetti*
la hamburguesa *hamburger*
las papitas *potato chips*
el perro caliente *hot dog*

el sándwich[1] **de**
- **atún** *tuna sandwich*
- **pavo** *turkey sandwich*
- **jamón y queso** *ham and cheese sandwich*
- **pollo** *chicken sandwich*

la sopa de
- **arvejas, guisantes** *pea soup*
- **lentejas** *lentil soup*

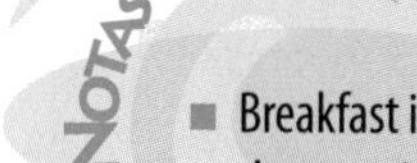

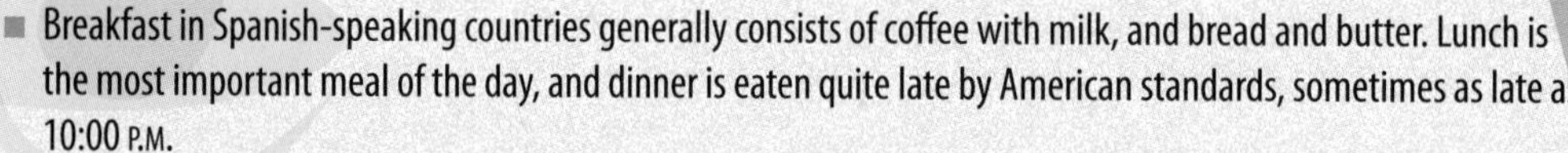

- Breakfast in Spanish-speaking countries generally consists of coffee with milk, and bread and butter. Lunch is the most important meal of the day, and dinner is eaten quite late by American standards, sometimes as late as 10:00 P.M.

- In many Spanish-speaking countries, people have an afternoon snack (**la merienda**) at around 4 P.M. The snack generally consists of tea or coffee with milk and pastries or sandwiches.
- **Pensiones** are an economical alternative to hotels in the Hispanic world. They are used both for short-term stays by travelers and as residences by students and others, particularly in cities where housing is expensive. The price of accommodation often includes meals. Many **pensiones** are no-frills establishments, and basic amenities such as soap and towels may not be provided.

EN TU MUNDO...

1. Generalmente, ¿qué comen y qué beben los americanos en el desayuno?
2. ¿A qué hora cenan los americanos generalmente?
3. La mayoría de los americanos, ¿prefieren los hoteles o los establecimientos llamados (*called*) "*bed and breakfast*"?

---

[1]**el bocadillo,** *in Spain*

Nombre ______________________ Sección ____________ Fecha ____________

Actividades

Dígame... Answer the following questions, basing your answers on the dialogue.

1. ¿Dónde están Ana y Eva de vacaciones?

____

2. ¿Están en una pensión o en un hotel? ¿Con quién están hablando?

____

3. ¿Cuánto cobran por un cuarto para dos personas, y qué incluye el precio?

____

4. ¿Cuánto tiempo piensan estar Ana y Eva en Managua?

____

5. ¿Tienen calefacción los cuartos? ¿Qué hay en todas las habitaciones?

____

6. ¿Cómo tienen que pagar?

____

7. ¿Quién lleva el equipaje de las chicas a la habitación?

____

8. ¿A qué hora empiezan a servir la cena? ¿Eva tiene hambre?

____

9. ¿Por qué quiere ir Eva a la tienda? ¿Qué va a comprar Ana?

____

10. ¿A qué hora cierran la tienda?

____

11. ¿Adónde van a ir de excursión el lunes? ¿Adónde quieren ir la semana próxima?

____

12. ¿Quién pierde siempre las llaves?

____

Nombre ______________________ Sección ____________ Fecha ____________

Hablemos

Interview a classmate, using the following questions. When you have finished, switch roles.

1. ¿Adónde piensas ir de vacaciones? ¿Con quién vas?
2. ¿Cuánto tiempo vas a estar allí?
3. ¿Cuántas maletas vas a llevar?
4. ¿A qué hora van a servir el desayuno en tu casa mañana?
5. ¿Tienes que ir a la tienda el próximo sábado? ¿Qué necesitas comprar?
6. ¿A qué hora cierran las tiendas?
7. ¿A qué hora empiezan tus clases?
8. ¿Qué días de la semana tienes clases?
9. ¿La universidad está en el centro?
10. ¿Qué periódico lees tú? ¿Lees revistas en español?
11. ¿Quieres ir al teatro el sábado? ¿Adónde quieres ir el domingo?
12. ¿Tú siempre pierdes tus llaves?

¿Cómo lo decimos?

Give the Spanish equivalent of the words in parentheses.

1. Nosotros vamos al hotel ____________. Yo ____________ por adelantado. (*next week / plan to pay*)
2. ¿Ustedes ____________ un cuarto en el ____________ piso, en el ____________ piso o en el ____________ piso? (*prefer / first / third / tenth*)
3. El dueño de la pensión ____________ con Eva. Él ____________ que el precio no incluye las comidas. (*is speaking / is saying*)
4. Ellos ____________ dos frazadas y dos almohadas y yo ____________ dos toallas. (*want / want*)
5. ¿Tú ____________ un periódico o una revista? (*want to buy*)
6. ¿A qué hora ____________ la cena? (*do they start to serve*)
7. Ellos ____________ el restaurante ____________. (*close / on Sundays*)
8. ____________ es a las siete y ____________ es al mediodía. (*Breakfast / lunch*)
9. El camarero ____________ el café. (*is serving*)
10. Marisol y Luisa ____________. Ellas ____________ de excursión. (*are sleeping / don't want to go*)

Nombre ______________________ Sección ____________ Fecha ____________

¿Qué pasa aquí? Answer the following questions according to what you see in the pictures.

A.

1. ¿En que pensión está la familia Ortiz?
2. ¿Cuántas personas hay en la familia?
3. ¿Cuántos años tiene Paco?
4. ¿Cuánto tiempo va a estar la familia Ortiz en la pensión?

B.

1. ¿Qué número de cuarto tiene la familia Ortiz?
2. ¿En qué piso está la habitación?
3. ¿Cuántas camas hay en el cuarto? (¿Cuántas almohadas?) (¿Hay frazadas en las camas?)
4. ¿Tiene baño privado el cuarto?
5. ¿Tiene ducha el baño?
6. ¿Hay toallas en el baño?
7. ¿El equipaje está en el cuarto?

C.

1. ¿A qué tienda van el Sr. Ortiz y su hijo?
2. ¿Qué quiere comprar el Sr. Ortiz?
3. ¿Qué quiere leer Paco?

D.

1. ¿Qué hora es?
2. ¿A qué hora empiezan a servir el desayuno en la pensión?
3. ¿Qué beben los señores (*Mr. and Mrs.*) Ortiz?
4. ¿Paco bebe café?

Nombre ________________ Sección ________ Fecha ________

Una encuesta Survey your classmates and your instructor to find someone who fits each of the following descriptions and write the person's name in the space provided. Remember to use the **tú** form when speaking to your classmates and the **Ud.** form when speaking to your instructor.

Esta persona...

1. ☐ tiene hambre. ________________
2. ☐ come comida italiana. ________________
3. ☐ come tocino con huevos. ________________
4. ☐ come sándwiches de atún. ________________
5. ☐ piensa ir al cine la semana próxima. ________________
6. ☐ quiere ir a la tienda el sábado. ________________
7. ☐ piensa ir de excursión con sus amigos. ________________
8. ☐ va de vacaciones en el verano. ________________
9. ☐ lee el periódico los domingos. ________________
10. ☐ necesita comprar jabón. ________________
11. ☐ tiene dos frazadas en su cama. ________________
12. ☐ a veces (*sometimes*) pierde las llaves. ________________

Nombre ____________________ Sección ____________ Fecha ____________

En estas situaciones What would you say in the following situations? What might the other person say?

1. You want a room at a boarding house. You need the following information.
   a. how much they charge for a room for two people
   b. whether the price includes meals
   c. whether the room has a private bathroom and heat
   d. if you have to pay in advance
   e. whether they have a room on the first floor
   f. at what time they start serving breakfast
2. You go to see the owner of the **pensión** because you are cold and there are no blankets in your room.
3. You tell a friend that you want to go to the store because you need soap and towels. You also tell him or her that the store closes at six.
4. You accuse your friend of always losing her "darn purse."
5. You ask a couple of friends if they want to go to the lake next week.

¿Qué dice aquí? Friends of yours are planning to travel to Managua and are asking you about places to stay. Answer their questions with a partner, using the information found in the ad on page 74.

1. ¿Cuál es el nombre (*name*) del hotel?
2. ¿Cómo son los servicios del hotel?
3. ¿En qué ciudad está el hotel?
4. ¿El precio del hotel incluye todas las comidas?
5. ¿Qué comida incluye?
6. ¿Debo pagar extra por el uso de la televisión?
7. Si llevo a mis hijos de nueve y siete años, ¿cuánto debo pagar extra por ellos?
8. ¿Qué descuentos especiales ofrece el hotel?
9. ¿A qué número debo llamar para hacer reservaciones?

Nombre ______________________ Sección ______________ Fecha ______________

¡IMAGÍNESE EN MANAGUA!

HOTEL MISIÓN

¡No pierda esta magnífica oportunidad!

Disfrute de la tradicional hospitalidad y de los excelentes servicios que el hotel Misión tiene para usted.

Nuestro paquete incluye:

- Preciosa habitación de lujo con TV a color vía antena parabólica
- Desayuno americano
- Estancia gratuita para dos menores de hasta 12 años compartiendo la habitación con sus padres
- Coctel de bienvenida
- 20% de descuento en el alquiler de automóvil
- Uso de las canchas de tenis
- 30% de descuento en todas las excursiones

Reservaciones
Llame al teléfono 65-9780
¡Lo esperamos!

Nombre ______________________ Sección ____________ Fecha ____________

Una actividad especial Students are staying at the La Siesta Hotel in a small town in Central America. Five or six of the students will be hotel employees. The "guests" and the employees will discuss accommodations, prices, meals, length of stay, etc. The guests will also request towels, pillows, blankets, and other things they need.

Un paso más The following people are going to be guests at your house for one day. Say what you are going to serve them for each meal. Include the **Vocabulario adicional** for this **lección,** and vocabulary from previous lessons.

1. Mr. Rojas: He likes pancakes, hot dogs, and Italian food. He loves soup.

   desayuno: ______________________

   ____

   almuerzo: ______________________

   ____

   cena: ______________________

   ____

2. Miss Vera: She likes sausages, eggs, spaghetti, and pea soup. She also likes fruit.

   desayuno: ______________________

   ____

   almuerzo: ______________________

   ____

   cena: ______________________

   ____

3. Mrs. Rivera: She likes to eat healthy food.

   desayuno: ______________________

   ____

   almuerzo: ______________________

   ____

   cena: ______________________

   ____

Un proverbio

Más vale tarde que nunca. *Better late than never.*

Nombre ______________________ Sección ____________ Fecha ____________

REPASO

Práctica de vocabulario (*Vocabulary practice*)

A Circle the word or phrase that does not belong in each group.

1. tenedor, cuchara, helado
2. camarero, cuchillo, mesero
3. propina, papa, bistec
4. verduras, vegetales, agua mineral
5. queso, comida, casa
6. comer, cenar, anotar
7. amigo, padre, cine
8. cine, película, madrina
9. sala, primo, hermano
10. marido, estudiante, esposo
11. todos, muchos, guapos
12. ahora, aquí, allí
13. está, queda, tiene
14. próximo, compra, precio
15. alto, de estatura mediana, aburrido
16. bailar, celebrar, pasar

B Match the questions in column **A** with the corresponding answers in column **B.**

A		B
1. ¿Qué desea de postre?	________	**a.** El pedido.
2. ¿Quién paga la cuenta?	________	**b.** Aquí, con nosotros.
3. ¿Desea tomar algo?	________	**c.** A México.
4. ¿A qué hora abren?	________	**d.** Cien dólares por noche.
5. ¿Qué anota?	________	**e.** No, están de vacaciones.
6. ¿Deseas torta al ron?	________	**f.** Raquel.
7. ¿Es bonita?	________	**g.** No, el gerente.
8. ¿Dónde está Carlos?	________	**h.** Al mediodía.
9. ¿De dónde eres?	________	**i.** Tres.
10. ¿Cuánto cobran?	________	**j.** No, no me gusta.
11. ¿Dónde está la pensión?	________	**k.** En el centro.
12. ¿Adónde piensan ir?	________	**l.** No, acabo de comer.
13. ¿Es el dueño?	________	**m.** Sí, y muy inteligente.
14. ¿Ellas trabajan?	________	**n.** De Buenos Aires.
15. ¿Vamos?	________	**o.** Sí, vermut, por favor.

Nombre ______________________ Sección ____________ Fecha ____________

A		B
16. ¿Tienes hambre?	________	p. Bueno.
17. ¿Cuántas personas hay en el cuarto?	________	q. Helado.
18. ¿Quieres agua?	________	r. Una salsa.
19. ¿Qué están tocando?	________	s. Sí, y muy simpáticos.
20. ¿Son guapos?	________	t. Sí, con hielo, por favor.

C Circle the word or phrase that best completes each sentence.

1. Deseo (un lago, una taza) de café.
2. Deseo café con crema y (cuenta, azúcar).
3. ¿Deseas (agua, helado) de vainilla?
4. Necesito cheques de (verduras, viajero).
5. Comen (botella, pastel) de coco.
6. Vamos a comer (pedidos, chuletas) de cerdo.
7. Van a un restaurante para (traer, cenar).
8. Comen cordero (guapo, asado).
9. Voy a comer papas fritas o papas (sabrosas, al horno).
10. (En seguida, Un rato) regreso.
11. No es alto; es (gordo, bajo).
12. No baila porque (es delgada, está cansada).
13. El esposo de mi hija es mi (cuñado, yerno).
14. El hijo de mi hermano es mi (sobrino, nieto).
15. Hay una frazada y una (semana, almohada) en la cama.
16. La casa tiene (teatro, calefacción) y aire acondicionado.
17. ¿Qué (incluye, quiere) el precio?
18. No voy porque no tengo (tiempo, comida).
19. ¿A qué hora (empiezan, compran) a servir la comida?
20. ¿Debemos pagar por (rico, adelantado)?
21. Siempre (pierdes, cierras) la bendita llave.
22. Ana y Diego (corren, conversan) mientras (*while*) bailan.
23. Necesito una manta porque tengo (calor, frío).
24. Voy a (asistir, esperar) a la conferencia mañana.
25. Voy a tomar agua porque tengo (hambre, sed).
26. Hoy es nuestro aniversario de (bodas, santo).
27. ¿Qué día es hoy, (febrero, martes)?
28. Es (una capital, un viaje) de negocios.
29. ¿Es caro o (feliz, barato)?
30. ¿No está? (Entonces, Siempre) llamo más tarde.

D Write the words in Spanish in the blanks provided. What phrase is formed vertically?

1. hot
2. let's go
3. also, too
4. many
5. all, every (*pl.*)
6. price
7. meal
8. to sign
9. next
10. we see

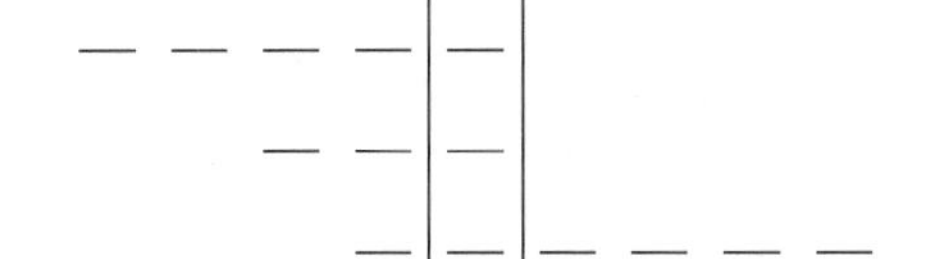

11. what
12. wife
13. potato

14. tomorrow
15. bathroom
16. now
17. lunch

E Crucigrama. Use the clues provided below to complete the crossword puzzle.

Horizontal

4. 

6.     

7. 

8.

11. 

13. 

Nombre ______________________ Sección ______________ Fecha ______________

14. 

15. 

18. 

20. 

22. 

23. 

24. 

25. 

26. 

Vertical

1. 

2. 

3. 

5. 

9. 

10. 

12. 

16. 

17. 

19. 

20. 

21.

Nombre ______________________ Sección ____________ Fecha ____________

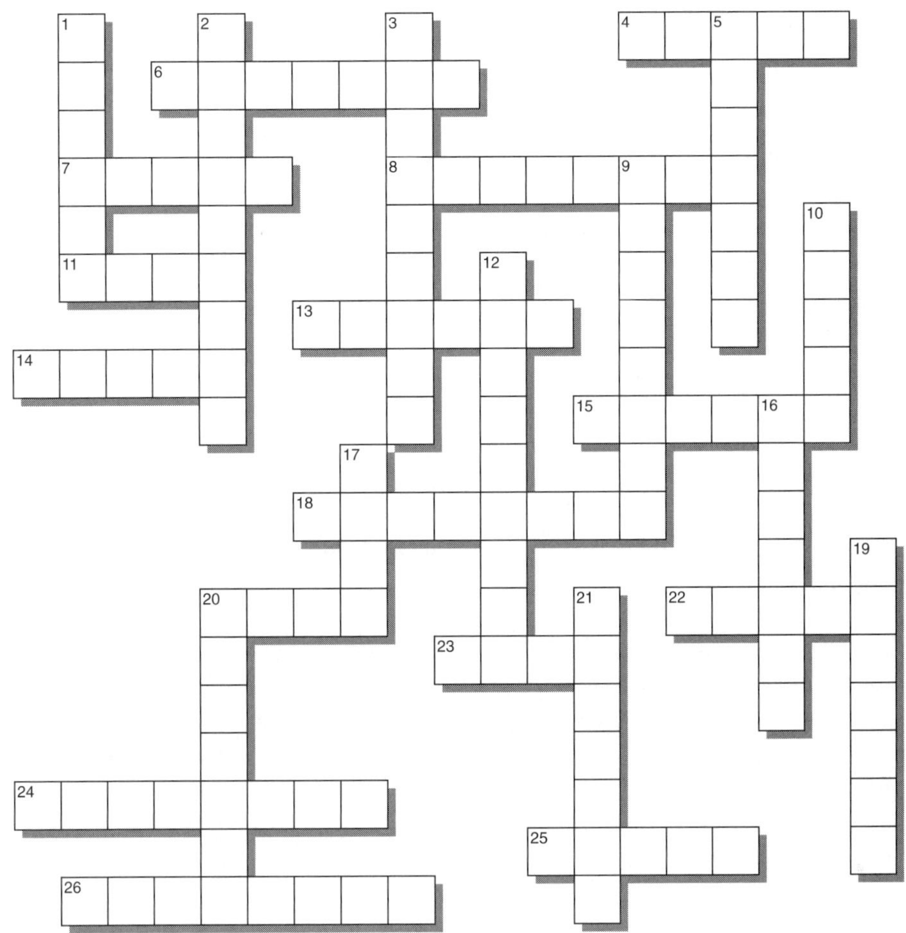

Práctica oral (*Oral practice*)

1-17 The speaker will ask you some questions. Answer each question, using the cue provided. The speaker will verify your response. Repeat the correct answer.

1-18

1. ¿Tú eres estudiante? (sí)
2. ¿Dónde estás ahora? (en la universidad)
3. ¿De dónde eres? (de California)
4. ¿De dónde son tus padres? (de México)
5. ¿Dónde vive tu familia? (aquí)
6. ¿Tus abuelos viven aquí también? (no)
7. ¿Tienes hermanos? (sí, un hermano y una hermana)
8. ¿Tu hermana tiene novio? (sí)
9. ¿El novio de tu hermana es guapo? (sí, y muy inteligente)
10. ¿Tienes muchos primos? (sí)
11. ¿Adónde vas tú los sábados? (a casa de mis amigos)
12. ¿Tienes hambre? (no)
13. ¿Qué quieres comer? (bistec y ensalada)
14. ¿Qué quieres beber? (un vaso de agua mineral)
15. ¿Te gusta el pecado? (no)
16. ¿Te gusta la langosta? (sí).
17. ¿Deseas comer chuletas de cordero o chuletas de cerdo? (chuletas de cerdo).
18. ¿Qué quieres de postre? (helado de vainilla).
19. ¿Es sabroso el pastel de coco? (sí, muy sabroso).
20. ¿Qué quiere de postre tu hermano? (fruta).
21. Después del postre, ¿bebes té o café? (café).
22. ¿A qué hora cenan Uds. en su casa? (a las seis).
23. ¿A qué hora regresas tu a tú casa? (a las cuatro).

24. ¿Tú lees un rato después de cenar? (sí)
25. ¿Lees periódicos o revistas? (revistas)
26. ¿Tú das muchas fiestas en tu casa? (sí)
27. ¿A quiénes invitas? (a mis amigos)
28. ¿Tus amigos son norteamericanos? (sí)
29. ¿Te gusta conversar o bailar? (conversar)
30. ¿Tú bailas bien? (sí, muy bien)
31. ¿Cuántos televisores tienes en tu casa? (tres)
32. ¿Cuántas camas hay en tu cuarto? (una)
33. ¿Cuántos baños tiene tu casa? (dos)
34. ¿Los baños tienen ducha o bañadera? (ducha y bañadera)
35. ¿Tu casa tiene piscina? (no)
36. ¿Cuántas tarjetas de crédito tienes tú? (tres)
37. En un buen hotel, ¿cuánto cobran por noche? (cien dólares)
38. Si vas a un hotel, ¿a qué hora tienes que desocupar el cuarto? (al mediodía)
39. ¿Hay un restaurante en la esquina de tu casa? (no)
40. ¿Qué necesitas comprar en la tienda? (una toalla)

Para leer y entender (*To read and understand*)

1-19 Listen to the reading, paying special attention to pronunciation and intonation. Make sure you understand and remember as much as you can.

1-20 Alicia Pérez de Alba vive en Los Ángeles, California, con su esposo Miguel y sus dos hijos, Ángel y Ana María.

Alicia es de Cuba y no habla muy bien el inglés. El resto de su familia vive en Miami.

Miguel es de San Bernardino y sus padres viven allí. Él trabaja[1] como profesor de español en la escuela secundaria.

Ángel y su hermana van a la escuela primaria. El niño as alto y delgado y la niña es muy bonita. Él tiene once años y ella tiene nueve.

La casa de los Alba no es muy grande; tiene tres dormitorios y dos baños. No tiene aire acondicionado, pero tiene calefacción.

Los sábados, los Alba generalmente van a un restaurante italiano que queda en la esquina de su casa. No es un restaurante caro, pero es muy bueno y los raviolis, los espaguetis y la lasaña son deliciosos.

Los domingos por la mañana, Alicia y Miguel leen el periódico y los niños estudian. Por la tarde van a visitar a los padres de Miguel.

Now answer the following questions.

1. ¿Con quién vive Alicia?
2. ¿Los Alba viven en una ciudad grande?
3. ¿Quién es Miguel?
4. Uno de los Alba es de La Habana; ¿cuál?
5. ¿Los padres de Alicia viven en California?
6. ¿Qué habla mejor Alicia, el español o el inglés?
7. ¿Dónde trabaja el esposo de Alicia?
8. ¿Miguel enseña verbos o álgebra en su clase?
9. ¿Quién es el hermano de Ana María?
10. ¿Los niños van a la escuela secundaria?
11. ¿Ángel es bajo y gordo?
12. ¿Cuántos años tiene Ana María?

[1] *works*

Nombre ______________________ Sección ____________ Fecha ____________

13. ¿Cuántos dormitorios y cuántos baños tiene la casa de los Alba?

14. ¿Qué tiene y qué no tiene la casa?

15. ¿Dónde queda el restaurante italiano?

16. ¿Necesitan mucho dinero para ir al restaurante?

17. ¿Alicia y Miguel trabajan los domingos?

18. ¿Quiénes leen el periódico y quiénes estudian los domingos?

19. ¿A qué ciudad van los Alba los domingos por la tarde?

20. ¿A quiénes visitan?

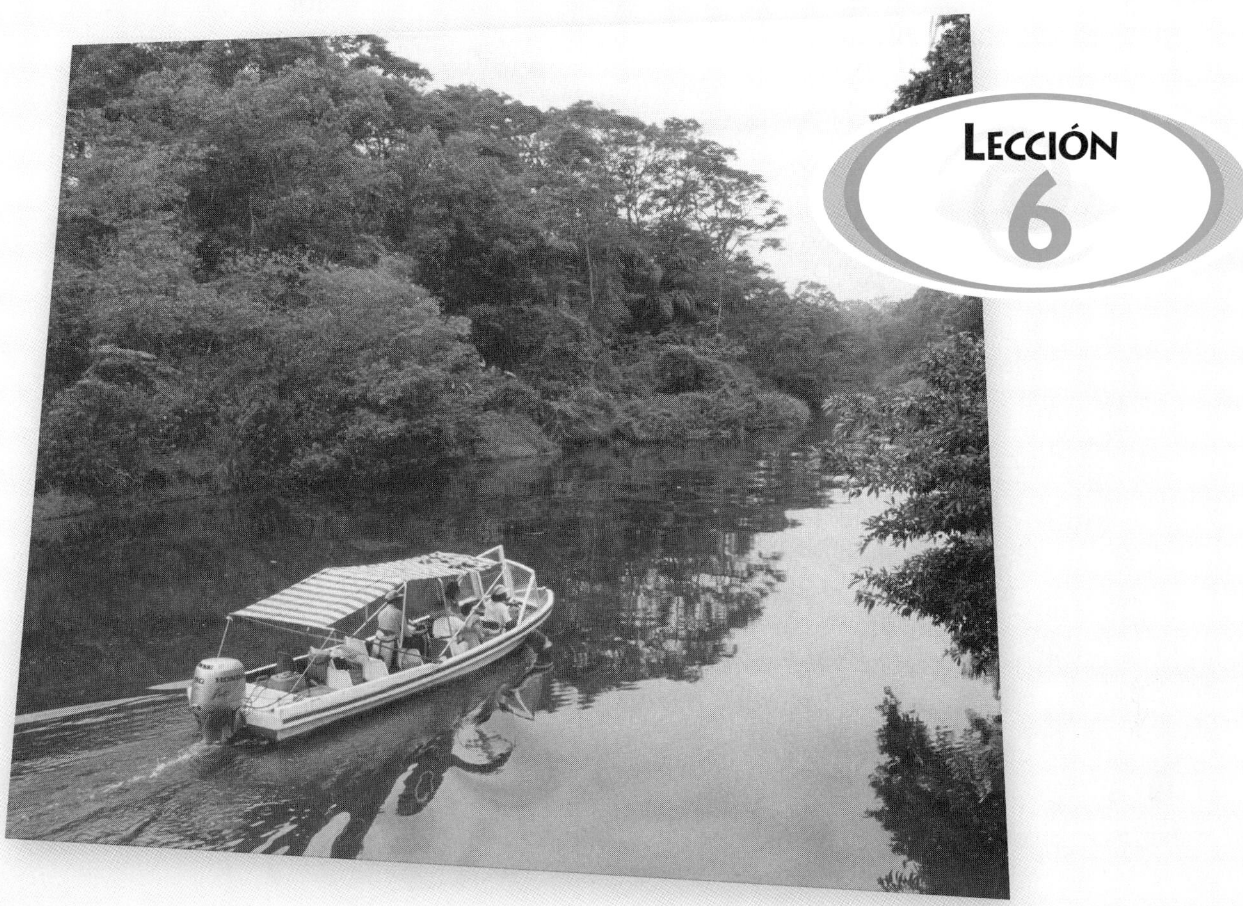

Lección 6

En una pensión en San José

Objectives

Structures

- Stem-changing verbs **(o:ue)**
- Affirmative and negative expressions
- Pronouns as object of a preposition
- Direct object pronouns

Communication

- Commenting on accommodations at a boarding house
- Making plans

Culture: Costa Rica and Panamá

- Living arrangements for students
- Pharmacies in the Hispanic world

Nombre ______________________ Sección ______________ Fecha ______________

APRENDA ESTAS PALABRAS

Audio

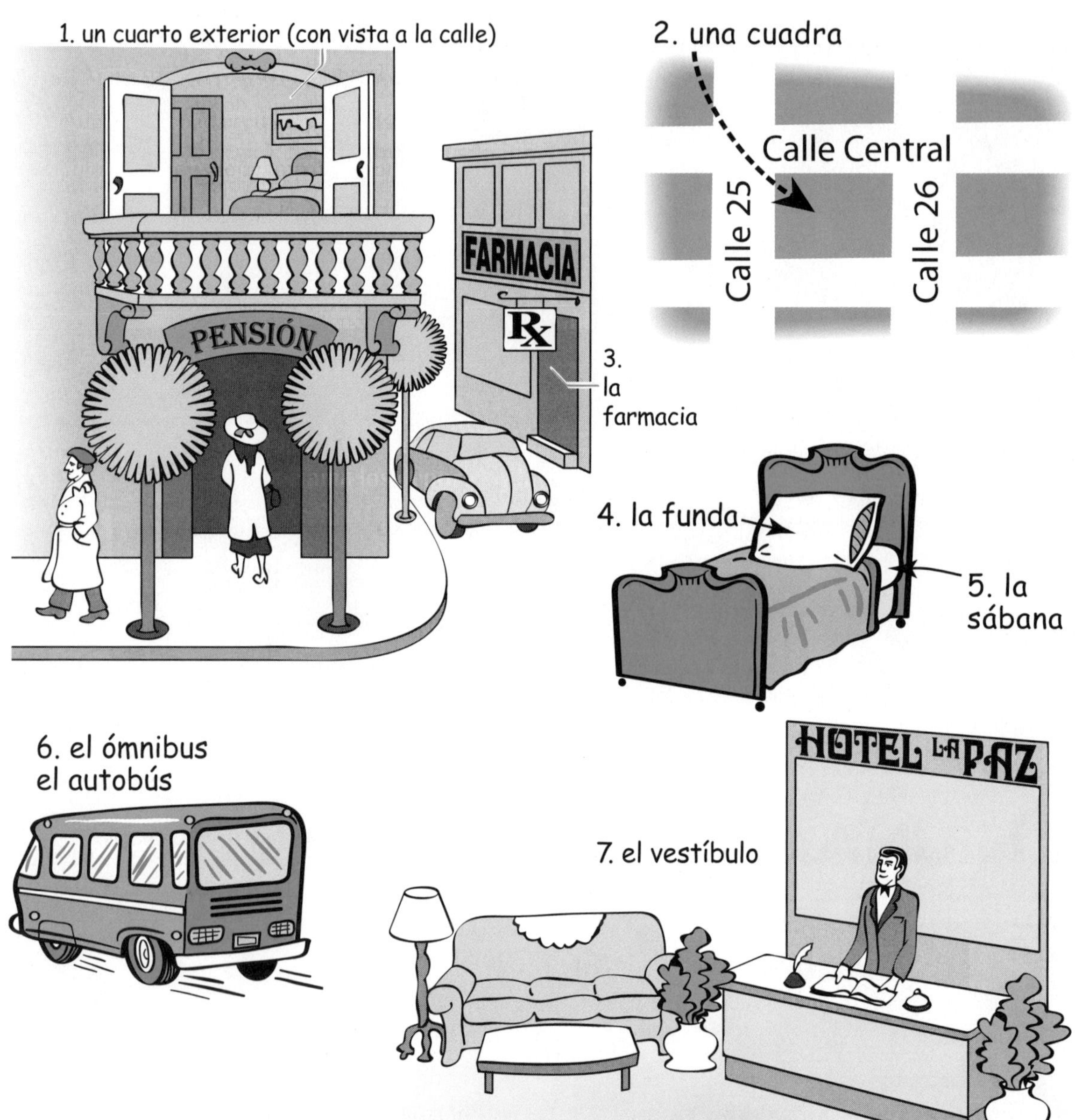

8. todos los días

LUNES	MARTES	MIÉRCOLES	JUEVES	VIERNES	SÁBADO	DOMINGO
11	12	13	14	15	16	17

Nombre ______________________ Sección ____________ Fecha ____________

EN UNA PENSIÓN EN SAN JOSÉ

1–21 Delia y David son dos estudiantes de Panamá que acaban de llegar a San José para estudiar en la universidad. Ahora están conversando en el vestíbulo de la pensión donde viven mientras esperan el autobús para ir de excursión al Parque Braulio Carrillo.

Delia —David, ¿qué tal es tu habitación? ¿Es cómoda?
David —No es mala, pero es interior y yo prefiero las habitaciones exteriores.
Delia —Un problema es que no cambian las sábanas y las fundas todos los días...
David —No, no las cambian diariamente y la almohada y el colchón son muy incómodos.
Delia —Y el televisor del comedor no funciona nunca.
David —Es verdad... pero la comida es excelente.
Delia —Ya lo creo. Es casi tan buena como la de Panamá. Oye, ¿a qué hora cierran el Museo del Oro?
David —Probablemente lo cierran a las siete, pero no estoy seguro.
Delia —Entonces podemos ir hoy porque volvemos de la excursión a las cuatro.
David —Delia, ¿Armando va a llamarte esta noche?
Delia —Sí, me va a llamar a eso de las nueve. Mañana almuerzo con él.
David —Oye, ¿tú tienes una lista de lugares de interés? Yo no tengo ninguna.
Delia —Yo tengo una, pero no recuerdo dónde la tengo.
David —Hay tantos lugares que tenemos que visitar... el Volcán Arenal; el lugar donde hay tantas mariposas...
Delia —Sí. ¡Ah!, necesito comprar aspirinas. ¿Hay una farmacia cerca de aquí?
David —Hay una a tres cuadras de la pensión. Si quieres, voy contigo.
Delia —¡Ay, caramba! No podemos ir ahora porque ya viene el autobús a buscarnos.
David —Vamos, el Parque Braulio Carrillo nos espera.

Nombre ______________________ Sección ____________ Fecha ____________

1-21

¡Escuchemos! While listening to the dialogue, circle **V (verdadero)** if the statement is true and **F (falso)** if it is false.

1.	Delia y David van a estudiar en la universidad.	V	F
2.	Delia y David piensan ir de excursión.	V	F
3.	Delia no puede ver televisión en el comedor de la pensión.	V	F
4.	La comida de la pensión no es muy buena.	V	F
5.	Delia y David vuelven de la excursión a la una de la tarde.	V	F
6.	Delia va a almorzar con Armando mañana.	V	F
7.	David tiene muchas listas de lugares de interés en San José.	V	F
8.	Delia necesita comprar revistas.	V	F
9.	Hay una farmacia cerca de la pensión.	V	F
10.	Delia y David van al Parque Braulio Carrillo en taxi.	V	F

Audio

VOCABULARIO

COGNADOS

la aspirina
excelente
exterior
interior
el museo
el parque
probablemente
el problema
el volcán

NOMBRES

el colchón *mattress*
el lugar *place*
el lugar de interés *place of interest*
la mariposa *butterfly*
el oro *gold*

VERBOS

almorzar (o:ue) *to have lunch*
buscar *to pick up, to get*
cambiar *to change*
estudiar *to study*
funcionar *to work, to function*
llegar *to arrive*
poder (o:ue) *to be able*
preferir (e:ie) *to prefer*
recordar (o:ue) *to remember*
visitar *to visit*
volver (o:ue) *to return, to come (go) back*

ADJETIVOS

alguno(a) *any, some*
cómodo(a) *comfortable*
incómodo(a) *uncomfortable*

Nombre ______________________ Sección ____________ Fecha ____________

malo(a) *bad*
ninguno(a) *none, not any*
seguro(a) *sure*
tantos(as) *so many*

OTRAS PALABRAS Y EXPRESIONES

a... cuadras de *...blocks from*
a eso de *at about*
¡caramba! *gee!*
casi *almost*
cerca (de) *near, close*
contigo *with you (fam.)*
diariamente *daily*
es verdad *it's true*
esta noche *tonight*
nunca *never*
que *that*
¿Qué tal es... ? *What is... like?*
ya *already, now*
¡Ya lo creo! *I'll say!*

VOCABULARIO ADICIONAL

EN UNA EXCURSIÓN

el castillo *castle*
la catedral *cathedral*
el guía *guide*
el jardín botánico—botanical *garden*
el monasterio *monastery*
el monumento *monument*
el palacio *palace*

LUGARES DE DIVERSIÓN (*Places of entertainment*)

el club nocturno *nightclub*
la discoteca *discotheque*
el estadio *stadium*
el hipódromo *racetrack*
el parque de diversiones *amusement park*
el zoológico *zoo*

NOTAS CULTURALES

- Very few universities in Latin American countries have dormitories. Students who don't live with their families stay at boarding houses that provide room and board.
- In most Hispanic countries, pharmacies sell mainly medicine. In some countries it is possible to buy certain medicines without a prescription. Many pharmacists are trained to give shots.
- In Spain and in Latin American countries there is always a pharmacy, in each neighborhood, that stays open at night. Since they take turns staying open they are called *farmacias de turno.*

Nombre ______________________ Sección ____________ Fecha ____________

En Tu Mundo...

1. La mayoría de los estudiantes universitarios, ¿prefiere vivir en su casa o en la universidad?
2. ¿Hay en su ciudad farmacias de turno?
3. En este país, ¿es posible comprar antibióticos sin receta (*prescription*) médica?

Actividades

Dígame... Answer the following questions, basing your answers on the dialogue.

1. ¿Quiénes son Delia y David? ¿Adónde acaban de llegar?

   ____

2. ¿Qué están haciendo (*doing*) Delia y David en el vestíbulo de la pensión? ¿Adónde van a ir de excursión?

   ____

3. ¿Es interior o exterior la habitación de David? ¿Es cómoda?

   ____

4. ¿Qué problemas menciona (*mention*) David?

   ____

5. ¿Cómo es la comida en la pensión? ¿Es tan buena como la de Panamá?

   ____

6. ¿A qué hora vuelven Delia y David de la excursión?

   ____

7. ¿A qué hora va a llamar Armando a Delia?

   ____

8. ¿Con quién almuerza Delia mañana?

   ____

9. ¿Qué no recuerda Delia?

   ____

10. ¿Qué lugares quiere visitar David?

   ____

11. ¿Qué necesita comprar Delia? ¿Dónde hay una farmacia?

______

12. ¿Por qué no pueden ir Delia y David a la farmacia?

______

Hablemos Interview a classmate, using the following questions. When you have finished, switch roles.

1. ¿Qué ciudades (*cities*) de los Estados Unidos te gusta visitar?
2. ¿Hay muchos lugares de interés en la ciudad donde tú vives? ¿Cuáles?
3. ¿Te gusta visitar los museos? ¿Prefieres los museos de arte o los museos de ciencias?
4. ¿Adónde quieres ir de excursión? ¿Por qué?
5. Cuando estás en un hotel, ¿prefieres una habitación interior o exterior?
6. ¿A qué hora almuerzas tú todos los días? ¿Dónde? ¿Con quién?
7. ¿Es buena o mala la comida de la cafetería?
8. ¿Hay una farmacia cerca de tu casa? ¿A cuántas cuadras?
9. ¿Funciona bien tu televisor?
10. ¿Es cómodo o incómodo tu colchón? ¿Cuántas almohadas tienes en tu cama?
11. ¿Cambias las sábanas y las fundas de tu cama diariamente?
12. ¿Dónde vas a estar esta noche a eso de las diez?

¿Cómo lo decimos? Complete the following sentences, using the Spanish equivalent of the words in parentheses.

1. El colchón ______ trescientos dólares y las sábanas ______ treinta dólares. (*costs* / *cost*)
2. ¿Las fundas son ______ o ______, Paquito? (*for you* / *for me*)
3. ¿Y las sábanas? ¿Es verdad que ellos ______ todos los días? (*change them*)
4. Nosotros ______ esta noche. Pensamos ir a una discoteca ______ al estadio. (*don't need anything* / *or*)
5. ______ lugar de interés cerca de aquí. (*There isn't any*)
6. Ana ______ a la catedral hoy. Ella ______ con sus padres. (*can't take us* / *is having lunch*)
7. ¿Tú tienes el número de teléfono del museo? Yo ______. (*don't remember it*)
8. ¿El guía ______ al castillo ______, Anita? (*can go* / *with you*)
9. ¿Ustedes ______ al club nocturno ______? (*return* / *with me*)
10. Yo prefiero ______ al parque de diversiones, Carlitos. (*take you*)

¿Qué pasa aquí? With a partner, answer the following questions according to what you see in the picture.

A.

MUSEO
ACAPULCO
PENSIÓN CARRERAS
Estela
Carmen

1. ¿Dónde están Estela y Carmen?
2. ¿Adónde va a ir Estela de excursión?
3. ¿A qué hora viene el ómnibus?
4. ¿Qué hace Estela mientras espera?
5. ¿Adónde quiere ir Carmen?

B.

1. ¿Tiene Mario una habitación interior?
2. ¿Qué tal es la habitación?
3. ¿Funciona la calefacción del cuarto?
4. ¿Qué hay en la cama de Mario?
5. Mario tiene una idea. ¿Qué va a pedir?

C.

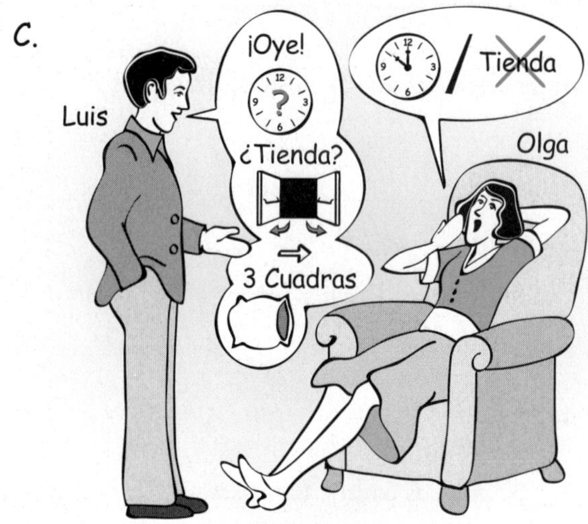

1. ¿Qué quiere saber (*to know*) Luis?
2. ¿Qué dice Olga?
3. ¿A cuántas cuadras está la tienda?
4. ¿Qué quiere comprar Luis en la tienda?
5. ¿Por qué no quiere Olga ir a la tienda?

Nombre ______________________ Sección __________ Fecha __________

Una encuesta Survey your classmates and your instructor to find someone who fits each of the following descriptions and write the person's name in the space provided. Remember to use the **tú** form when speaking to your classmates and the **Ud.** form when speaking to your instructor.

ESTA PERSONA...

1. ☐ almuerza en la cafetería de la universidad. ______________________
2. ☐ puede venir a la universidad el sábado. ______________________
3. ☐ vuelve a su casa muy tarde. ______________________
4. ☐ vive cerca de una farmacia. ______________________
5. ☐ llega a la universidad a las ocho. ______________________
6. ☐ estudia diariamente. ______________________
7. ☐ va al jardín botánico a veces. ______________________
8. ☐ va al estadio a veces. ______________________
9. ☐ visita muchos museos. ______________________
10. ☐ cierra la ventana de su cuarto por la noche. ______________________
11. ☐ tiene un colchón muy cómodo. ______________________
12. ☐ necesita comprar sábanas y fundas. ______________________

En estas situaciones What would you say in the following situations? What might the other person say?

1. You are not very happy about the quality of the hotel where you are staying: the room is uncomfortable for a number of reasons, and the service is not what it should be. You decide to call the manager and complain.
2. You and a friend are visiting a Hispanic city and want to visit as many places of interest as possible. Your friend needs to buy aspirin, though, and wants to go to a pharmacy first. There is a pharmacy four blocks from your hotel.

Nombre ______________________ Sección ____________ Fecha ____________

3. You and a friend are discussing the quality of the food at the hotel where you are staying. You think it's good, but your friend does not.

4. You and your friend are going on an excursion by bus. Ask him/her what time and where the bus is going to pick you up.

¿Qué dice aquí? You and a partner are working the front desk at the Hotel Edén. Take turns answering the following questions phoned in by prospective customers, basing your answers on the ad below.

1. ¿Qué precio tienen las habitaciones para dos personas?
2. ¿Las habitaciones son interiores?
3. ¿Cuánto debemos pagar por estacionar (*to park*) el auto en el hotel?
4. ¿El hotel tiene piscina?
5. Si llegamos (*we arrive*) el viernes, ¿cuándo debemos desocupar la habitación?
6. En diciembre, ¿las habitaciones cuestan 130 dólares?
7. Si vienen nuestros dos hijos, ¿debemos pagar más?

VENGA A DISFRUTAR DE LA PLAYA

3 Días/2 Noches

$130.00*(por habitación máximo 4 personas)

Fin de semana
(Viernes a domingo)
en el fabuloso
Hotel Edén

Edén

Incluye:
- Habitación de lujo con vista al mar o la bahía
- Estacionamiento gratuito (un auto por habitación)
- Sillas reclinables en la piscina
- Toallas de playa para su uso diario
- Nevera compacta
- Salida tarde el domingo (basada en la ocupación)
- Impuestos de habitación

**Especial de julio y agosto solamente.*

Esta tarifa está también disponible entre semana.

Para reservaciones: 531-0000

Nombre ______________________ **Sección** __________ **Fecha** __________

Una actividad especial In small groups, students will play the roles of guests at boarding houses. Three to four "guests" will get together and write a list of complaints about the accommodations.

Un paso más Review the **Vocabulario adicional** in this **lección,** and complete the following sentences with the appropriate word.

1. Mañana voy a ir al __________ Botánico.
2. Hay muchos animales de África en el __________.
3. Disneylandia es mi __________ favorito.
4. Los monjes (*monks*) viven en el __________.
5. El __________ nos va a llevar a visitar la Catedral.
6. Si quieres bailar, podemos ir a una __________ o a un club __________.
7. El __________ a Lincoln está en Washington.
8. Vamos al __________ a ver una carrera de caballos (*horse race*).
9. El Madison Square Garden es un __________ muy famoso.

Cante esta canción

(To the tune of *Frère Jacques*)

Buenos días, buenos días,
¿Duerme Ud.? ¿Duerme Ud.?
Suena la campana,° suena la campana.
Din, din, don. Din, din, don.

Suena... *The bell is ringing*

¿Necesita una frazada, señora... ?

Lección 7

¡Buen viaje!

Objectives

Structures

- Stem-changing verbs **(e:i)**
- Irregular first-person forms
- **Saber** contrasted with **conocer**
- Indirect object pronouns

Communication

- How to make travel arrangements and get information about traveling

Culture: Puerto Rico

- Traveling to Cuba

Nombre ______________ Sección ________ Fecha ________

Aprenda estas palabras

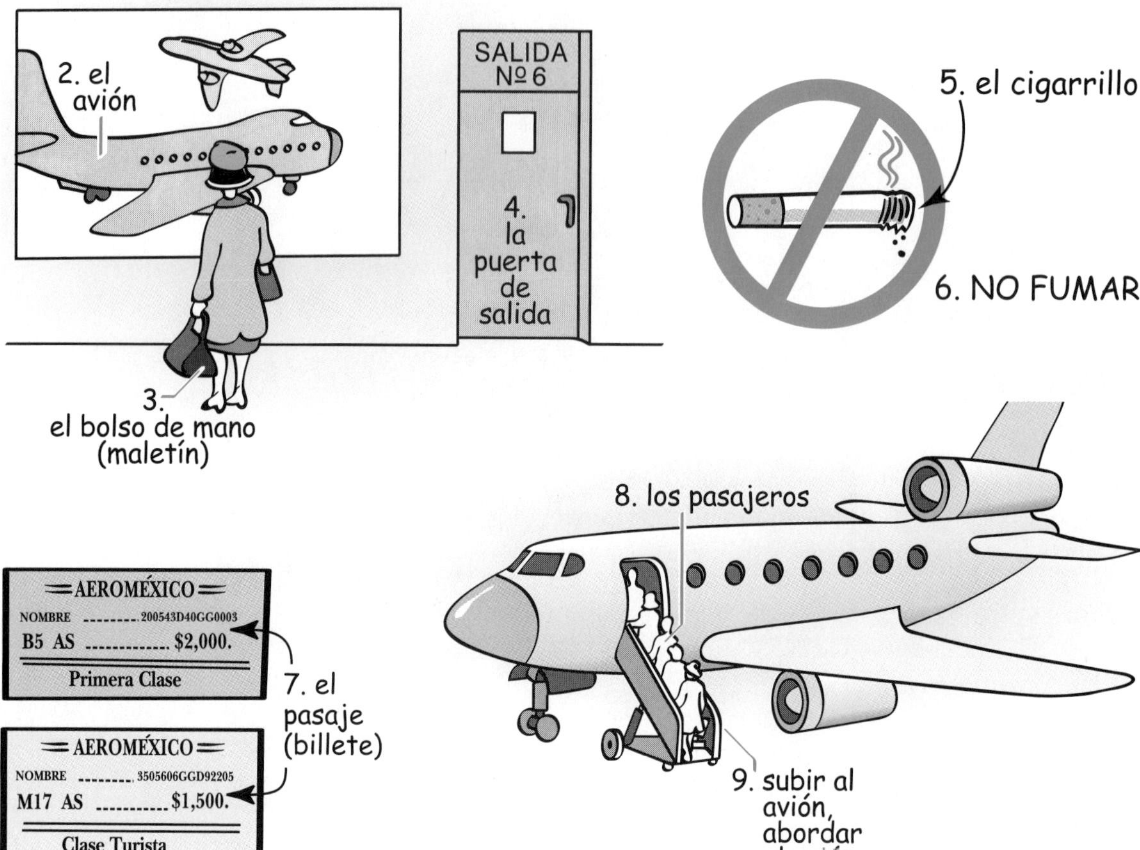

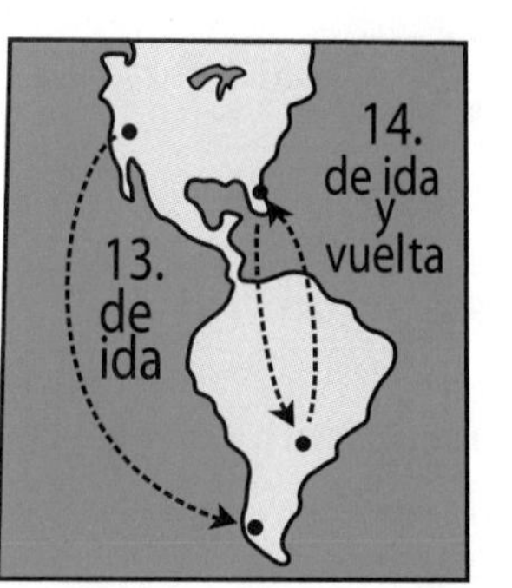

15. 21 MAYO hoy | 22 MAYO mañana | 23 MAYO pasado mañana

Nombre ______________________ Sección ____________ Fecha ____________

¡Buen viaje!

1-22 La señora Alicia Paz, una profesora cubana que vive en Puerto Rico, va a una agencia de viajes en San Juan porque quiere ir a Cuba el mes próximo. Ahora compra un pasaje y le pide información a la agente.

Sra. Paz —Quiero un pasaje de ida y vuelta a La Habana.
Agente —¿Primera clase o clase turista?
Sra Paz —Clase turista. ¿Cuándo hay vuelos?
Agente —Los martes, jueves y sábados a las nueve de la mañana.
Sra. Paz —¿Los pasajes son más baratos los fines de semana?
Agente —Generalmente son más económicos entre semana.
Sra. Paz —Yo puedo viajar el 23, que es martes. ¿Cuándo hago la reservación?
Agente —¿Dice que quiere viajar el día 23? Debe reservarlo hoy mismo.
Sra. Paz —¿Cuánto cuesta un billete de clase turista?
Agente —Tiene que comprar un paquete que incluye el pasaje, el hotel y las excursiones, y cuesta ochocientos dólares por una semana.
Sra. Paz —¿Sabe usted si hay excursiones a la playa de Varadero?
Agente —No lo sé, pero puedo averiguarlo.
Sra. Paz —¿Necesito algún documento para viajar a Cuba? ¿Pasaporte... visa...?
Agente —Si usted es ciudadana americana, solamente necesita la visa.
Sra. Paz —¿Cuándo tengo que confirmar la reservación? ¿Pasado mañana?
Agente —No, puede confirmarla el día 20.

La agente le da a la Sra. Paz unos folletos que tienen información sobre los lugares de interés que puede visitar en Cuba.

Nombre ______________________ Sección ____________ Fecha ____________

En el aeropuerto, la Sra. Paz habla con un empleado de la aerolínea.

Sra. Paz —Quiero un asiento para el vuelo 406 a La Habana.
Empleado —¿Quiere un asiento de pasillo o un asiento de ventanilla?
Sra. Paz —Un asiento de pasillo. ¡Ah! ¿Cuántos bolsos de mano puedo llevar conmigo?
Empleado —Uno. Aquí tiene los comprobantes para su equipaje.

En la puerta de salida:

"Última llamada. Pasajeros para el vuelo 406 a La Habana, favor de ir a la puerta de salida número seis para abordar el avión."

1-22

¡Escuchemos! While listening to the dialogue, circle **V (verdadero)** if the statement is true and **F (falso)** if it is false.

1.	Alicia Paz es estudiante.	V	F
2.	La Sra. Paz viaja en primera clase.	V	F
3.	Los sábados no hay vuelos a Cuba.	V	F
4.	La agente dice que la Sra. Paz debe reservar el pasaje hoy.	V	F
5.	El paquete incluye el pasaje, el hotel y las excursiones.	V	F
6.	Los pasajes son más baratos entre semana.	V	F
7.	La Sra. Paz prefiere un asiento de ventanilla.	V	F
8.	La Sra. Paz puede llevar dos bolsos de mano con ella.	V	F
9.	El vuelo a La Habana es el 406.	V	F
10.	La Sra. Paz va a abordar el avión en la puerta de salida número seis.	V	F

Nombre ______________________ Sección ____________ Fecha ____________

Audio

Vocabulario

COGNADOS

la aerolínea
el (la) agente
el documento
la información
la visa, el visado (*España*)

NOMBRES

la agencia de viajes *travel agency*
el asiento de pasillo (de ventanilla) *aisle (window) seat*
el billete *ticket*
el comprobante *claim check, claim ticket*
el folleto *brochure*
la llamada *call*
el mes *month*
el vuelo *flight*

VERBOS

averiguar *to find out*
costar (o:ue) *to cost*
decir[1] **(e:i)** *to say, to tell*
reservar *to reserve*
saber *to know (a fact)*
viajar *to travel*

ADJETIVOS

algún, alguno(a) *any, some*
último(a) *last*
unos(as) *some*

OTRAS PALABRAS Y EXPRESIONES

¡Buen viaje! *Have a nice trip! Bon voyage!*
la clase turista *tourist class*
conmigo *with me*
¿cuándo? *when?*
entre semana *during the week*
favor de (+ infinitivo) *please (do something)*
hoy mismo *today, this very day*
primera clase *first class*
sobre *about*
solamente, sólo *only*

Vocabulario adicional

OTRAS PALABRAS RELACIONADAS CON LOS VIAJES

¿A cómo está el cambio de moneda? *What's the rate of exchange?*
la aduana *customs*
el (la) auxiliar de vuelo *flight attendant*
hacer escala *to make a stopover*
la llegada *arrival*
la sala de equipaje *baggage claim area*
la salida *departure*
la tarjeta de embarque (embarco) *boarding pass*
el vuelo directo *direct flight*

---

[1]Irregular first person: **yo digo**

Nombre ______________________ Sección ____________ Fecha ____________

NOTAS CULTURALES

Search

- Viajes de cubanos a Cuba: Estados Unidos prohibe los viajes a Cuba, pero por razones humanitarias les permite hacerlo a los cubanos residentes en este país que desean visitar a sus familiares en Cuba. Los cubanos que salieron de (*left*) su país antes del 31 de diciembre de 1970 pueden viajar con su pasaporte extranjero (*foreign*) o con su tarjeta de residente. Los que salieron después de esa fecha necesitan obtener un pasaporte cubano, aun si son (*even if they are*) ciudadanos extranjeros.

EN TU MUNDO...

1. ¿Qué países (*countries*) visitan muchos americanos cuando están de vacaciones?
2. ¿Visitan muchos extranjeros (*foreigners*) este país?
3. ¿Necesitan los americanos visa para viajar a México, por ejemplo?

Actividades

Dígame... Answer the following questions, basing your answers on the dialogue.

1. ¿Por qué va la Sra. Paz a la agencia de viajes? ¿Qué compra allí?

   ____

2. ¿Qué le pide la Sra. Paz a la agente?

   ____

3. ¿Cuándo quiere viajar la Sra. Paz? ¿Quiere viajar en primera clase o en clase turista?

   ____

4. ¿La Sra. Paz quiere un pasaje de ida o de ida y vuelta?

   ____

5. ¿Qué días hay vuelos para La Habana? ¿A qué hora?

   ____

6. ¿Cuándo puede viajar la Sra. Paz? ¿Cuándo tiene que reservar el pasaje?

   ____

7. ¿Sabe la agente si hay excursiones a la playa de Varadero? ¿Qué va a hacer?

____

8. ¿Qué incluye el paquete que va a comprar la Sra. Paz? ¿Cuánto cuesta?

____

9. ¿Qué le da la agente a la Sra. Paz? ¿Sobre qué son los folletos?

____

10. ¿Con quién habla la Sra. Paz en el aeropuerto?

____

11. ¿La Sra. Paz quiere un asiento de ventanilla o de pasillo?

____

12. ¿Cuántos bolsos de mano puede llevar la Sra. Paz? ¿Qué le da el empleado?

____

Hablemos Interview a classmate, using the following questions. When you have finished, switch roles.

1. ¿Adónde te gusta viajar? ¿Viajas en avión?
2. ¿En qué aerolínea prefieres viajar?
3. ¿Compras billetes de primera clase o de clase turista? ¿Por qué?
4. ¿Prefieres un asiento de ventanilla o un asiento de pasillo?
5. ¿Compras tus pasajes en una agencia de viajes, en el aeropuerto o por el Internet?
6. ¿Tú sabes cuánto cuesta un pasaje a Puerto Rico?
7. ¿Qué documentos necesitas para viajar a Puerto Rico?
8. ¿Llevas mucho equipaje cuando viajas?
9. ¿Puedes viajar hoy mismo? ¿Por qué o por qué no?
10. ¿En qué mes viajas tú generalmente?

¿Cómo lo decimos? Give the Spanish equivalent of the words in parentheses.

1. El agente de viajes ____________ que ellos pueden viajar pasado mañana. (*is going to tell them*)
2. Yo ____________ cuánto cuestan los pasajes de ida y vuelta. (*don't know*)
3. Yo nunca ____________ para comprar los billetes. (*ask my father for money*)

Nombre ______________________ **Sección** __________ **Fecha** __________

4. Si mi vuelo sale a las ocho, yo __________ a las seis. (*leave my house*)
5. Yo __________ en el verano. Generalmente, viajo. (*don't do anything*)
6. Yo __________ el pasaje y el pasaporte. (*give her*)
7. Los pasajeros __________ los bolsos de mano. (*give us*)
8. ¿Tú __________ La Habana? ¿__________ bailar el cha-cha-cha? (*know* / *know how*)
9. Cuando Julia y yo vamos al aeropuerto, __________. (*I drive*)
10. Yo __________ los comprobantes y __________ en el bolso de mano. (*bring* / *put them*)

¿Qué pasa aquí? With a partner, answer the following questions according to what you see in the pictures.

1. ¿Adónde va Luisa?
2. ¿Qué quiere comprar Luisa?
3. ¿A qué ciudad quiere viajar Luisa?
4. ¿Dónde está Caracas?
5. ¿Qué días hay vuelos a Caracas?

1. ¿Qué desea saber Luisa?
2. ¿Son los vuelos por la mañana, por la tarde o por la noche?
3. ¿Con qué aerolínea va a viajar Luisa?

Nombre ______________________ **Sección** __________ **Fecha** __________

C.

1. ¿Qué día es hoy?
2. ¿Cuántos aviones hay?
3. ¿Cuántas maletas tiene Luisa?
4. ¿Tiene mucho equipaje Luisa?
5. ¿Cuántos bolsos de mano tiene Luisa?
6. ¿Cuál es la puerta de salida?

Una encuesta Survey your classmates and your instructor to find someone who fits each of the following descriptions and write the person's name in the space provided. Remember to use the **tú** form when speaking to your classmates and the **Ud.** form when speaking to your instructor.

ESTA PERSONA...

1. ☐ siempre viaja en clase turista. ______________
2. ☐ tiene pasaporte. ______________
3. ☐ prefiere los asientos de ventanilla. ______________
4. ☐ compra pasajes en una agencia de viajes. ______________
5. ☐ prefiere los vuelos directos. ______________

6. ☐ viaja solamente en el verano. ______________________

7. ☐ a veces va al cine entre semana. ______________________

8. ☐ quiere ser auxiliar de vuelo. ______________________

9. ☐ recibe muchas llamadas. ______________________

10. ☐ a veces les pide dinero a sus padres. ______________________

11. ☐ sabe el número de teléfono del profesor (de la profesora). ______________________

12. ☐ puede venir a la universidad pasado mañana. ______________________

En estas situaciones What would you say in the following situations? What might the other person say?

1. You are at a travel agency. You are planning a vacation trip to San Juan, Puerto Rico, and want to gather as much information as possible about airfare costs, flight schedules, and documents you will need to travel to Puerto Rico. You also need to reserve a seat.
2. You have just arrived in Mexico City, where you will be staying for a few days. Before leaving the airport, you hope to find out from an airline employee when you must confirm the reservation for your return flight and what the rate of exchange is.
3. You are an airline employee. You need to check in the last passenger in line for flight 609 to Barcelona, which leaves at nine o'clock, and then make the final boarding call for the flight.
4. At a travel agency, you want to know if it is more economical to travel during the week or on weekends.

Nombre ______________________ Sección ____________ Fecha ____________

¿Qué dice aquí? Imagine that you and a partner are travel agents. Answer the questions your clients ask you about a trip your agency offers. Base your answers on the ad, and use your imagination to supply any information that is not in the ad.

1. ¿Cuántos días dura (*lasts*) la excursión?
2. ¿Cuánto cuesta el viaje?
3. ¿Qué incluye el precio?
4. ¿Qué comidas están incluidas en el precio?
5. ¿Qué lugares vamos a visitar?
6. ¿Qué días hay vuelos a Oaxaca? ¿A qué hora son los vuelos?
7. ¿Puedo estar más días en Oaxaca si lo deseo?
8. ¿Cuánto debo pagar extra por cada noche adicional?

Nombre ______________________ Sección ______________ Fecha ______________

Actividades especiales

1. Three or four travel agencies will be set up in the classroom, each with two clerks. (Students will select names for agencies and provide any necessary props.) The rest of the students will play the roles of travelers. They will ask questions about prices, necessary travel documents, flights, schedules, reservations, confirmations, etc., for destinations of their choice.
2. Students will play the roles of passengers at the airport. Eight students will be flight personnel for four different airlines and will deal with luggage, flight numbers, seat numbers, gates, etc. The passengers will gather in waiting areas to await their boarding announcements (either a student or the instructor can call the flights) before proceeding to the appropriate gates.

Un paso más Review the **Vocabulario adicional** for this **lección,** and complete the following sentences with the appropriate word or phrase.

1. Todas las maletas están en ____________.
2. No puede subir al avión si no tiene ____________.
3. La ____________ va a servir la cena.
4. No es un vuelo directo; el avión hace ____________ en Caracas.
5. Los pasajeros de vuelos internacionales tienen que pasar por (*go through*) la ____________.
6. Allí están las horas de salida y de ____________ de los vuelos a Puerto Rico.
7. ¿Sabe usted a ____________ está el ____________ de moneda?

Trabalenguas

Cuando digo "digo",
no digo "Diego",
digo "digo".

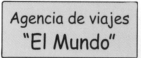

LECCIÓN 8

LOS DEPORTES Y LAS ACTIVIDADES AL AIRE LIBRE

OBJECTIVES

Structures

- **Pedir** contrasted with **preguntar**
- Special construction with **gustar, doler,** and **hacer falta**
- Demonstrative adjectives and pronouns
- Direct and indirect object pronouns used together

Communication

- Planning outdoor activities and talking about sports

Culture: Cuba and República Dominicana

- Soccer and baseball in the Hispanic world

Nombre ______________________ Sección ____________ Fecha ____________

Aprenda estas palabras

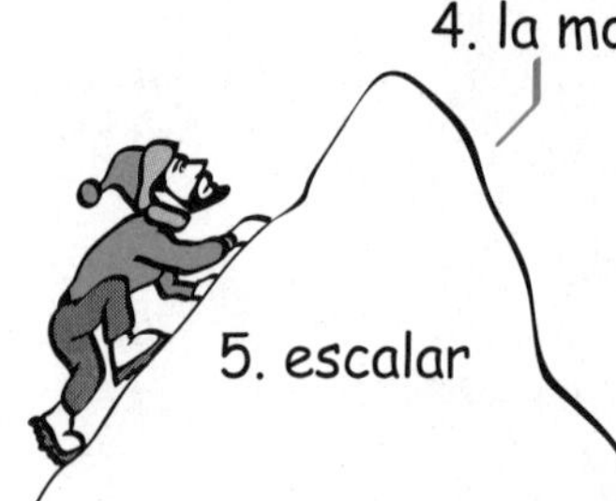

14. nadar

17. la raqueta
18. la pelota

Nombre ______________________ Sección ____________ Fecha ____________

Los deportes y las actividades al aire libre

1-23 Andrés y Laura Echeverría viven en Santo Domingo, la capital de la República Dominicana. En este momento están planeando lo que van a hacer este fin de semana con unos amigos americanos que están de visita en Santo Domingo. Están tratando de decidir si los van a llevar a bucear o si van a ir a acampar y a pescar.

Andrés —Si vamos a acampar, voy a preguntarle a mi hermano si nos puede prestar las tiendas de campaña. Nosotros tenemos bolsas de dormir.

Laura —Buena idea. Además de acampar, podemos montar a caballo y hacer una caminata.

Andrés —Me hace falta una buena caña de pescar. Mi hermano tiene una nueva y puede prestármela.

Laura —Pero tenemos que llevarlos a la playa, Andrés. Las playas de nuestro país son las mejores del Caribe. Les van a gustar mucho.

Andrés —¿Y si alquilamos una cabaña? Eso me gusta más que ir a acampar.

Laura —¡Estoy de acuerdo! Oye, tengo una idea. Podemos llevarlos a ver un partido de béisbol. Tu papá tiene entradas y no las va a usar. Puede dárnoslas.

Andrés —Sí, esta noche lo llamo y se las pido.

Laura —¡Perfecto! Oye, ¿qué te parece este traje de baño? Es precioso, ¿no?

Andrés —Sí, es muy bonito. Ah, ¿quieres ver la pelea en la televisión?

Laura —No, me duele un poco la cabeza. Voy a dormir un rato. Ana María viene a buscarme a las tres para ir a jugar al tenis. Ésta es tu raqueta nueva... ¿Me la prestas?

Andrés —Bueno, te la voy a prestar, pero tienes que cuidarla.

Laura —¡Por supuesto! Te veo más tarde, mi amor.

Nombre ______________________ **Sección** ____________ **Fecha** ____________

1–23

¡Escuchemos! While listening to the dialogue, circle **V (verdadero)** if the statement is true and **F (falso)** if it is false.

1.	Andrés y Laura Echeverría tienen unos amigos norteamericanos.	V	F
2.	Andrés y Laura no tienen tiendas de campaña.	V	F
3.	Laura no quiere montar a caballo.	V	F
4.	A Laura le gusta la playa.	V	F
5.	Andrés quiere alquilar una cabaña pero Laura no está de acuerdo.	V	F
6.	Laura quiere llevar a sus amigos a ver un partido de béisbol.	V	F
7.	Si quieren ver el partido, tienen que comprar las entradas.	V	F
8.	A Laura no le gusta su traje de baño.	V	F
9.	Andrés piensa ver la pelea en la tele.	V	F
10.	Andrés y Ana María van a jugar al tenis.	V	F

Audio

Vocabulario

Cognados

el béisbol
la idea
perfecto
la televisión, la tele
el tenis

Nombres

la cabaña *cabin*
la cabeza *head*
la caña de pescar *fishing pole*
el deporte *sport*
la entrada *ticket (for an event)*
el país *country, nation*
el partido *game*
la pelea *fight*
el traje de baño *bathing suit*

Verbos

acampar *to camp*
alquilar *to rent*
bucear *to dive*
doler (o:ue) *to hurt, to ache*
dormir (o:ue) *to sleep*
gustar *to like, to be pleasing to*
jugar (u:ue) *to play (i.e., a game)*
planear *to plan*
preguntar *to ask (a question)*
prestar *to lend*
tratar (de) *to try (to)*
usar *to use*

Adjetivos

este(a) *this*
nuevo(a) *new*
precioso(a) *beautiful*

Nombre ______________________ Sección ____________ Fecha ____________

OTRAS PALABRAS Y EXPRESIONES

actividades al aire libre *outdoor activities*
además *besides*
ah *oh*
esta noche *tonight*
estar de acuerdo *to agree, to be in agreement*
estar de visita *to be visiting*
gustarle más a uno(a) *to like better*
hacer falta *to need, to lack*
lo que *what, that, which*
más *more*
por supuesto, claro *of course*
¿Qué te parece...? *What do you think of...?*

VOCABULARIO ADICIONAL

MÁS SOBRE LAS ACTIVIDADES AL AIRE LIBRE (*More about outdoor activities*)

el alpinismo *mountain climbing*
la canoa *canoe*
el esquí acuático *water skiing*
ir de caza *to go hunting*
ir de pesca *to go fishing*
montar en bicicleta *to ride a bicycle*
remar *to row, to paddle*

MÁS SOBRE DEPORTES (*More about sports*)

el basquetbol, el baloncesto *basketball*
el campeón, la campeona *champion*
el equipo *team*
el fútbol *soccer*
  el fútbol americano *football*
el (la) jugador(a) *player*
la natación *swimming*
practicar *to play, to practice (a sport)*

NOTAS CULTURALES

- While soccer is the most popular sport in most of the Hispanic world, that is not the case in the Caribbean countries, where baseball reigns supreme. In the Dominican Republic, for example, this is everybody's favorite pastime. Boys learn to hit a ball at the same time they are learning to walk. American recruiters from the major leagues go to Caribbean countries in search of new baseball players.
- Two very famous baseball players from the Dominican Republic are Sammy Sosa and Pedro Martínez.

Nombre ______________________ Sección ____________ Fecha ____________

En Tu Mundo...

1. ¿Cuál es el deporte más popular en este país?
2. ¿Cuáles son dos famosos jugadores de béisbol de los Estados Unidos?
3. ¿Qué deportes se practican más en las universidades norteamericanas?

Actividades

Dígame... Answer the following questions, basing your answers on the dialogue.

1. ¿Qué están haciendo Andrés y Laura? ¿Qué están tratando de decidir?
___
2. ¿Qué le va a preguntar Andrés a su hermano?
___
3. ¿Qué pueden hacer ellos además de acampar?
___
4. ¿Qué más les puede prestar su hermano?
___
5. ¿Qué dice Laura de las playas de su país?
___
6. ¿Qué le gusta más a Andrés, alquilar una cabaña o acampar?
___
7. ¿Adónde quiere Laura llevar a sus amigos? ¿Quién puede darle las entradas?
___
8. ¿Qué va a hacer Andrés esta noche?
___
9. ¿Qué dice Laura de su traje de baño? ¿Andrés está de acuerdo?
___
10. ¿Por qué no quiere Laura ver la pelea?
___

Nombre ______________________ Sección ____________ Fecha ____________

11. ¿Qué va a hacer Laura?

____

12. ¿Quién viene a buscar a Laura y para qué?

____

Hablemos

Interview a classmate, using the following questions. When you have finished, switch roles.

1. ¿Adónde te gusta ir los fines de semana?
2. Cuando vas de vacaciones, ¿prefieres ir a acampar o ir a un hotel elegante? ¿Cuál es tu hotel favorito?
3. ¿Qué puedes hacer si vas de vacaciones a Utah o a Colorado en diciembre?
4. ¿Qué te hace falta para ir a acampar?
5. ¿Qué actividades al aire libre les gustan a ti y a tu familia?
6. ¿Te gusta más nadar en la playa, en una piscina o en un lago?
7. ¿Prefieres escalar una montaña o montar a caballo?
8. ¿Qué actividad al aire libre no te gusta?
9. ¿Qué deportes te gusta practicar?
10. ¿Qué te hace falta para jugar al tenis?
11. ¿Prefieres patinar o esquiar?
12. ¿Qué deportes te gusta ver en la televisión?

¿Cómo lo decimos?

Complete the following sentences, using the Spanish equivalent of the words in parentheses.

1. ____________ a mi prima si ____________ montar a caballo. (*I'm going to ask / she likes*)
2. Quiero ____________ mochila, ____________ raquetas y ____________ tienda de campaña. (*this / those / that, over there*)
3. ____________ cien dólares para alquilar la cabaña por una noche. (*I lack*)
4. Yo nunca ____________ para ir de vacaciones. (*ask my dad for money*)
5. Cuando yo necesito dinero, mi abuela ____________. (*give it to me*)
6. ¿Quieres ____________ o ____________? (*this ball / that, over there*)
7. Si Uds. necesitan los patines yo puedo ____________ esta noche. (*bring them to you*)

Nombre ______________________ Sección ____________ Fecha ____________

8. Si necesitas mi bolsa de dormir, yo puedo __________. (*lend it to you*)

9. __________ patinar, pero __________ esquiar. (*We like very much / we like better*)

10. ¿ __________, Sr. Roca? (*Does your head hurt*)

¿Qué pasa aquí? With a partner, answer the following questions according to what you see in the pictures.

1. ¿Es de día o de noche?
2. ¿Qué prefiere hacer Luis?
3. ¿Qué quiere hacer Ángel?
4. ¿Qué está haciendo Raúl?
5. ¿Dónde duermen los muchachos?
6. ¿Cree Ud. que los chicos tienen camas o bolsas de dormir?

1. ¿Dónde están David, Ana y Tito? ¿En el campo (*country*)?
2. ¿Es de día? ¿Cómo lo sabe?
3. ¿Qué quiere hacer David?
4. ¿Qué quiere hacer Ana?
5. ¿Qué está haciendo Tito?

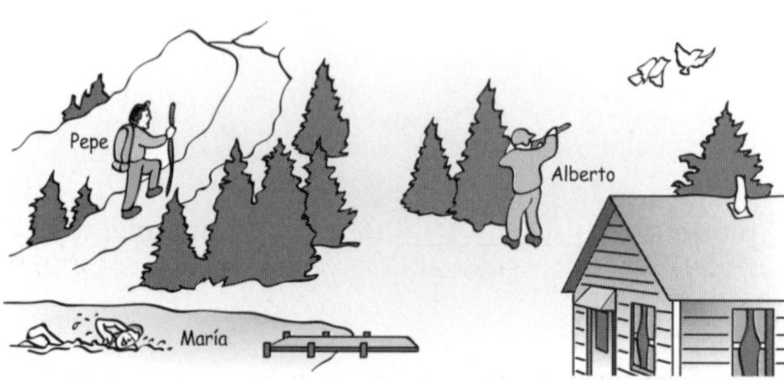

1. ¿Qué está haciendo Pepe?
2. ¿Tiene una maleta? ¿Qué tiene?
3. ¿Qué está haciendo María? ¿Dónde está?
4. ¿Qué está haciendo Alberto?
5. ¿Alberto y María tienen una tienda de campaña? ¿Qué tienen?

Nombre ______________ Sección ______________ Fecha ______________

Una encuesta Survey your classmates and your instructor to find someone who fits each of the following descriptions and write the person's name in the space provided. Remember to use the **tú** form when speaking to your classmates and the **Ud.** form when speaking to your instructor.

ESTA PERSONA...

1. ☐ está planeando sus vacaciones. ______________
2. ☐ va a acampar con su familia. ______________
3. ☐ tiene una tienda de campaña. ______________
4. ☐ duerme en una bolsa de dormir a veces. ______________
5. ☐ tiene una caña de pescar. ______________
6. ☐ va de pesca con sus amigos. ______________
7. ☐ sabe nadar. ______________
8. ☐ tiene un traje de baño nuevo. ______________
9. ☐ practica muchos deportes. ______________
10. ☐ juega al tenis. ______________
11. ☐ va a ir a ver un partido de béisbol. ______________
12. ☐ escala montañas a veces. ______________

En estas situaciones What would you say in the following situations? What might the other person say?

1. You are vacationing at a resort and are trying to decide how to spend the afternoon. The activities director discusses your interests and abilities with you to help you choose a suitable activity.
2. You and a friend are planning a vacation together and are discussing whether to camp or to stay in a hotel. You don't have much money to spend, and neither one of you owns camping equipment, although you might be able to borrow some.
3. A friend invites you to play tennis, but you would rather sleep for a while because your head hurts a little.

Nombre ______________________ Sección ______________ Fecha ______________

¿Qué dice aquí? Read the ad below, and answer the following questions with a partner.

1. ¿Por qué es Santo Domingo el lugar ideal para las personas que aman las actividades al aire libre?
2. ¿Cómo son las playas de Santo Domingo?
3. Además de nadar en las playas, ¿dónde más se puede nadar?
4. ¿Dónde se puede acampar en Santo Domingo?
5. ¿Qué se puede aprender a hacer? ¿En qué lugares se puede pescar?
6. ¿Qué deportes puede Ud. practicar en Santo Domingo?

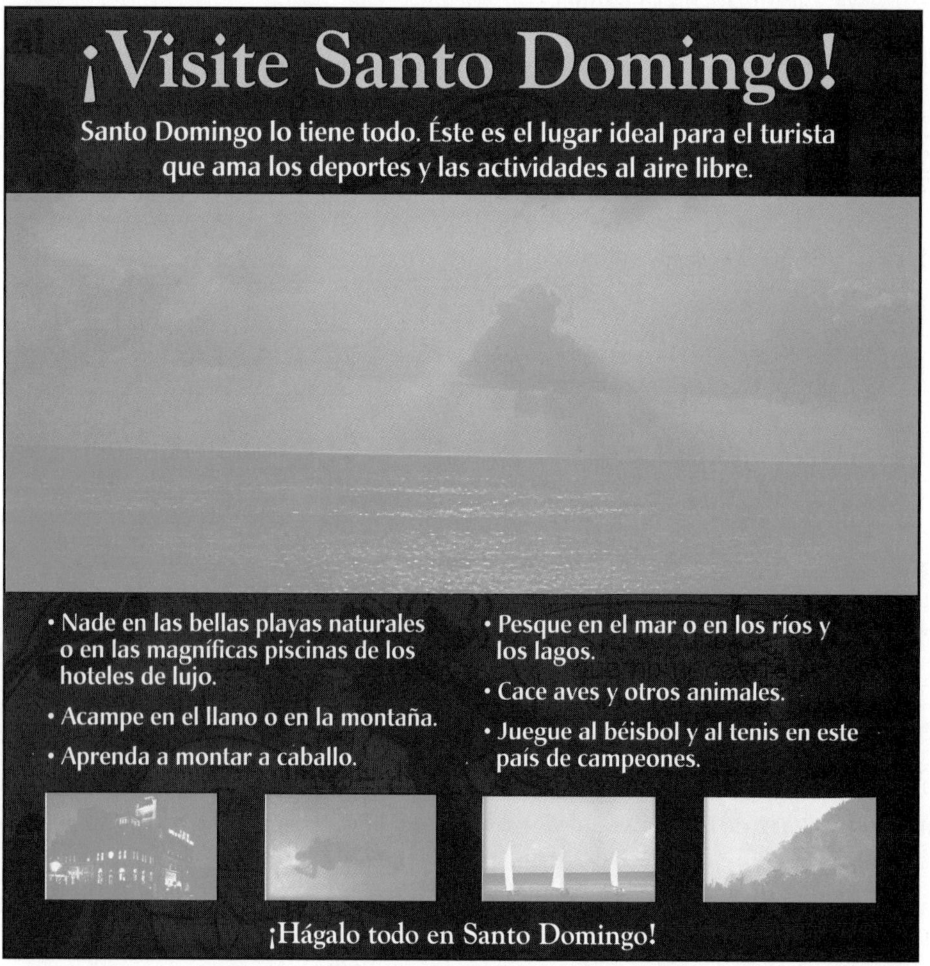

¡Visite Santo Domingo!
Santo Domingo lo tiene todo. Éste es el lugar ideal para el turista que ama los deportes y las actividades al aire libre.
• Nade en las bellas playas naturales o en las magníficas piscinas de los hoteles de lujo.
• Acampe en el llano o en la montaña.
• Aprenda a montar a caballo.
• Pesque en el mar o en los ríos y los lagos.
• Cace aves y otros animales.
• Juegue al béisbol y al tenis en este país de campeones.
¡Hágalo todo en Santo Domingo!

Una actividad especial **¡Charadas!** The class will be divided into two teams for a game of charades. The teacher will provide each member of both teams with sports or outdoor activities to act out. Have fun!

Nombre ______________________ **Sección** ____________ **Fecha** ____________

Un paso más Review the **Vocabulario adicional** for this **lección,** and complete the following sentences with the appropriate word or phrase.

1. Si vamos en canoa, tenemos que ____________.
2. No quiero montar a caballo; prefiero montar en ____________.
3. ¿Qué deporte prefieres tú? ¿El fútbol? ¿El fútbol ____________?
4. No quiero escalar montañas, porque no me gusta practicar el ____________.
5. ¿Prefieren ir de pesca o ir de ____________?
6. Necesito mi caña de pescar porque vamos a ir de ____________.
7. Mi ____________ favorito de béisbol es el de las Medias Rojas (*Red Sox*).
8. No me gusta esquiar en la nieve (*snow*); prefiero el ____________.
9. El dominicano Sammy Sosa es un famoso ____________.
10. Mi equipo es el mejor; este año va a ser el ____________.
11. Voy a la piscina del club para practicar ____________.

Un dicho (*A saying*)

Mente sana en cuerpo sano. *A healthy mind in a healthy body.*

LECCIÓN 9

UN DÍA CON ADELA Y MARIO

OBJECTIVES

Structures

- Possessive pronouns
- Reflexive constructions
- Command forms: **Ud.** and **Uds.**
- Uses of object pronouns with command forms

Communication

- How to talk about daily routine
- At the hairdresser
- Getting ready to go out

Culture: Venezuela

- Women in Hispanic countries
- American products in Spain and Latin America
- Popular forms of entertainment

Nombre ______________________ Sección ____________ Fecha ____________

Aprenda estas palabras

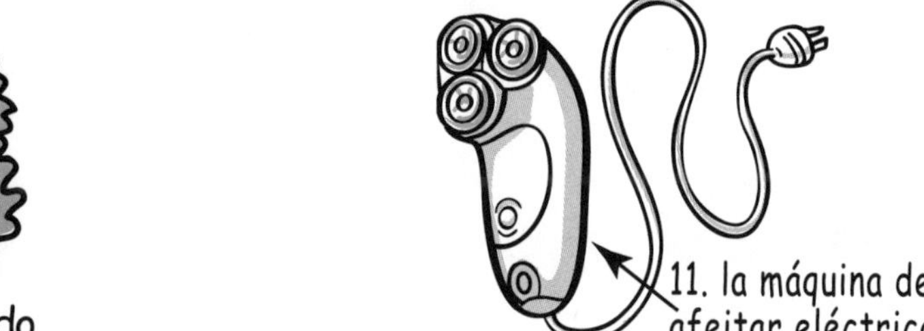

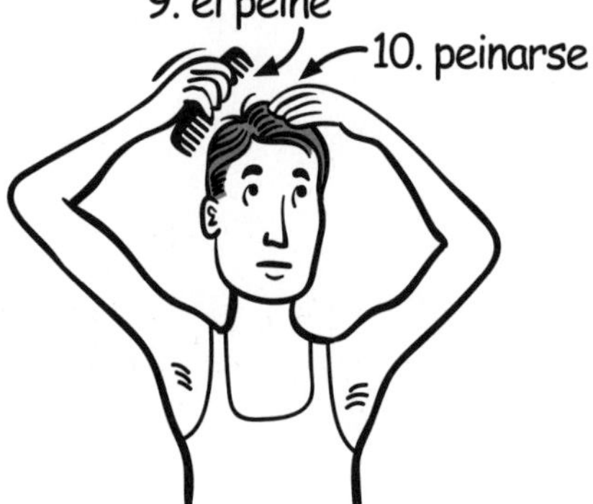

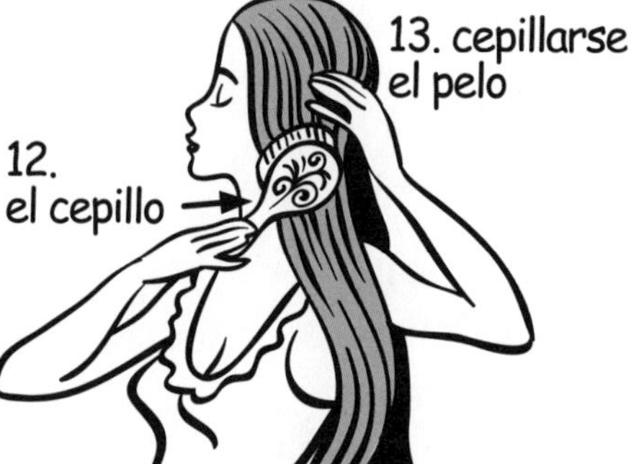

Nombre ______________________ Sección ____________ Fecha ____________

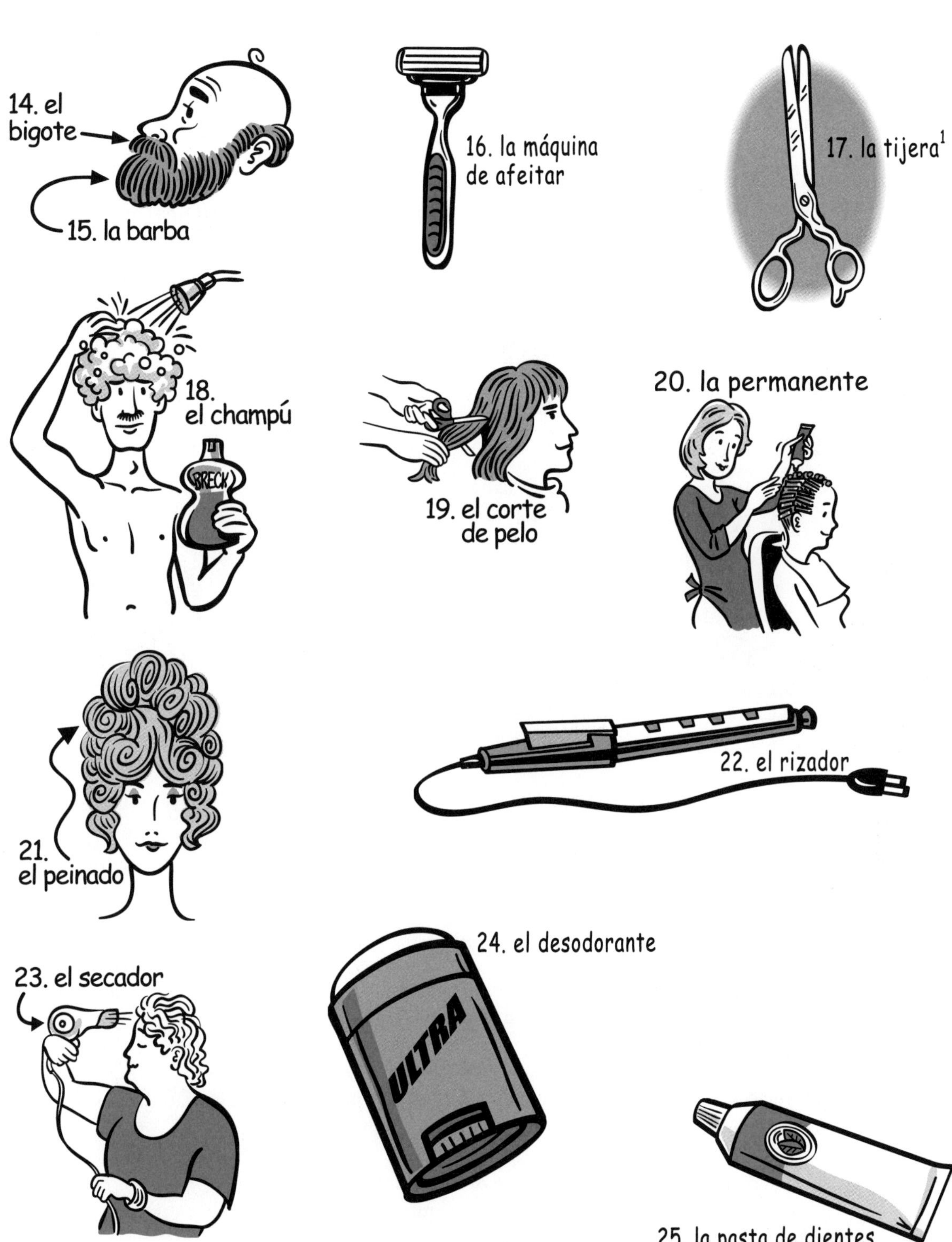

[1]**las tijeras** also used

Nombre ________________ Sección ________ Fecha ________

Un día con Adela y Mario

1-24 En una casa de la avenida Simón Bolívar en Caracas, Venezuela, vive un matrimonio joven: Adela Cruz y Mario Salgado. Hoy se levantan muy temprano porque tienen un día muy ocupado. Ella tiene turno en la peluquería antes de ir a la universidad y él tiene que ir a la oficina porque tiene una reunión a las ocho. Se bañan, se visten y salen de su casa a las siete y media. Esta noche van a ir al teatro con unos amigos a ver una comedia musical.

En la peluquería:

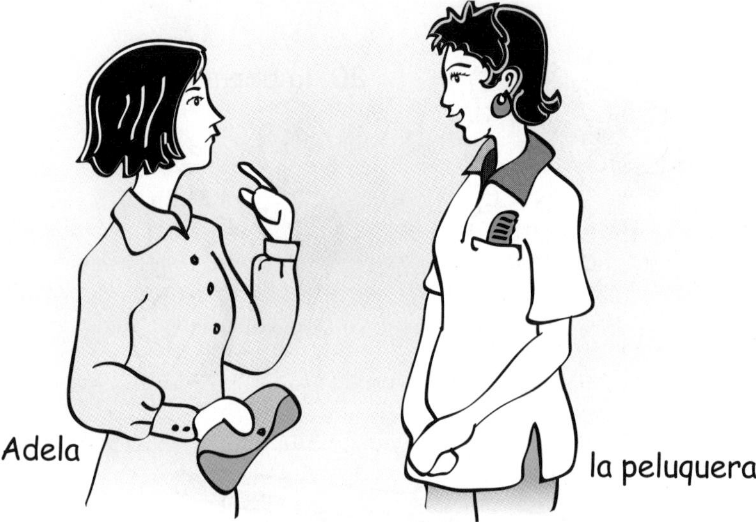

Adela —Tengo turno para las ocho. Lavado, corte y peinado.
Peluquera —En seguida la atiendo. Siéntese. ¿Quiere café?
Adela —Sí, deme una taza, por favor.

Adela bebe el café mientras espera. Después la peluquera le lava la cabeza.

Peluquera —Tiene el pelo largo.
Adela —Sí, córtemelo. Me gusta el pelo corto.
Peluquera —También tiene el pelo seco. Use un buen champú con acondicionador. El champú Vidal Sassoon es muy bueno.

Cuando Mario sale de la oficina, va al centro porque tiene que comprar varias cosas y hacer varias diligencias. A las cinco, Adela y Mario vuelven a su casa y se preparan para ir al teatro.

Adela —Me voy a poner el vestido negro... ¿Dónde está mi perfume?
Mario —En el botiquín. Oye, no encuentro mi máquina de afeitar.
Adela —Puedes afeitarte con la mía; está en el otro baño.
Mario —No, gracias, querida... La tuya no afeita muy bien. Quiero cepillarme los dientes. ¿Dónde está la pasta dentífrica Colgate que acabo de comprar?
Adela —Yo la tengo.

Nombre ______________________ **Sección** __________ **Fecha** __________

Terminan de vestirse y se van. A las ocho menos cuarto llegan al teatro, donde se encuentran con sus amigos.

Mario —La función empieza a las ocho. ¿Tú tienes las entradas?
Adela —Yo tengo la mía y tú tienes la tuya en tu billetera.
Mario —Es verdad... Oye, estás preciosa con ese peinado.
Adela —Gracias. ¡Y tú te ves muy guapo! ¡Ah! Allí están Marisa y Sergio. ¿Entramos?

Después de la función, todos van a un café al aire libre a tomar algo y se quedan un rato conversando. Mario y Adela regresan a su casa a las doce y se acuestan a las doce y media.

1-24

¡Escuchemos!

While listening to the dialogue, circle **V (verdadero)** if the statement is true and **F (falso)** if it is false.

1.	Adela piensa ir a la peluquería hoy.	V	F
2.	Adela y Mario salen de su casa muy temprano.	V	F
3.	En la peluquería, Adela bebe una copa de vino mientras espera.	V	F
4.	Adela prefiere el pelo largo.	V	F
5.	Adela piensa ponerse el vestido negro para ir al teatro.	V	F
6.	Mario prefiere no usar la máquina de afeitar de Adela.	V	F
7.	No hay pasta dentífrica en la casa de los Salgado.	V	F
8.	Adela y Mario se encuentran con sus amigos en el teatro.	V	F
9.	A Mario le gusta el peinado de Adela.	V	F
10.	Después de la función, Mario y Adela van a su casa y se acuestan.	V	F

Nombre ______________________ Sección ____________ Fecha ____________

Vocabulario

COGNADOS

la avenida
la comedia
musical
el perfume

NOMBRES

el acondicionador *conditioner*
la billetera *wallet*
el botiquín *medicine cabinet*
el café al aire libre *outdoor cafe*
la cosa *thing*
los dientes *teeth*
la función *show*
el lavado *wash*
el matrimonio *married couple*
la oficina *office*
la peluquería, el salón de belleza *hair salon, beauty salon*
el (la) peluquero(a) *hairdresser, beautician*
la reunión *meeting*
el turno, la cita *appointment*
el vestido *dress*

VERBOS

acostarse (o:ue) *to go to bed*
afeitar(se) *to shave (oneself)*
atender (e:ie) *to wait on*
bañar(se) *to bathe (oneself)*
cepillar(se) *to brush (oneself)*
cortar *to cut*
encontrar (o:ue) *to find*
encontrar(se) (o:ue) con *to encounter, to meet*
entrar *to go in, to enter*
irse *to leave*
lavar(se) *to wash (oneself)*
levantarse *to get up*
ponerse *to put on*
prepararse *to get ready*
quedarse *to stay*
salir (yo salgo) *to go out, to leave*
sentarse (e:ie) *to sit down*
verse *to look, to appear*
vestirse (e:i) *to get dressed*

ADJETIVOS

joven *young*
negro(a) *black*
ocupado(a) *busy*
querido(a) *dear, darling*
seco(a) *dry*
varios(as) *several*

OTRAS PALABRAS Y EXPRESIONES

el (la) mío(a) *mine*
hacer diligencias *to run errands*
temprano *early*
el (la) tuyo(a) *yours*

Nombre ______________________ Sección ____________ Fecha ____________

Audio

VOCABULARIO ADICIONAL

ARTÍCULOS DE TOCADOR (*Toiletries*)

el bronceador *suntan lotion*
el cepillo de dientes *toothbrush*
la colonia *cologne*
la crema para las manos *hand lotion*
el esmalte para las uñas, la pintura de uñas (*Puerto Rico*) *nail polish*
la hoja de afeitar *razor blade*
el lápiz de labios, el pintalabios (*España*) *lipstick*
el maquillaje *makeup*
el quitaesmalte, la acetona *nail polish remover*

Search

- American products are widely available in Spain and Latin America. Brands such as *Colgate, Palmolive, Coty, Camay,* and others are as familiar there as they are in the United States. The non-Spanish speaker, however, might have trouble recognizing those names, since they are marketed according to the rules of Spanish pronunciation. Try it yourself! Take a look at these brand names again. How would they be pronounced in Spanish?
- Plays, operettas, cabarets, and other forms of theatrical entertainment are very popular in the Hispanic world. In Spain, Venezuela, Argentina, Mexico, and other countries where the dinner hour does not begin before 9 P.M., performances may begin at 10 P.M. or later, and often continue until well past midnight.
- In Venezuela, as in many Spanish-speaking countries, a woman keeps her maiden name when she gets married.
- In most Spanish-speaking countries, there are currently more women attending universities than there are men.

EN TU MUNDO...

1. ¿Qué productos de otros países son populares aquí?
2. En general, ¿los americanos van más frecuentemente al cine o al teatro?
3. ¿Usan algunas mujeres americanas su apellido de soltera (*maiden name*)?

Actividades

Dígame... Answer the following questions, basing your answers on the dialogue.

1. ¿Adela y Mario se levantan tarde o temprano hoy? ¿Por qué?

____

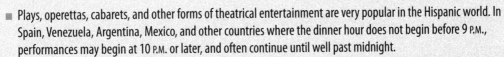

Nombre ______________________ Sección ____________ Fecha ____________

2. ¿Adónde va Adela antes de ir a la universidad?

3. ¿Qué hacen Mario y Adela antes de salir de su casa?

4. ¿Adónde van a ir esta noche? ¿Con quiénes?

5. ¿Para qué hora tiene Adela turno en la peluquería? ¿Para qué?

6. ¿Qué problema tiene Adela con el pelo y qué debe usar?

7. ¿Adónde va Mario y para qué?

8. ¿Qué se va a poner Adela para ir al teatro?

9. ¿Mario quiere usar la máquina de afeitar de Adela? ¿Por qué o por qué no?

10. ¿Para qué necesita Mario la pasta de dientes?

11. ¿Quién tiene las entradas para el teatro? ¿Adónde van después de la función?

12. ¿A qué hora regresan a su casa Mario y Adela? ¿A qué hora se acuestan?

Hablemos Interview a classmate, using the following questions. When you have finished, switch roles.

1. ¿Cuándo tienes turno en la peluquería (la barbería)?
2. ¿A qué hora te levantas? ¿A qué hora te acuestas?
3. ¿Te bañas por la mañana o por la noche? ¿Te lavas la cabeza cuando te bañas?
4. ¿Puedes bañarte y vestirte en 10 minutos?

Nombre ______________________ Sección ____________ Fecha ____________

5. ¿Cuando te cepillas los dientes, qué pasta dentífrica usas?

6. ¿Qué champú usas? ¿Usas acondicionador? (¿Cuál?)

7. ¿Te gusta el pelo largo o el pelo corto? ¿Prefieres el pelo lacio o el pelo rizado?

8. ¿Usas secador?

9. Mi peluquero(a) favorito(a) trabaja en __________. ¿Dónde trabaja el tuyo (la tuya)?

10. ¿Con quién vas a encontrarte mañana? ¿Dónde? ¿A qué hora?

11. Generalmente, ¿qué días haces diligencias? ¿Qué días te quedas en tu casa?

12. ¿Estás muy ocupado(a) hoy? ¿Qué tienes que hacer?

¿Cómo lo decimos? Give the Spanish equivalent of the words in parentheses.

1. Teresa __________ para ir a la peluquería. (*is getting ready*)

2. __________ a su peluquero y __________ para el sábado, señorita. (*Call / ask him for an appointment*)

3. __________ y __________ aquí, señoras. (*Come in / sit down*)

4. Elsa __________ en el espejo para __________. (*looks at herself / comb her hair*)

5. Elsa tiene su cepillo de dientes. ¿Dónde está __________, Paquito? (*yours*)

6. __________ el lápiz de labios, señorita. (*Bring me*)

7. Yo __________ a las seis y luego __________ y __________. (*get up / bathe / get dressed*)

8. Yo voy a poner mi bronceador en el botiquín. ¿Dónde va a poner usted __________, señora? (*yours*)

9. Yo __________ mis amigos en el teatro para ver una comedia musical. (*am going to meet*)

10. __________ a la reunión y __________ los documentos a la secretaria, señores. (*Go / give*)

Nombre ______________________ Sección ____________ Fecha ____________

¿Qué pasa aquí? With a partner, answer the following questions according to what you see in the pictures.

A.

1. ¿Dónde está Eva?
2. ¿Eva tiene permanente?
3. ¿Para qué tiene turno Eva?
4. ¿Dónde se mira Eva?

B.

1. ¿Qué le está haciendo el peluquero a Rafael?
2. ¿El peluquero le va a cortar el pelo?
3. ¿Qué más cree Ud. que le va a hacer?

C.

1. ¿Dónde está la Sra. Peña?
2. ¿Qué está haciendo?
3. ¿Con quién va a encontrarse hoy?
4. ¿A qué hora se van a encontrar?
5. ¿Adónde van a ir?

D.

1. ¿A qué teatro van Marta y Lucía?
2. ¿Cree Ud. que van a ver una comedia o un drama?
3. ¿Cómo se llama la obra (*play*)?
4. ¿A qué hora empieza la función?

Nombre ______________________ Sección ____________ Fecha ____________

Una encuesta Survey your classmates and your instructor to find someone who fits each of the following descriptions and write the person's name in the space provided. Remember to use the **tú** form when speaking to your classmates and the **Ud.** form when speaking to your instructor.

ESTA PERSONA...

1. ☐ tiene una máquina de afeitar eléctrica. ____________
2. ☐ usa la pasta dentífrica Colgate para cepillarse los dientes. ____________
3. ☐ se baña por la mañana. ____________
4. ☐ se lava la cabeza todos los días. ____________
5. ☐ puede bañarse y vestirse en quince minutos. ____________
6. ☐ usa crema para las manos. ____________
7. ☐ se mira en el espejo para peinarse. ____________
8. ☐ se levanta muy temprano. ____________
9. ☐ vuelve a su casa muy tarde. ____________
10. ☐ se acuesta muy tarde. ____________
11. ☐ va a la peluquería frecuentemente. ____________
12. ☐ hace diligencias los sábados. ____________

En estas situaciones What would you say in the following situations? What might the other person say?

1. You are a customer at a hair salon. When you arrive, you and the stylist briefly discuss the services you will need today. You will have to wait a few minutes for your turn.
2. You and your roommate are bathing, getting dressed, and doing other things as you prepare to leave the house in the morning. You're both in a rush. Ask each other where various toiletries and other things you need to get ready are.
3. You call a friend because you have tickets for a musical comedy this evening. You ask if he/she wants to go, say when the show starts, and discuss where you can meet.

Nombre ______________________ Sección ____________ Fecha ____________

4. You tell your friend that you only have a dollar in your wallet. You ask him/her how much he/she has in his/hers.

5. Someone asks you who lives next door to you. You reply that it is a young married couple.

¿Qué dice aquí? Read the following ad for a hair salon, and then answer the questions with a partner.

Unisex
ESPECIAL
Tinte............$20
Permanente........$45
Manicura..........$12
PELUQUERÍA "MAITÉ"
Abierta de
miércoles a sábado
De 9:00 a 6:00
Los últimos estilos en peinados y cortes
Llame al teléfono
678-98-43
Situada en la calle Quinta,
número 234

1. ¿Cuánto cuesta una permanente en la peluquería *Maité*?
2. Si quiero un tinte (*dye*) para mi pelo, ¿puedo ir a la peluquería el domingo? ¿Por qué?
3. ¿Qué días puedo ir y cuánto debo pagar por el tinte?
4. Mi esposo necesita cortarse el pelo. ¿Puede ir a la peluquería *Maité*? ¿Por qué?
5. ¿Cuánto cuesta la manicura en la peluquería *Maité*?
6. ¿Tienen precios especiales en la peluquería?
7. ¿A qué teléfono debo llamar para pedir turno?

Una actividad especial The classroom is turned into a hair salon for men and women. Two students will play the roles of receptionists. The rest of the students are hairdressers or customers. The customers will make appointments with the receptionist, telling the day, time, and what they want done. The receptionist will call each customer when his or her turn comes. Each customer then discusses what he or she wants done. Customers pay the receptionist as they go out. Students should provide the necessary props.

Nombre ______________________ Sección ____________ Fecha ____________

Un paso más Review the **Vocabulario adicional** for this *lección,* and identify the personal care items that Mario and Adela need.

1. Her lips need some color. ______________________
2. He wants to get a tan. ______________________
3. She is wearing a red dress and she wants her nails to match it. ______________________
4. His hands are very dry. ______________________
5. They both need to brush their teeth. ______________________
6. He wants to smell good. ______________________
7. She looks very pale. ______________________
8. She doesn't like the color on her nails. ______________________
9. He needs a shave. ______________________

Nombre ______________________ Sección ____________ Fecha ____________

Un dicho

Para ser bello, hay que sufrir. *In order to be beautiful, one must suffer.*

Los quehaceres de la casa

Objectives

Structures

- The preterit of regular verbs
- The preterit of **ser, ir,** and **dar**
- Uses of **por** and **para**
- Seasons of the year and weather expressions

Communication

- How to talk about what took place
- How to talk about household chores

Culture: Colombia

- Coffee in social situations
- Markets and supermarkets in the Hispanic world

Nombre ______________________ Sección ____________ Fecha ____________

APRENDA ESTAS PALABRAS

1. el suéter

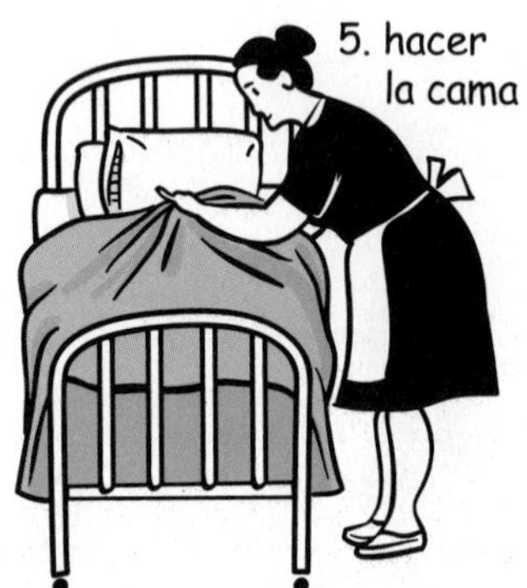

8. la lavadora

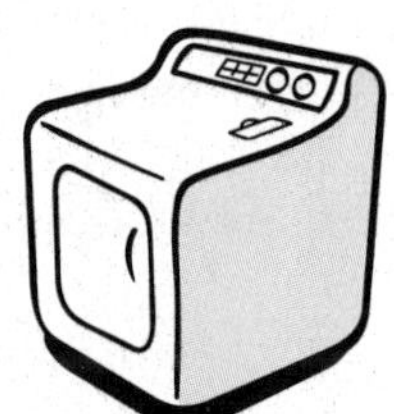
9. la secadora

10. doblar la ropa

11. la docena de huevos

12. la cebolla

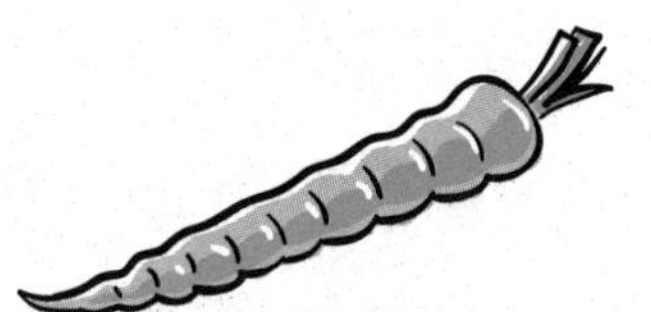
13. la zanahoria

14. el pan

Nombre ______________________ Sección ____________ Fecha ____________

Los quehaceres de la casa

1-25 La familia Barrios vive en Medellín, una ciudad que está al norte de Bogotá, la capital de Colombia. Ahora la Sra. Barrios está hablando con Rosa, la muchacha que viene a su casa tres veces por semana para ayudarla. Rosa trabaja para la familia Barrios todos los veranos.

Señora —¿Fuiste al supermercado, Rosa?

Rosa —Sí, compré todas las cosas de la lista que Ud. me dio.

Señora —Entonces tenemos todo lo necesario para la cena. Todo tiene que estar perfecto porque esta noche viene a cenar el jefe de mi esposo.

Rosa —No se preocupe, señora. Todo va a estar bien. Ah, preparé una ensalada de papas para el almuerzo. Está en el refrigerador.

Señora —¿Hay algo para comer ahora? No comí nada esta mañana.

Rosa —¿Quiere un sándwich de jamón y queso y una taza de café?

Señora —Sí, gracias. ¿Me planchaste el vestido? Lo necesito para esta noche.

Rosa —Sí, pero no lavé el suéter rojo.

Señora —Ése tenemos que mandarlo a la tintorería. Tienen que lavarlo en seco.

Rosa —Entonces voy a llevarlo esta tarde. Ahora voy a limpiar el piso de la sala, le voy a pasar la aspiradora a la alfombra y voy a hacer la cama.

Señora —Está bien. ¡Ah! ¿Cuándo viene el jardinero a cortar el césped?

Rosa —Mañana por la mañana.

Rosa sacude los muebles, cuelga la ropa en el ropero, lava las toallas y las pone en la secadora. Después mira por la ventana y ve que el cielo está nublado. Piensa que, como va a llover, no va a limpiar la terraza.

Nombre ______________________ **Sección** ____________ **Fecha** ____________

1-25

¡Escuchemos! While listening to the dialogue, circle **V (verdadero)** if the statement is true and **F (falso)** if it is false.

1. Rosa ayuda a la Sra. Barrios a hacer los trabajos de la casa. V F
2. La Sra. Barrios fue al supermercado con Rosa. V F
3. El jefe del Sr. Barrios va a cenar con ellos esta noche. V F
4. La Sra. Barrios comió mucho esta mañana. V F
5. Rosa no planchó el vestido de la Sra. Barrios. V F
6. Tienen que mandar el suéter rojo a la tintorería. V F
7. La Sra. Barrios tiene que pasarle la aspiradora a la alfombra. V F
8. Rosa tiene que cortar el césped. V F
9. Rosa cuelga las toallas en el ropero. V F
10. El cielo está nublado. Va a llover. V F

Audio

VOCABULARIO

COGNADOS

el supermercado
la terraza

NOMBRES

la alfombra *carpet, rug*
el cielo *sky*
el jardinero *gardener*
el (la) jefe(a) *boss*
la mañana *morning*
los muebles *furniture*
el norte *north*
los quehaceres (los trabajos) de la casa *housework*
la ropa[1] *clothes*
el ropero *closet*
la tintorería *dry cleaners*
el verano *summer*
la vez[2] *time (in a series; as equivalent of occasion)*

VERBOS

ayudar *to help*
colgar (o:ue) *to hang*
limpiar *to clean*

---

[1]**Ropa** is always used in the singular in Spanish
[2]**Una vez:** *once*

Nombre ____________________ Sección __________ Fecha __________

llover (o:ue) *to rain*
mandar *to send*
poner[1] *to put*
preocuparse *to worry*
preparar *to prepare*
sacudir *to dust*
trabajar *to work*

ADJETIVOS

nublado(a) *cloudy*
rojo(a) *red*

OTRAS PALABRAS Y EXPRESIONES

algo *anything, something*
como *since, being that*
cortar el césped *to mow the lawn*
Está bien. *Fine.*
esta tarde *this afternoon*
limpiar en seco *to dry clean*
mañana por la mañana *tomorrow morning*
nada *nothing*
por *through*
que *who, that*
todo *everything*
todo lo necesario *everything necessary*

VOCABULARIO ADICIONAL

PARA HACER UNA ENSALADA (*To make a salad*)

el aceite *oil*
los hongos, los champiñones *mushrooms*
la pimienta *pepper*
los rabanitos *radishes*
la remolacha *beet*
el repollo *cabbage*
la sal *salt*
el vinagre *vinegar*

EN LA COCINA (*In the kitchen*)

el abrelatas *can opener*
la cocina, la estufa *stove*
cocinar al horno, hornear *to bake*
el horno *oven*
el lavaplatos *dishwasher*

PARA LAVAR LA ROPA (*To do laundry*)

el detergente *detergent*
la lejía, cloro (*Méx.*) *bleach*

PARA HABLAR DEL TIEMPO (*To talk about the weather*)

Hace frío. *It's cold.*
Hace calor. *It's hot.*
Hace buen (mal) tiempo. *The weather is good (bad).*

[1]Irregular first person: **yo pongo**

Nombre ______________________ Sección ______________ Fecha ______________

Notas culturales

- In Colombia, as in Spain and in the rest of Latin America, many upper- and middle-class families have maids, although these days fewer can afford them.
- In Colombia, people drink a lot of coffee, and no social situation is complete without a cup of coffee. Colombian coffee is considered the best in the world.
- Although supermarkets have become very popular in most Spanish-speaking countries, especially in cities, one still sees many small stores specializing in one or two main products. Most Hispanic towns have a central marketplace with a number of small stores. Many people still prefer to shop at such markets where prices are generally lower or not fixed, and shoppers can bargain with merchants.

Search

En Tu Mundo...

1. ¿Tienen o no criadas (*maids*) la mayoría de las familias americanas? ¿Por qué?
2. En los restaurantes de este país, ¿sirven el café después de la comida o con la comida?
3. Los americanos, ¿prefieren comprar en los supermercados o en pequeñas tiendas especializadas?

Actividades

Dígame... Answer the following questions, basing your answers on the dialogue.

1. ¿En qué ciudad vive la familia Barrios? ¿Dónde está esa ciudad?

   ____

2. ¿Para qué va Rosa a casa de la Sra. Barrios? ¿Cuántas veces va por semana?

   ____

3. ¿En que estación (*season*) del año trabaja Rosa para la familia Barrios?

   ____

4. ¿Adónde fue Rosa? ¿Qué compró?

   ____

5. ¿Por qué todo tiene que estar perfecto esta noche?

   ____

Nombre ______________________ Sección ____________ Fecha ____________

6. ¿Qué preparó Rosa para el almuerzo? ¿Dónde está la comida que preparó?

____

7. ¿Qué planchó Rosa? ¿Para cuándo lo necesita la señora?

____

8. ¿Qué tiene que hacer Rosa con el suéter rojo? ¿Por qué?

____

9. ¿Qué dice Rosa que va a hacer ahora? ¿Qué va a hacer el jardinero por la mañana?

____

10. ¿Qué hace Rosa con los muebles y con la ropa? ¿Qué hace con las toallas y dónde las pone?

____

11. ¿Qué ve Rosa cuando mira por la ventana?

____

12. ¿Por qué no va a limpiar Rosa la terraza?

____

Hablemos Interview a classmate, using the following questions. When you have finished, switch roles.

1. ¿Comiste un sándwich hoy? ¿De qué?
2. ¿Preparaste una ensalada anoche (*last night*)? ¿De qué?
3. Cuando fuiste al supermercado, ¿qué cosas compraste?
4. ¿Haces tu cama todos los días?
5. ¿Cuántas veces por semana pasas la aspiradora?
6. ¿Sacudes los muebles todos los días?
7. ¿Tú lavas y planchas tu ropa o la mandas a la tintorería?
8. ¿Cuelgas tus suéteres o los doblas?
9. ¿De qué color son las cortinas de tu cuarto?
10. ¿Quién corta el césped en tu casa?
11. ¿Quién te ayuda con los quehaceres de la casa?
12. ¿Está nublado el cielo hoy? ¿Va a llover o no?

Nombre ______________________ Sección ____________ Fecha ____________

¿Cómo lo decimos? Complete the following sentences, using the Spanish equivalent of the words in parentheses.

1. Ayer yo __________, __________ la ropa y __________ a mi mamá a limpiar la casa. (*vacumed* / *folded* / *helped*)
2. Ellos __________ al supermercado y __________ todo lo necesario __________ preparar la cena. (*went* / *bought* / *in order to*)
3. Elena le __________ el abrelatas y la lejía a su tía y después __________ el baño. (*gave* / *cleaned*)
4. Tú __________ el césped ayer porque __________. (*didn't mow* / *it rained*)
5. Ayer yo __________ a la tintorería y __________ tu ropa. (*went* / *took*)
6. Yo __________ quinientos dólares __________ la lavadora. (*paid* / *for*)
7. __________ y __________. Tienes que ponerte un abrigo. (*It's very cold* / *it's windy*)
8. Ellos __________ la ventana esta tarde. (*came in through*)
9. Los muebles son __________ mi madrastra. (*for*)
10. Carlos __________ mi peluquero el año pasado. (*was*)

¿Qué pasa aquí? With a partner, describe what Lola and her husband did yesterday, according to what you see in the pictures.

1.

2.

Nombre ______________________ Sección __________ Fecha __________

3.

4.

TINTORERÍA

5.

6.

el Sr. Peña

7.

8.

9.

10.

Una encuesta Survey your classmates and your instructor to find someone who fits each of the following descriptions and write the person's name in the space provided. Remember to use the **tú** form when speaking to your classmates and the **Ud.** form when speaking to your instructor.

Nombre ______________________ Sección ____________ Fecha ____________

ESTA PERSONA...

1. ☐ le pasa la aspiradora a la alfombra una vez por semana. ____________
2. ☐ hace su cama todos los días. ____________
3. ☐ fue al supermercado el sábado pasado. ____________
4. ☐ compró zanahorias en el supermercado. ____________
5. ☐ lleva su ropa a la tintorería a veces. ____________
6. ☐ sacudió los muebles el sábado pasado. ____________
7. ☐ limpió la cocina ayer. ____________
8. ☐ tiene un abrelatas eléctrico. ____________
9. ☐ tiene un lavaplatos en la cocina. ____________
10. ☐ le pone aceite y vinagre a la ensalada. ____________
11. ☐ tiene todo lo necesario en su refrigerador para preparar una ensalada. ____________
12. ☐ comió pollo la semana pasada. ____________

En estas situaciones What would you say in the following situations? What might the other person say?

1. You and your roommate are planning a dinner party. You want to know if the carrots, the onions, and the eggs you will need are in the refrigerator. Your roommate is planning to buy everything necessary for dinner at the supermarket.
2. It's laundry day. You ask your roommate where the ironing board and the iron are and whether he/she can put the clothes in the washing machine. Your roommate wants to know if you sent his/her sweater to the cleaners; it has to be dry cleaned.
3. A friend asks you who Mary is. Mary is the woman who comes to your house once a week to help you with the housework.
4. Your friends are worrying about the outcome of a dinner party. You tell them not to worry and assure them that everything is going to be fine.

Nombre ______________ Sección ______________ Fecha ______________

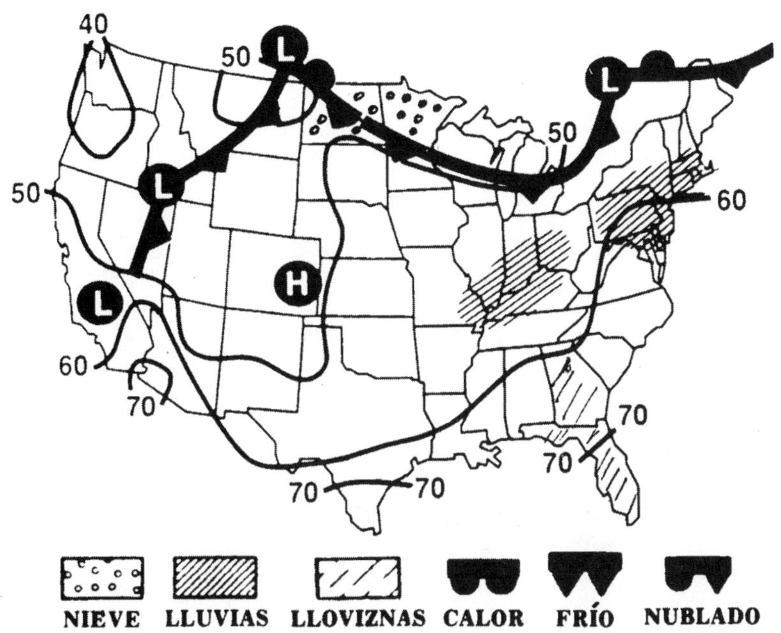

¿Qué dice aquí? Based on the information provided in the weather forecast, answer these questions with a partner.

1. ¿En qué estados está lloviendo?
2. ¿Dónde llovizna (*drizzle*)?
3. ¿En qué estados está nevando (*snowing*)?
4. ¿En qué estados hace más frío hoy?
5. ¿Hay posibilidades de lluvia en Miami?
6. ¿Va a hacer frío o calor en Miami?
7. ¿Cuál va a ser la temperatura máxima en Miami?

Una actividad especial The classroom is divided into three sections: a **verdulería** (*vegetable market*), a **frutería** (*fruit market*), and a **lechería** (*dairy*). Each market will have two salespersons. The rest of the students will be customers who will shop at each market. The merchandise (*use props*) should be displayed.

Nombre ________________________ **Sección** ____________ **Fecha** ____________

Un paso más Review the **Vocabulario adicional** for this **lección,** and complete each of the following sentences with the appropriate word or phrase.

1. Yo le pongo aceite y __________ a la ensalada.
2. Quiero sal y __________.
3. Voy a cocinar la carne al __________.
4. Para lavar la ropa blanca necesito __________ y __________.
5. Lavo los platos en el __________.
6. Mamá necesita un suéter porque __________.
7. Yo uso lechuga, tomate, __________ y __________ para preparar una ensalada.
8. Un sinónimo de estufa es __________.
9. Necesito el __________ para abrir la lata de sopa.
10. Hoy no podemos ir a la playa porque __________.

Un dicho

Contigo, pan y cebollas.

I'll live on bread and onions as long as you are at my side. (lit.: With you, bread and onions.)

Nombre ______________________ Sección ____________ Fecha ____________

REPASO

Práctica de vocabulario

A Match the questions in column **A** with the corresponding answers in column **B**.

A		B
1. ¿Tiene el pelo largo y lacio?	________	**a.** No, hoy mismo.
2. ¿Compraste huevos?	________	**b.** No, no tengo traje de baño.
3. ¿Cuál es la puerta de salida?	________	**c.** Sí, porque voy a jugar al tenis.
4. ¿Vas a dormir en una bolsa de dormir?	________	**d.** Para pasado mañana.
5. ¿Cuándo vas a reservar el asiento? ¿Mañana?	________	**e.** La número tres.
6. ¿Es cubano?	________	**f.** La visa y el pasaporte.
7. ¿Es un cuarto interior?	________	**g.** No, sólo el bolso de mano.
8. ¿Quién va a confirmar el vuelo?	________	**h.** Sí, están en la billetera.
9. ¿A qué hora tenemos que subir al avión?	________	**i.** No, hay que limpiarlo en seco.
10. ¿Vas a ir a la playa?	________	**j.** El agente de viajes.
11. ¿Para cuándo vas a pedir turno?	________	**k.** Es muy incómodo.
12. ¿Necesitas mucho equipaje?	________	**l.** Sí, es de La Habana.
13. ¿Vas a lavar el vestido?	________	**m.** Sí, es excelente.
14. ¿Qué necesitas para viajar a España?	________	**n.** No, es con vista a la calle.
15. ¿Necesitas la raqueta?	________	**o.** Sí, una docena.
16. ¿Cómo es el colchón?	________	**p.** No, corto y rizado.
17. ¿Tú tienes las entradas?	________	**q.** Sí, en la tienda de campaña.
18. ¿Es verdad que esa aerolínea es muy buena?	________	**r.** A las siete.
19. ¿Qué les hace falta?	________	**s.** La cabeza.
20. ¿Qué te duele?	________	**t.** Los folletos sobre Chile.

Nombre ______________________ Sección ______________ Fecha ______________

B Circle the word or phrase that does not belong in each group.

1. patinar, esquiar, bucear
2. viaje, pasaporte, farmacia
3. lugar de interés, comprobante, ir de excursión
4. cielo, nublado, último
5. hacer la cama, vestíbulo, sábana
6. bueno, largo, corto
7. agencia de viajes, pasajero, máquina de afeitar
8. peluquería, supermercado, salón de belleza
9. lavadora, peine, secadora
10. colchón, billete, pasaje
11. zoológico, club nocturno, discoteca
12. catedral, hipódromo, castillo
13. acostarse, afeitarse, levantarse
14. césped, verano, jardín
15. abrelatas, guía, monumento
16. barato, caro, económico
17. criado, mariposa, jardinero
18. sábado, alfombra, fin de semana
19. jardín botánico, café al aire libre, zoológico
20. rizador, secadora, caña de pescar

C Circle the word or phrase that best completes each of the following sentences.

1. Voy a (cepillarme, cambiarme) el pelo.
2. Quiero un pasaje de ida y (vuelta, llamada).
3. Voy a poner las cortinas en la (heladera, ventana).
4. Voy a mandar el suéter a la (tintorería, terraza) porque hay que lavarlo en seco.
5. Hay una farmacia a tres (habitaciones, cuadras) de aquí.
6. Necesito usar un buen champú porque tengo el pelo (nuevo, seco).
7. ¿Te vas a México? ¡Buen (viaje, agente), entonces!
8. Voy a jugar al tenis. Necesito la (mochila, raqueta).
9. Voy a la agencia de (comprobantes, viajes) para reservar mi pasaje.
10. Favor de darme un asiento en la sección de no (ayudar, fumar).
11. ¿Me quieres (cortar, bañar) el pelo?
12. ¡Tengo una buena idea! Mientras espero, voy a preparar (la ensalada, el aeropuerto).
13. Necesitamos la tienda de (campaña, caballo).
14. No tenemos (reservación, documentos) para el hotel.
15. Quiero un pasaje de clase (ida, turista).
16. Ana no se va; se (queda, preocupa) aquí.
17. Ahora voy a (pasar, doblar) la ropa.
18. Como no tiene (pasaporte, estrellas) no puede viajar a España.
19. Esta noche te voy a (buscar, almorzar) a eso de las nueve.
20. Luisa trabaja tres (veces, diariamente) por semana.

Nombre ______________________________ Sección ______________ Fecha ______________

D Read the following story, substituting words for the pictures shown.

Ayer Marta fue al supermercado y compró una docena de ,  y

. Para la ensalada, compró  y tomates. Cuando llegó a su

, , planchó su  y lavó el  de su  Pepito. Por la tarde fue

al salón de belleza. La peluquera le lavó el  y le 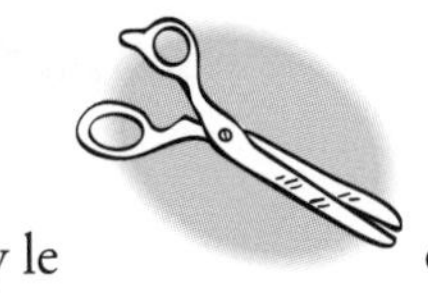 el . El esposo

de Marta fue a la  y el  lo 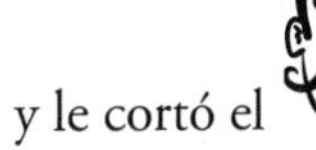 y le cortó el  un poco.

E Crucigrama. Use the clues provided below to complete the crossword puzzle on page 151.

Horizontal

5. 

6. 

9. 

10. 

11. 

13. 

Nombre ______________________ Sección ______________ Fecha ______________

15. 

19. 

20. 

22. 

23. 

25. 

Vertical

1. 

2.

3. 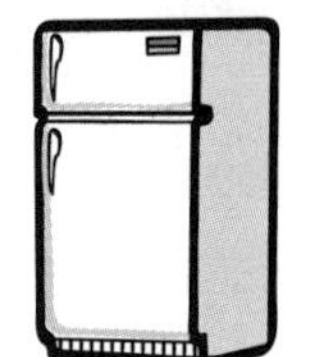

4. 

7. 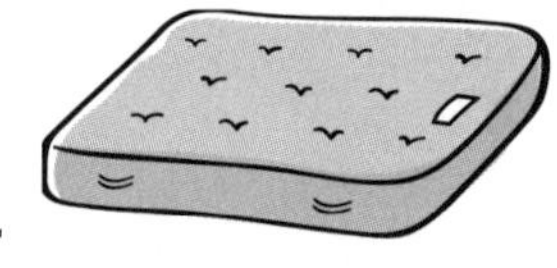

8. 

12. 

14. 

15. 

16. 

17. 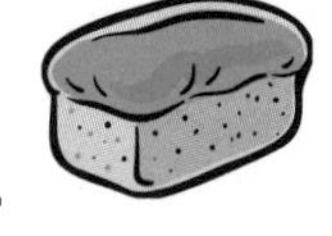

18. 

21.

24. 

Nombre ______________________ Sección ____________ Fecha ____________

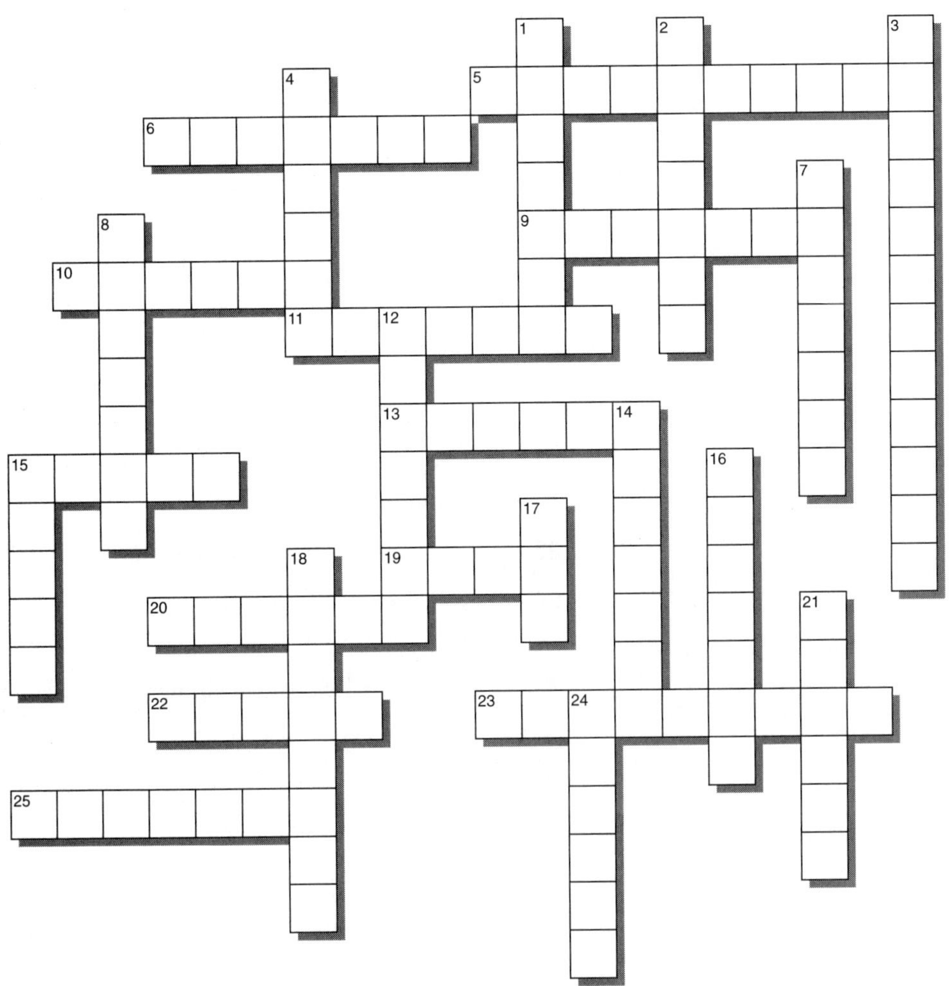

1-26

Práctica oral Listen to the following exercise on the review tape of the audio program. The speaker will ask you some questions. Answer each question, using the cue provided. The speaker will verify your response. Repeat the correct answer.

1-27

1. ¿Qué documento necesita Ud. para viajar? (pasaporte)
2. ¿Desea Ud. un pasaje de ida o de ida y vuelta? (de ida)
3. ¿Desea Ud. un asiento de ventanilla o de pasillo? (de pasillo)
4. ¿Qué día desea viajar Ud.? (el domingo)
5. ¿Cuánto cuesta el pasaje? (mil quinientos pesos)
6. ¿Va a viajar Ud. con sus padres? (sí)
7. ¿En qué aerolínea viaja Ud.? (Avianca)
8. ¿Necesita Ud. tener visa para viajar? (sí)
9. ¿Cuándo hay vuelos? (los martes y los jueves)
10. ¿Adónde va a viajar Ud.? (Colombia)
11. ¿Cuándo debe hacer la reservación? (hoy mismo)

12. ¿Va Ud. a Santiago en ómnibus? (no, en avión)
13. ¿Su habitación es interior o con vista a la calle? (interior)
14. ¿Es cómodo su colchón? (no, incómodo)
15. ¿Cambian las sábanas y las fundas todos los días en la pensión? (no)
16. ¿A qué hora se cierra el museo? (a las seis)
17. ¿Hay una farmacia cerca de la pensión? (sí)
18. ¿Sabe Ud. a qué hora se abre la farmacia? (no)
19. ¿Qué necesita comprar Ud. en la farmacia? (aspirinas)
20. ¿Qué va a hacer Ud. esta tarde? (jugar al tenis)
21. ¿Ud. va a ir a acampar en sus vacaciones? (sí)
22. ¿Qué necesita para ir a acampar? (una tienda de campaña)
23. ¿Tiene Ud. una bolsa de dormir? (sí)
24. ¿Cuál es su deporte favorito? (el tenis)
25. ¿Prefiere Ud. el pelo corto? (no, largo)
26. ¿Quién le corta el pelo a Ud.? (el peluquero)
27. ¿Se lava Ud. la cabeza todos los días? (sí)
28. ¿Cuándo tiene Ud. turno en la peluquería? (mañana)
29. ¿Quiere Ud. este peine o ése? (ése)
30. Necesito el espejo. ¿Puede Ud. dármelo? (sí)
31. ¿Qué champú usa Ud.? (Prell)
32. ¿Esta tijera es suya? (sí)
33. ¿A qué hora se levanta Ud.? (a las siete)
34. ¿Se baña Ud. por la mañana o por la noche? (por la mañana)
35. ¿Fue Ud. al supermercado hoy? (sí)
36. ¿Qué compró Ud.? (una docena de huevos y pan)
37. ¿Qué preparó Ud. para el almuerzo? (ensalada de papas)
38. ¿Le pasó Ud. la aspiradora a la alfombra? (sí)
39. ¿Cree Ud. que va a llover hoy? (sí)
40. ¿Cómo está el cielo? (nublado)

Para leer y entender

1-28 Marisa has a lot to do, and here she tells you about her schedule for the next few days. Listen to her description, paying special attention to pronunciation and intonation. Make sure you understand and remember as much as you can.

1-29 Hoy es jueves, y el sábado a las dos de la tarde salgo para Buenos Aires. Esta tarde voy a ir a la agencia de viajes para comprar un pasaje de ida y vuelta. El pasaje en clase turista cuesta mil doscientos dólares de Madrid a Buenos Aires. ¡Ah! Hablando de dinero... tengo que ir al banco y después a la farmacia.

Esta noche tengo que ir a la casa de Teresa, una chica argentina. Ella me va a dar una lista de lugares de interés. ¡Quiero visitarlos todos! Mi coche[1] no funciona, así que[2] tengo que tomar el autobús. Mientras espero el ómnibus, voy a escribirle a mi amigo José Luis en Buenos Aires para decirle que lo veo la semana próxima.

---

[1] *car*
[2] **así que** *so, therefore*

Nombre ______________________ Sección ____________ Fecha ____________

Mañana por la mañana voy a la peluquería. Tengo turno para las nueve y media: lavado, corte y peinado. Por la tarde voy a ir con Jorge a ver un partido de fútbol y por la noche voy a ir al teatro con mi amiga Elsa a ver una comedia musical.

Now answer the following questions.

1. ¿Qué día es mañana?
2. ¿El avión de Marisa sale por la mañana?
3. ¿A qué país (*country*) de Sudamérica va Marisa?
4. ¿Qué va a hacer Marisa esta tarde?
5. ¿Cuántos pasajes va a comprar Marisa?
6. ¿Ella va a comprar un pasaje de ida?
7. ¿En qué ciudad española va a tomar el avión Marisa?
8. ¿Va a viajar en primera clase?
9. ¿El pasaje cuesta más o menos de mil dólares?
10. Después de ir al banco, ¿adónde tiene que ir?
11. ¿Qué le va a dar Teresa a Marisa?
12. ¿Qué quiere visitar Marisa?
13. ¿De dónde es Teresa?
14. ¿Por qué tiene que tomar el autobús Marisa?
15. ¿Quién es José Luis?
16. ¿Dónde va a estar Marisa la semana próxima?
17. ¿Qué tiene que hacer Marisa mañana a las nueve y media?
18. ¿Qué va a hacer Marisa por la tarde?
19. ¿Va a ir al teatro con su hermana?
20. ¿Qué van a ver las chicas en el teatro?

LECCIÓN 11

HOY TENEMOS MUCHO QUE HACER

OBJECTIVES

Structures

- Time expressions with **hacer**
- Irregular preterits
- The preterit of stem-changing verbs (**e:i** and **o:u**)
- Command forms: **tú**

Communication

- How to talk about the preparation of meals
- More about household chores

Culture: Ecuador

- Women's and men's roles
- Nicknames

Nombre ____________________ Sección ____________ Fecha ____________

Audio

APRENDA ESTAS PALABRAS

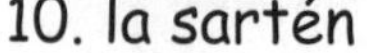

[1]**facón,** in Puerto Rico

Nombre ______________________ Sección ____________ Fecha ____________

HOY TENEMOS MUCHO QUE HACER

2–2

La familia García es de Guayaquil, pero hace un año que vive en Quito, la capital de Ecuador. Hoy Estela, Víctor y Juanita están limpiando la casa porque anoche tuvieron una fiesta y todo está muy sucio. Ahora van a desayunar.

Juanita —¿Qué preparo para el desayuno, mamá?
Estela —Haz tocino con huevos para tu papá y chocolate y tostadas para mí. ¿Qué vas a comer tú?
Juanita —Cereal. ¿Cómo preparo los huevos? ¿Fritos, revueltos o pasados por agua?
Estela —Fritos. Y trae jugo de naranja también.

Después del desayuno.

Estela —Víctor, limpia el garaje, por favor.
Víctor —Voy a barrerlo. Dame la escoba y el recogedor.
Estela —¿Vinieron a arreglar el televisor ayer? No quiero perderme mi telenovela.
Víctor —Sí, vinieron, pero no pudieron arreglarlo. Vuelven mañana. Lo siento.
Estela —No te preocupes. Tía Elsa me la puede grabar.

Nombre ______________________ Sección ____________ Fecha ____________

Estela —¡Juanitaaa! Saca la basura. Está debajo del fregadero.
Juanita —Ahora no puedo. Estoy fregando las ollas y la sartén.
Víctor —Estela, ¿pongo la carne en el horno?
Estela —No, no la pongas todavía. Yo lo hago después.

Más tarde, Estela y su hija conversan mientras ponen la mesa.

Juanita —¿Se divirtieron mucho los invitados anoche?
Estela —Sí, y estuvieron aquí hasta la madrugada.
Juanita —¿Tuvo éxito el flan que preparaste?
Estela —¡Ya lo creo! Todos me pidieron la receta.
Juanita —Mamá, enséñame a cocinar. Quiero aprender a preparar algunos postres.
Estela —¿De veras? ¡Muy bien! Empezamos mañana. Tengo unas recetas muy buenas. ¡Ah! ¿Dónde están las servilletas de papel?
Juanita —Las puse en el armario de la cocina. (*Llama.*) ¡Papá! ¡Ven a almorzar!

Cuando terminan de comer, Juanita y su mamá hablan de lo que van a hacer para celebrar el cumpleaños de Juanita, que el mes próximo cumple quince años. ¡Quieren dar una gran fiesta!

2-2

¡Escuchemos! While listening to the dialogue, circle **V (verdadero)** if the statement is true and **F (falso)** if it is false.

1. La familia García vive en Guayaquil. V F
2. Juanita es la mamá de Estela. V F
3. Víctor va a desayunar tocino con huevos. V F
4. A Estela le gustan las telenovelas. V F
5. Víctor no va a hacer nada después de desayunar. V F

Nombre ______________________ Sección ______________ Fecha ______________

6. El televisor de la familia García no funciona.	V	F
7. Anoche la familia García tuvo una fiesta para celebrar el cumpleaños de Juanita.	V	F
8. Los invitados se aburrieron en la fiesta.	V	F
9. Juanita quiere aprender a cocinar.	V	F
10. La esposa de Víctor sabe preparar muchos postres.	V	F

Vocabulario

COGNADOS

el chocolate
el garaje

NOMBRES

el armario *cupboard*
el cumpleaños *birthday*
el (la) invitado(a) *guest*
la madrugada *dawn*
el papel *paper*
la receta *recipe*
la servilleta *napkin*
la telenovela *soap opera*
la tostada, el pan tostado *toast*

VERBOS

aprender *to learn*
arreglar *to fix*
cocinar *to cook*
cumplir (años) *to turn (years old)*
desayunar *to have breakfast*
divertirse (e:ie) *to have a good time*
enseñar *to teach*
fregar (e:ie) *to wash, to scrub*
grabar *to tape, to record*
perderse *to miss (out)*

ADJETIVOS

grande (gran) *big (great)*
revuelto *scrambled (egg)*
sucio(a) *dirty*

OTRAS PALABRAS Y EXPRESIONES

anoche *last night*
debajo de *under*
¿de veras? *really?*
pasado por agua *soft-boiled (egg)*
poner la mesa *to set the table*
sacar la basura *to take out the garbage*
tener éxito *to be a success, to be successful*
tener mucho que hacer *to have a lot to do*
todo el mundo, todos *everybody*

Nombre ______________ Sección ______________ Fecha ______________

VOCABULARIO ADICIONAL

ensuciar *to get (something) dirty*

PARA PONER LA MESA (*To set the table*)

los cubiertos *silverware*
la jarra *pitcher*
el mantel *tablecloth*
el tazón *bowl*
la vajilla *china*

FORMAS DE COCINAR (*Ways to cook*)

asar *to roast*
cocinar al vapor *to steam*
freír[1] *to fry*
hervir (e:ie) *to boil*

- En los países de habla hispana, los trabajos de la casa todavía se consideran la responsabilidad de la mujer. Sin embargo (*However*), esta actitud tradicional empieza a cambiar ahora que muchos hombres profesionales solteros viven en su propio apartamento y no con sus padres y que, en muchos matrimonios, los dos trabajan.
- En español se usan con frecuencia formas diminutivas de los nombres para expresar afecto, especialmente con los niños. La mayoría de los diminutivos se forman con los sufijos **-ito** o **-ita:** el sobrenombre (*nickname*) de Juana es Juanita y el de Luis es Luisito, por ejemplo. Anita, pues (*therefore*), es el diminutivo de Ana, y es el equivalente español de *Annie,* y no un nombre diferente, como se piensa en los Estados Unidos. Algunos nombres tienen distintos sobrenombres.

Francisco: Paco, Paquito, Pancho (*Méx.*)
José: Pepe, Pepito
Ignacio: Nacho
Guillermo: Memo
Enrique: Quique

Francisca: Paquita
Josefa: Pepa, Pepita
Dolores: Lola, Lolita
María Teresa: Marité
Guadalupe: Lupe

- En España y en Latinoamérica, cuando una chica cumple quince años, sus padres ofrecen una gran fiesta, pues se considera que ella se convierte en una señorita. Excepto en México, donde la fiesta se llama "la quinceañera", esta celebración se conoce como "la fiesta de los quince".
- En Ecuador, como en el resto de los países de habla hispana, las telenovelas son muy populares. Cada país tiene sus propias cadenas de televisión, pero entre las más importantes son Univisión y Telemundo, que transmiten sus programas no sólo para el mundo hispano sino (*but*) también para los Estados Unidos.

[1]Present indicative: **frío, fríes, fríe, freímos, freís, fríen**

Nombre ______________________ Sección ____________ Fecha ____________

En tu mundo...

1. Generalmente, ¿ayudan los esposos americanos con los trabajos de la casa?
2. ¿Qué formas diminutivas de nombres son populares en este país?
3. ¿Qué cumpleaños celebran las chicas norteamericanas con una fiesta especial?

Actividades

Dígame... Answer the following questions, basing your answers on the dialogue.

1. ¿De dónde es la familia García y cuánto tiempo hace que vive en Quito?

   ____

2. ¿Qué está haciendo la familia García hoy? ¿Por qué?

   ____

3. ¿Para quién son los huevos y cómo los va a preparar Juanita? ¿Qué van a tomar en el desayuno?

   ____

4. ¿Quién va a barrer el garaje y qué va a necesitar para hacerlo?

   ____

5. ¿Por qué no arreglaron el televisor ayer? ¿Cuándo vuelven para arreglarlo?

   ____

6. ¿Dónde está la lata de la basura? ¿Por qué no puede Juanita sacar la basura?

   ____

7. ¿Qué no quiere perderse Estela? ¿Qué va a hacer su tía Elsa?

   ____

8. ¿Tuvo éxito la fiesta? ¿Cómo lo sabe?

   ____

9. ¿Les gustó a los invitados el flan? ¿Qué le pidió todo el mundo a Estela?

   ____

10. ¿Qué quiere aprender a hacer Juanita? ¿Por qué?

    ____

Nombre ______________________ Sección ____________ Fecha ____________

11. ¿Dónde puso Juanita las servilletas de papel?

____

12. ¿Cuántos años cumple Juanita el mes próximo? ¿Cómo van a celebrarlo?

____

Hablemos Interview a classmate, using the following questions. When you have finished, switch roles.

1. ¿Qué hiciste hoy para el desayuno?
2. ¿Prefieres comer huevos fritos, huevos revueltos o huevos pasados por agua?
3. ¿Sabes cocinar? ¿Quién te enseñó?
4. ¿Usas mucha sal y pimienta en la comida?
5. ¿Quién friega los platos (*dishes*) en tu casa?
6. ¿Qué trabajos de la casa no te gusta hacer?
7. ¿Tuviste mucho que hacer ayer? ¿Qué tuviste que hacer?
8. ¿Dónde estuviste anoche y qué hiciste?
9. ¿Adónde fuiste el sábado? ¿Te divertiste?
10. ¿Cuándo vas a dar una fiesta? ¿Vas a tener muchos invitados?

¿Cómo lo decimos? Give the Spanish equivalent of the words in parentheses.

1. ¿__________ los cubiertos para poner la mesa, Anita? ¿Dónde __________? (*Did you bring / did you put them*)
2. __________ el mantel blanco y __________, Anita. (*Bring / set the table*)
3. Carlitos, __________ a la tienda y __________ seis tazones. __________ a Roberto; __________ a Marta. (*go / buy / Don't give them / give them*)
4. Mi papá __________ huevos pasados por agua para todos. (*made*)
5. Elba __________ huevos fritos y pan tostado. (*served*)
6. Anita, __________ aquí; __________ un favor: __________ los platos y __________ la basura. (*come / do me / wash / take out*)
7. __________. ¡Está muy sucia! (*I have been cleaning the kitchen for two hours.*)
8. Ellos __________ vegetales cocinados al vapor y pollo asado. La comida __________ mucho éxito. (*served / had*)

Nombre ______________________ Sección ______________ Fecha ______________

9. Carlos __________ el armario en esa tienda. __________ vender su escritorio para poder hacerlo. (*got* / *He had to*)

10. Pedro __________ ayer y __________ aquí hasta las cinco. __________ mucho. (*came* / *was* / *He had a good time*)

¿Qué pasa aquí? With a partner, answer the following questions according to what you see in the pictures.

A.

1. ¿Qué está haciendo José?
2. ¿Qué tiene que hacer José?
3. ¿Qué va a necesitar José para hacerlo?
4. ¿Qué está haciendo Lisa?
5. ¿Qué cree Ud. que le dice Lisa a José?

B.

1. ¿A quién llama Rita?
2. ¿Quién cree Ud. que es Carmen?
3. ¿Dónde está la lata de la basura?
4. ¿Qué cree Ud. que le dice Rita a Carmen?

C.

1. ¿Qué cree Ud. que le dice la Sra. Mena a Eva?
2. ¿Qué quiere hacer Eva primero?

Nombre ______ Sección ______ Fecha ______

D.

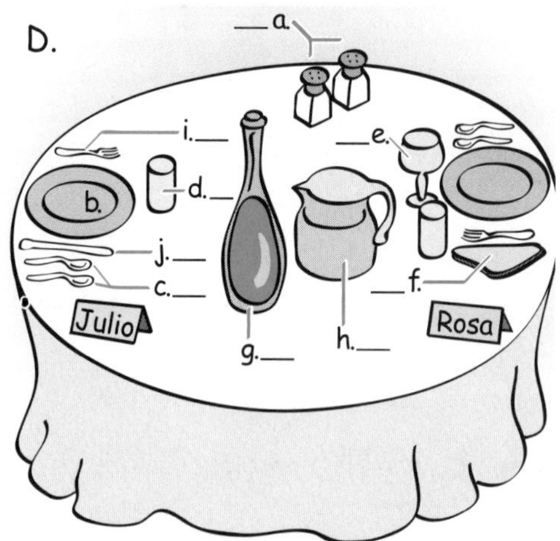

1. ¿Para cuántas personas está puesta (*set*) la mesa?
2. Nombre las cosas que hay en la mesa.
3. Julio no toma vino. ¿Cómo lo sabemos?
4. ¿Qué le hace falta a Rosa?
5. ¿Qué le hace falta a Julio?

E.

1. ¿Qué está haciendo la Sra. Miño?
2. ¿Para cuántas personas prepara la Sra. Miño la comida?
3. ¿Qué va a hacer la Sra. Miño con las papas?

Una encuesta Survey your classmates and your instructor to find someone who fits each of the following descriptions and write the person's name in the space provided. Remember to use the **tú** form when speaking to your classmates and the **Ud.** form when speaking to your instructor.

Esta persona...

1. ☐ barre la cocina todos los días. ______
2. ☐ siempre tiene mucho que hacer. ______
3. ☐ tiene que sacar la basura. ______
4. ☐ limpia su casa los sábados. ______
5. ☐ come huevos fritos a veces. ______
6. ☐ prefiere los huevos revueltos. ______
7. ☐ tuvo una fiesta el mes pasado. ______
8. ☐ mira telenovelas. ______

9.	☐	graba algunos programas de televisión.	______________
10.	☐	se divirtió mucho el sábado pasado.	______________
11.	☐	no pudo venir a clase la semana pasada.	______________
12.	☐	vino a la universidad el mes pasado.	______________

En estas situaciones What would you say in the following situations? What might the other person say?

1. A young person comes to help you with the housework. Tell him/her to do the following things.
   - **a.** make bacon and scrambled eggs
   - **b.** bring you three pieces of toast with butter
   - **c.** sweep the garage
   - **d.** take out the trash
   - **e.** go to the market and buy eggs
   - **f.** put the meat in the oven
   - **g.** peel four potatoes
   - **h.** set the table
   - **i.** clean the toaster
   - **j.** scrub the frying pan and the pots and pans
2. You want to fix a big breakfast for a visiting friend. Find out what he/she likes to eat and how he/she likes the food prepared (style of eggs, toast with or without butter, etc.)
3. You are in charge of organizing the breakfast buffet at a restaurant. You are telling your assistant to bring the food items and the necessary dishes and utensils for the buffet table.
4. Your friend is having a birthday. Ask him/her how he/she is going to celebrate it. Ask him/her also how old he/she will be.
5. Your friend doesn't want to miss her soap opera. Tell her not to worry because you can tape it for her.

¿Qué dice aquí? With a partner, read the ad for *La Escoba Mágica* on the following page and answer the following questions.

1. ¿Qué días pueden los clientes llamar a *La Escoba Mágica?*
2. ¿Cuál es el número de teléfono de *La Escoba Mágica?*
3. ¿Qué otros servicios ofrecen, además de limpiar la casa?

4. ¿Qué tipo de comida preparan?
5. ¿Cuántas veces (*times*) al mes cree Ud. que muchos clientes utilizan los servicios de *La Escoba Mágica?*

La Escoba Mágica

¡No se preocupe por la limpieza de su casa!
¡Nosotros lo hacemos todo!

1. Limpiamos la casa de arriba abajo.
2. Planchamos su ropa.
3. Fregamos ollas, sartenes y platos.
4. Limpiamos las ventanas.
5. Sacamos la basura.
6. Preparamos la cena.
7. Ponemos la mesa.

Mientras su familia va de compras, trabaja o estudia, nosotros nos ocupamos de su casa.

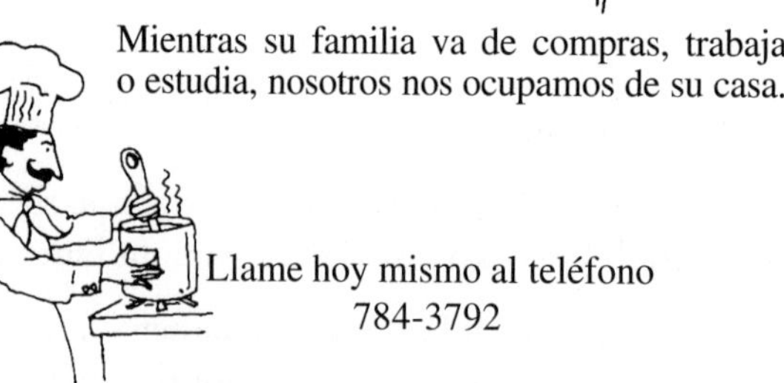

Llame hoy mismo al teléfono
784-3792

Todos los días excepto los domingos.

Una actividad especial The classroom turns into several homes. Several students play the roles of parents, and other students play the roles of children. The parents tell the children what to do. Each child will do what he/she is told, and then report back to **mamá** or **papá,** for example, **Ya lavé los platos. ¿Qué hago ahora?** Bring tablecloths, silverware, brooms, etc., to help the dramatization seem as real as possible.

Nombre ______________________ Sección ____________ Fecha ____________

Un paso más Review the **Vocabulario adicional** in this **lección** and then complete the following sentences with the appropriate word or phrase.

1. Le voy a pasar la aspiradora a la alfombra porque los niños la ___________.
2. Voy a planchar el ___________ antes de ponerlo en la mesa.
3. No voy a hervir las papas; las voy a ___________.
4. Necesito los ___________ para servir el cereal.
5. Pon el jugo de naranja en la ___________.
6. ¿Tus ___________ son de plata (*silver*)?
7. Mi ___________ es de porcelana.
8. Yo siempre cocino los vegetales al ___________.

Una adivinanza (*A riddle*)

Una cajita° muy blanca. *little box*
Todos la saben abrir,
nadie la puede cerrar.

El huevo

Lección 12

Un matrimonio peruano va de compras

Objectives

Structures

- **En** and **a** as equivalents of ***at***
- The imperfect tense
- The past progressive
- The preterit contrasted with the imperfect

Communication

- Shopping for clothes

Culture: Perú

- Different ways of shopping in the Hispanic world

Nombre ______________________ Sección ____________ Fecha ____________

APRENDA ESTAS PALABRAS

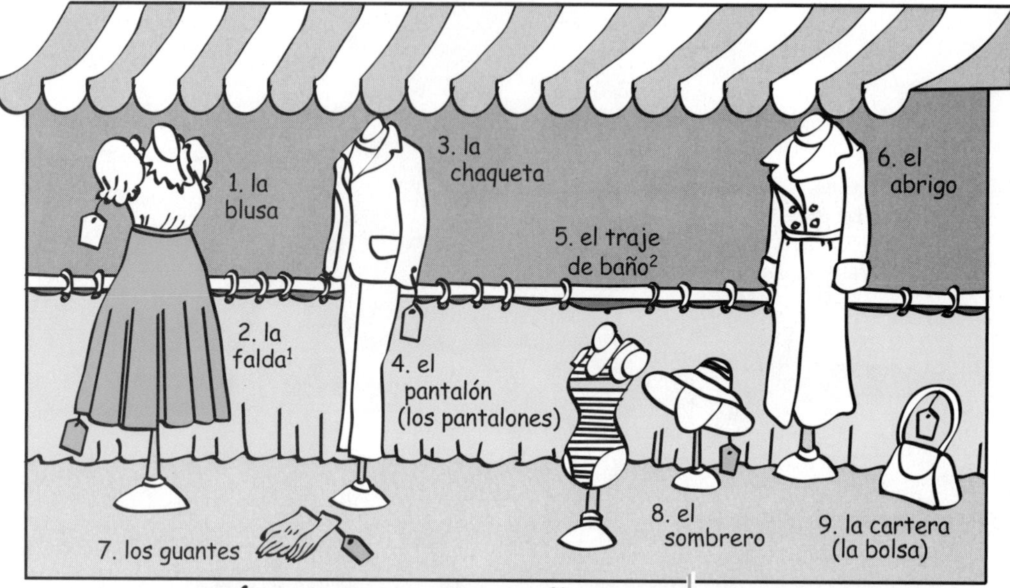

---

[1]In Cuba, **la saya**
[2]Also **el bañador** (*Spain*), **la trusa** (*Cuba*)
[3]Also **la correa** (*Puerto Rico and Spain*)

Nombre ______________________ Sección ____________ Fecha ____________

Un matrimonio peruano va de compras

2-3 Alicia y su esposo Julio se van a encontrar en el centro comercial Larco Mar, uno de los más nuevos de Lima, para ir de compras juntos. Hace media hora que Julio espera a Alicia y está un poco preocupado. Al fin, a eso de las tres, llega ella.

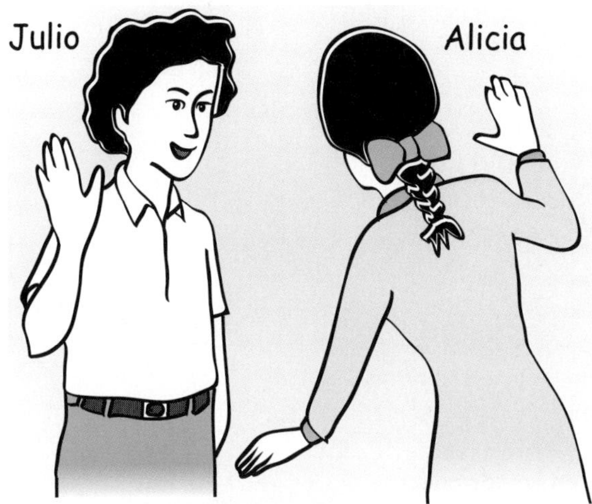

Julio —Pero dime, mi amor, ¿qué estabas haciendo?
Alicia —Estaba hablando con Andrea; por eso no pude venir antes.
Julio —¡Ah! Yo no sabía que estaba aquí. ¡Ya vino de Asunción! ¿Qué te trajo?
Alicia —Me trajo una blusa y a ti te trajo una camisa y una corbata.
Julio —¡Qué amable! ¡Oye! Hoy tienen una liquidación en la tienda Valenti. ¿Vamos?
Alicia —Sí, vamos. Aquí tengo la lista de las cosas que queremos comprar.
Julio —¿No dijo Beto que necesitaba una camisa azul?
Alicia —Sí, podemos comprársela, ya que él no pudo venir con nosotros...
Julio —Dijiste que ibas a comprarle un regalo a tu papá. Él me dijo que quería un suéter de alpaca.
Alicia —Buena idea. ¡Ah, Julio, por favor! Tienes que comprarte un traje nuevo, el tuyo ya está pasado de moda. Yo creo que tú compraste ése cuando tenías quince años...
Julio —(*Se ríe*) No, querida, cuando yo tenía quince años no usaba traje. Bueno, voy a buscar uno.

Nombre ______________________ **Sección** ____________ **Fecha** ____________

Con una empleada del departamento de ropa para señoras:

Alicia —¿Cuánto cuesta el vestido verde que está en la vidriera?
Empleada —Mil soles.[1] Está en venta. Antes costaba dos mil. Es una ganga.
Alicia —Me encanta el color. ¿Puedo probármelo?
Empleada —Sí, el probador está a la derecha. ¿Qué talla usa Ud.?
Alicia —Uso talla grande o mediana. También quiero probarme esta falda y esta blusa.

Alicia compró la falda y el vestido, pero no compró la blusa porque le quedaba chica. Compró otras cosas, pagó y ya eran las cuatro cuando fue a buscar a Julio. Cuando iban para su casa, vieron un grupo de vendedores ambulantes y Alicia decidió comprar algunos objetos de artesanía.

2–3

¡Escuchemos! While listening to the dialogue, circle **V (verdadero)** if the statement is true and **F (falso)** if it is false.

1. Alicia y Julio están en Perú.	V	F
2. Julio está esperando a Alicia en el centro comercial.	V	F
3. Andrea estaba en Paraguay.	V	F
4. Beto fue de compras con Víctor y Alicia.	V	F
5. El papá de Alicia necesita un suéter.	V	F
6. Julio necesita un traje nuevo.	V	F

[1]Peruvian currency. Rate of exchange subject to change.

7. El vestido que compró Alicia era una ganga. V F
8. A Alicia no le gusta el color verde. V F
9. Alicia usa talla pequeña. V F
10. Alicia nunca le compra nada a los vendedores ambulantes. V F

Vocabulario

COGNADOS

el color
el departamento
el grupo
el objeto

NOMBRES

la artesanía *arts and crafts*
el centro comercial *mall*
el departamento de ropa (artículos) para señoras *women's department*
el (la) empleado(a) *clerk*
la ganga *bargain*
la liquidación, la venta *sale*
el probador *fitting room*
el regalo *gift, present*
la talla, la medida *size*
el (la) vendedor(a) ambulante *street vendor*

VERBOS

buscar *to look for, to get*
creer *to think, to believe*
encantarle a uno(a) *to love (something)*
probarse (o:ue) *to try on*
reír(se)[1] *to laugh*
usar, llevar *to wear*

ADJETIVOS

amable *nice, kind, courteous*
azul *blue*
mediano(a) *medium*
preocupado(a) *worried*
verde *green*

OTRAS PALABRAS Y EXPRESIONES

a la derecha (izquierda) *to the right (left)*
al fin *at last, finally*
antes *before, sooner*
ir de compras *to go shopping*
media hora *half an hour*
por eso *that's why*
¡Qué amable! *How nice!*
quedarle chico (grande) a uno *to be too small (big) on one*
ya que *since, as long as*

---

[1]**reír,** present indicative: **río, ríes, ríe, reímos, reís, ríen**

Nombre ______________________ Sección ____________ Fecha ____________

VOCABULARIO ADICIONAL

la bufanda *scarf*
el chaleco *vest*
la gorra *cap*
hacer juego (con) *to match*
el impermeable *raincoat*
el pañuelo *handkerchief*
el paraguas *umbrella*
quedarle ancho(a) [estrecho(a)] a uno *to be too wide, loose (narrow, tight) on one*
las zapatillas, las pantuflas *slippers*

NOTAS CULTURALES

- Las tallas de la ropa y el tamaño (*size*) de los zapatos (*shoes*) varían mucho de país a país (*country*). Esta tabla da una equivalencia aproximada de las tallas en España y los Estados Unidos.

MUJERES

Vestidos:

España	34	36	38	40	42	44	46	48
EE. UU.	6	8	10	12	14	16	18	20

Zapatos:

España	36	37	38	39	40
EE. UU.	6	7	8	9	10

HOMBRES

Trajes y abrigos:

España	42	44	46	48	50	52	54	56
EE. UU.	32	34	36	38	40	42	44	46

Camisas:

España	38	41	43	45
EE. UU.	15	16	17	18

Zapatos:

España	38	39	41	42	43	44	45	47
EE. UU.	5	6	7	8	9	10	11	12

- En Lima, como en la mayoría de las grandes ciudades de España y Latinoamérica, existen hoy grandes centros comerciales donde hay restaurantes, tiendas por departamentos, cines, etc. Además en todas las ciudades se pueden encontrar pequeñas tiendas especializadas en uno u otro producto. También se les pueden comprar diversos artículos, principalmente objetos de artesanía, a los vendedores ambulantes, que venden mucho más barato y con los que es fácil regatear (*to haggle*).
- En Perú es fácil encontrar suéters, bufandas, abrigos, etc. hechos de lana de alpaca, animal que es muy abundante en el país.

Nombre ______________________ Sección ______________ Fecha ______________

En Tu Mundo...

1. ¿En qué ciudades de los Estados Unidos son populares los vendedores ambulantes?
2. ¿Es popular regatear en la mayoría de las tiendas de este país?
3. ¿Dónde prefiere comprar su ropa la mayoría de los americanos, en los grandes centros comerciales o en pequeñas tiendas? ¿Por qué?

Actividades

Dígame... Answer the following questions, basing your answers on the dialogue.

1. ¿Dónde se van a encontrar Alicia y su esposo y para qué?

____

2. ¿Cuánto tiempo tuvo que esperar Julio a Alicia? ¿Qué estaba haciendo ella?

____

3. ¿Qué les trajo Andrea a Alicia y a Julio? ¿De dónde se lo trajo?

____

4. ¿A qué tienda van Julio y Alicia? ¿Por qué?

____

5. ¿Qué dijo Beto que necesitaba? ¿Qué quería el papá de Alicia?

____

6. ¿Qué dijo Alicia que tenía que comprarse Julio? ¿Por qué?

____

7. ¿Qué no usaba Julio cuando tenía quince años?

____

8. ¿Cuánto cuesta el vestido que se prueba Alicia y cuánto costaba antes?

____

9. ¿Qué talla usa Alicia y qué más quiere probarse? ¿Por qué no compró ella la blusa?

____

10. ¿Qué hora era cuando Alicia fue a buscar a Julio?

____

Nombre ______________________________ **Sección** ____________ **Fecha** ____________

11. ¿Qué vieron Alicia y Julio cuando iban para su casa?

____

12. ¿Qué decidió hacer Alicia?

____

Hablemos Interview a classmate, using the following questions. When you have finished, switch roles.

1. ¿Te gusta ir de compras? ¿Prefieres comprar en un centro comercial o en tiendas pequeñas?
2. ¿Cuál es tu tienda favorita? ¿En qué departamento compras tu ropa?
3. En una liquidación, ¿compras a veces cosas que no necesitas? ¿Puedes darme un ejemplo?
4. ¿Tú usas talla pequeña, mediana o grande?
5. Si tienes que comprarle un regalo a tu papá o a tu hermano, ¿prefieres comprarle una camisa, una corbata o un cinto? ¿Por qué?
6. ¿Tu papá usa traje y corbata todos los días?
7. ¿Tu mamá prefiere usar vestido o falda y blusa cuando va a una fiesta?
8. ¿Qué te gustaba usar cuando eras pequeño(a)?
9. ¿Te pusiste guantes ayer? ¿Por qué?
10. ¿De qué color es tu chaqueta? ¿Ése es tu color favorito?
11. ¿Necesitas comprarte ropa? ¿Qué necesitas?
12. ¿Qué hora era cuando llegaste a tu casa ayer?

¿Cómo lo decimos? Complete the following sentences, using the Spanish equivalent of the words in parentheses.

1. Ayer Eva y yo ____________ y ____________ faldas, una blusa y sandalias. (*went shopping / bought*)
2. Cuando Elisa y Luis ____________ para la tienda, ____________ un accidente en la calle Soto. (*were going / they saw*)
3. Ayer Celia ____________ que esa tienda ____________ una gran liquidación. (*told me / had*)
4. Yo ____________ un traje cuando el empleado ____________ al probador y ____________ cinco trajes más. (*was trying on / came / brought me*)
5. Ayer mamá ____________ muchas gangas ____________ la tienda "La Elegante." (*found / at*)

Nombre ______________________________ Sección ______________ Fecha ______________

6. ¿Qué hora __________ cuando Uds. __________ la tienda? (*was it / arrived at*)

7. Yo __________ las botas porque __________. (*didn't buy / they were too small on me*)

8. Cuando Marité __________ veinte años, __________ un trabajo en el departamento de ropa para señoras. (*was / she got*)

9. Esta mañana __________ el impermeable porque __________. (*I put on / it was raining*)

10. Beto __________ porque su hijo __________. (*was worried / wasn't home*)

¿Qué pasa aquí? With a partner, answer the following questions according to what you see in the pictures.

1. ¿A quién esperaba Luisa?
2. ¿Dónde se encuentran Luisa y Tito?
3. ¿Cuánto tiempo hace que Luisa espera a Tito?
4. ¿En qué tienda estuvo Tito?
5. ¿A qué hora llegó Luisa a la calle Juárez?

1. ¿Qué se prueba José?
2. ¿En qué se mira?
3. ¿Cuánto cuesta la chaqueta?
4. ¿Qué precio tenía antes?
5. ¿Está en liquidación la chaqueta?
6. ¿Es una ganga? ¿Por qué o por qué no?

Nombre ______________________ Sección ______________ Fecha ______________

C.

1. ¿Cómo se llama la tienda?
2. ¿Qué tiene la tienda hoy?
3. ¿En qué departamento está José?
4. ¿Qué cree Ud. que va a comprar José?
5. ¿Cuántos empleados hay en el departamento?

D.

1. ¿Qué está mirando María?
2. ¿Cuánto cuesta la falda que está en la vidriera?
3. ¿Cuánto cuesta la blusa? ¿Y el vestido?
4. ¿Cuál es el más caro de los artículos en la vidriera? ¿Cuál es el más barato?

E.

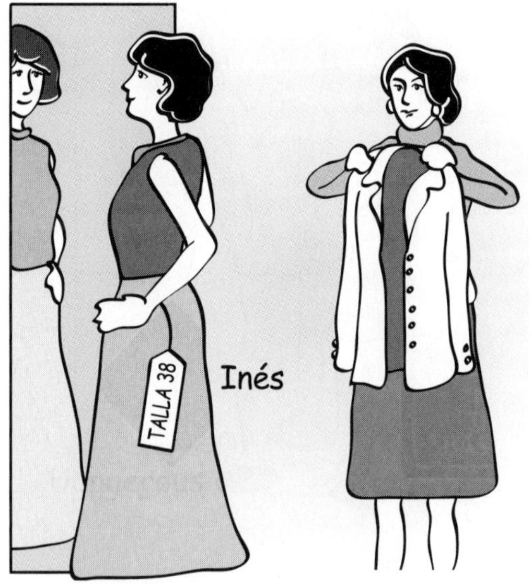

1. ¿Qué talla usa Inés?
2. ¿En qué se mira? ¿Qué se prueba?
3. ¿Le queda grande?
4. ¿Qué le trae la empleada a Inés?

Nombre ______________________ Sección __________ Fecha __________

Una encuesta Survey your classmates and your instructor to find someone who fits each of the following descriptions and write the person's name in the space provided. Remember to use the **tú** form when speaking to your classmates and the **Ud.** form when speaking to your instructor.

ESTA PERSONA...

1. ☐ fue de compras la semana pasada. ______________
2. ☐ compró un regalo la semana pasada. ______________
3. ☐ consiguió una ganga cuando fue de compras. ______________
4. ☐ fue a una liquidación la semana pasada. ______________
5. ☐ a veces se encuentra con sus amigos en el centro comercial. ______________
6. ☐ usa talla mediana. ______________
7. ☐ usa traje y corbata cuando va a la iglesia. ______________
8. ☐ dijo que necesitaba ropa. ______________
9. ☐ usa chaleco a veces. ______________
10. ☐ usa impermeable cuando llueve. ______________
11. ☐ usa zapatillas cuando está en su casa. ______________
12. ☐ tiene algunos objetos de artesanía en su casa. ______________

En estas situaciones What would you say in the following situations? What might the other person say?

1. There is a sale on at a department store in your town. You're telling a friend about the clothing you want to purchase as gifts for various members of your family. You want to know whether he/she wants to go shopping with you.
2. You and a friend have arranged to meet at a certain time. By the time he/she shows up, you have been waiting for half an hour, wondering where he/she is and worrying. Your friend finally shows up and explains why he/she couldn't come sooner.

3. You are a sales clerk at a department store. A customer wishes to try on some articles of clothing. You need to find out what size he/she wears and give directions to the fitting room. As the customer tries on the clothing, you will want to say things that will make him/her want to buy it.
4. You and a friend are shopping. He/She likes your jacket and wants to know where you bought it. Before looking at a jacket for him/her, you want to go to the men's department and find out how much ties cost.

¿Qué dice aquí? You and a partner are helping a friend with some shopping at a store in Lima. Answer her questions, using the information provided in the ad on the following page.

1. ¿En qué mes son las rebajas (*sales*) en la tienda?
2. Tengo una hija de nueve años; ¿qué puedo comprarle?
3. Mi esposo necesita zapatos. ¿Qué tipo de zapatos venden en la tienda y cuántos soles[1] cuestan?
4. ¿Qué puedo comprar para mí en el departamento de señoras?
5. Pensamos ir a la playa. ¿Qué puedo comprar para mí y para mis hijos?
6. Es el cumpleaños (*birthday*) de mi padre. ¿Qué puedo comprarle? ¿Cuánto me va a costar?
7. ¿Para cuántas personas son las mantelerías (*table linens*)?
8. ¿Cuántos soles debo pagar por el mantel?

Nombre ______________________ Sección ______________ Fecha ______________

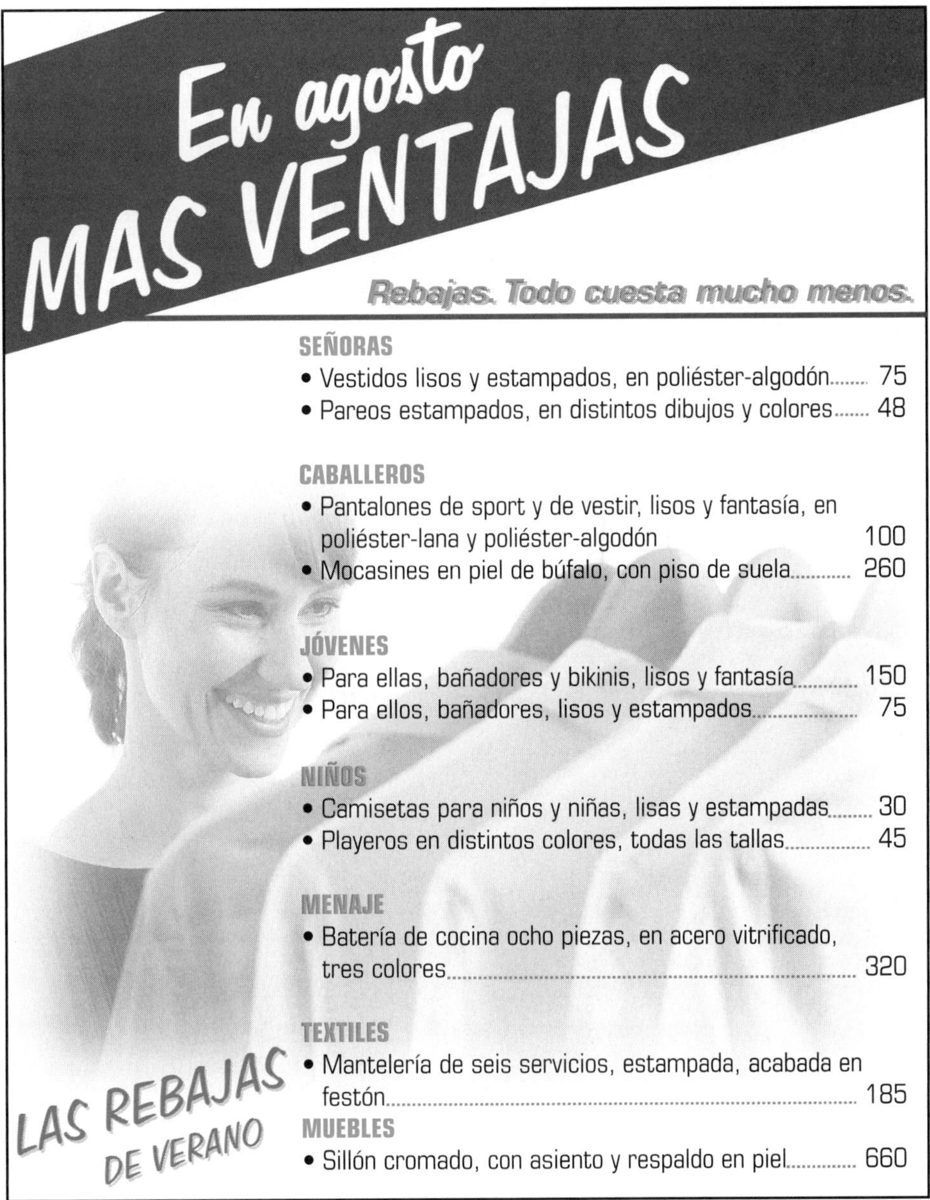

En agosto
MAS VENTAJAS
Rebajas. Todo cuesta mucho menos.
SEÑORAS
• Vestidos lisos y estampados, en poliéster-algodón........ 75
• Pareos estampados, en distintos dibujos y colores....... 48
CABALLEROS
• Pantalones de sport y de vestir, lisos y fantasía, en poliéster-lana y poliéster-algodón 100
• Mocasines en piel de búfalo, con piso de suela........... 260
JÓVENES
• Para ellas, bañadores y bikinis, lisos y fantasía........... 150
• Para ellos, bañadores, lisos y estampados.................... 75
NIÑOS
• Camisetas para niños y niñas, lisas y estampadas......... 30
• Playeros en distintos colores, todas las tallas................ 45
MENAJE
• Batería de cocina ocho piezas, en acero vitrificado, tres colores........ 320
TEXTILES
• Mantelería de seis servicios, estampada, acabada en festón........ 185
MUEBLES
• Sillón cromado, con asiento y respaldo en piel............. 660
LAS REBAJAS
DE VERANO

Nombre ______________________ Sección ____________ Fecha ____________

Una actividad especial Each student will bring in a picture of an article of clothing. The instructor will pin a picture on each student's back. The students will walk around the class asking yes/no questions of each classmate to try to identify his/her picture. For example: **¿Es ropa? ¿Es algo que usan las mujeres?**

Un paso más Review the **Vocabulario adicional** in this **lección** and complete the following sentences with the appropriate word or phrase.

1. El traje es gris y lo venden con un ____________ negro.
2. Cuando llego a casa, me quito los zapatos y me pongo las ____________.
3. Tengo frío. Necesito el abrigo y la ____________.
4. No usa sombrero, pero usa ____________.
5. Llueve mucho. Lleva el ____________ y también el ____________.
6. Las zapatillas no me quedan bien; me quedan ____________.
7. Mi abuela siempre tiene un ____________ blanco en la cartera.

Un dicho

Aunque la mona se vista de seda, mona se queda. *Clothes don't make the person. (lit.: Even if the monkey dresses in silk, she's still a monkey.)*

¿Está seguro de que no necesita una talla más grande?

Lección 13

En una tienda por departamentos en La Paz

Objectives

Structures

- Changes in meaning with the imperfect and preterit of **conocer, saber,** and **querer**
- **Hace** meaning ***ago***
- Uses of **se**
- **¿Qué?** and **¿cuál?** used with **ser**

Communication

- More about shopping: clothes, shoes, jewelery

Culture: Bolivia

- Stores in Hispanic cities

Nombre ______________________ Sección ____________ Fecha ____________

Aprenda estas palabras

1. el pijama

2. un par de calcetines (medias)

3. el calzoncillo

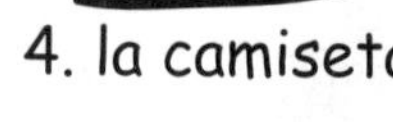

4. la camiseta

5. un par de zapatos

6. los anteojos de sol[1]

7. la navajita[2]

8. las botas

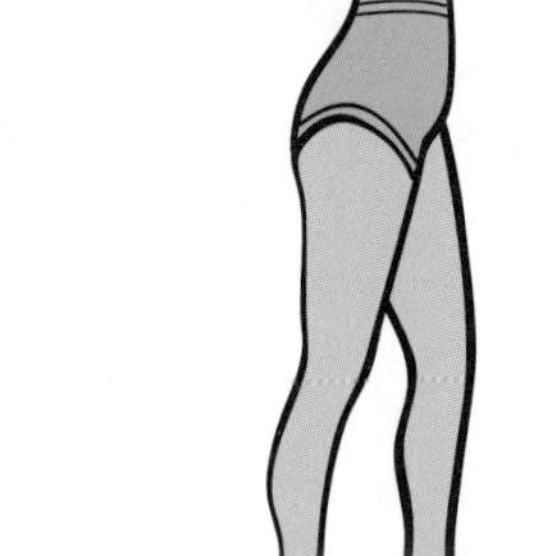

9. las sandalias

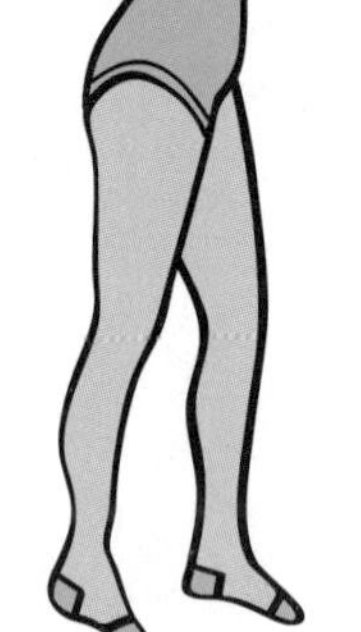

10. las pantimedias

11. el camisón (la bata de dormir)

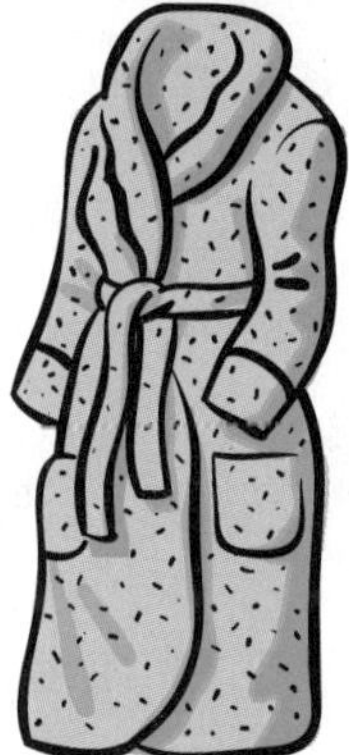

12. la bata

13. los aretes (aros)

14. el collar

15. la cadena

16. el reloj de pulsera

17. el anillo, la sortija

[1]Also called **las gafas de sol** (*Spain*)

[2]Also called **la hoja de afeitar** (*Spain*)

Nombre ______________________ Sección ______________ Fecha ______________

En una tienda por departamentos en La Paz

2-4 Hoy Rocío y su esposo, Sergio, tienen la tarde libre y deciden ir de compras a un centro comercial que está cerca de la Plaza de Armas. Cuando llegan a la tienda La Elegante, Rocío se queda en la planta baja, donde está el departamento de ropa para señoras y Sergio le pregunta a un empleado en qué piso venden ropa para caballeros.

Sergio —Perdón, ¿dónde está el departamento de caballeros?
Empleado —En el tercer piso. Use el ascensor; la escalera mecánica no funciona.

En el departamento de ropa de caballeros

Sergio —Esta corbata me gusta mucho. ¿Cree Ud. que hace juego con el traje gris?
Empleado —Sí, señor. ¡Ah! Este traje es muy elegante y de muy buena calidad.
Sergio —¿Es de lana?
Empleado —Sí, es de lana pura. Acabamos de recibirlo.
Sergio —Los pantalones me quedan un poco largos.
Empleado —Nosotros podemos arreglárselos. Pueden estar listos para mañana. ¿Cuál es su número de teléfono?
Sergio —792-37-45 ¿A qué hora se abre la tienda mañana?
Empleado —A las nueve.

Sergio compró el traje y la corbata y también una chaqueta de cuero y ropa interior. Rocío llegó cuando él estaba pagando.

Nombre ____________________ Sección ____________ Fecha ____________

Rocío —(*A Sergio*) Compré pantimedias, un camisón, una bata y la camisa que quería mi sobrino. ¡Todo a mitad de precio!

Sergio —¡Qué bien! Yo compré un traje magnífico. Oye, te hace falta un par de sandalias, ¿no? Yo quiero comprarme zapatos.

Rocío —Yo no sabía que tú necesitabas zapatos. Vamos a la zapatería, entonces.

En la zapatería, Rocío habla con el empleado.

Empleado —¿Qué número calza Ud.?

Rocío —Yo calzo el treinta y ocho y medio.

Rocío compró las sandalias, pero Sergio no quiso comprar los zapatos porque no eran muy cómodos. De allí fueron a la joyería para comprarle unos aretes y un reloj de pulsera a su hija. Eran casi las ocho de la noche cuando por fin llegaron a su casa, cargados de paquetes.

Rocío —¡Caramba! Ya se cerraron las tiendas y otra vez me olvidé de comprar el regalo para Teresa y Daniel.

Sergio —¡Ay, no! ¡Y su aniversario de bodas fue hace dos semanas!

Rocío —Oye, ¿dónde conoció Daniel a Teresa?

Sergio —En Sucre. Se conocieron cuando eran estudiantes.

2-4

¡Escuchemos!

While listening to the dialogue, circle **V (verdadero)** if the statement is true and **F (falso)** if it is false.

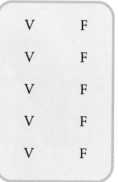

1. Rocío y su esposo tienen que trabajar hoy por la tarde. V F
2. El centro comercial está en la capital de Bolivia. V F
3. Sergio usó la escalera mecánica para ir al departamento de caballeros. V F
4. La corbata que le gusta a Sergio hace juego con el traje que compró. V F
5. En la tienda no saben arreglar los pantalones. V F

Nombre ________________ Sección ________ Fecha ________

6. Rocío le compró un pijama a su sobrino. V F
7. Rocío no compró nada en la joyería. V F
8. Rocío no compró las sandalias porque no eran cómodas. V F
9. Rocío y Sergio compraron muchas cosas. V F
10. Hace quince días que Teresa y Daniel celebraron su aniversario de bodas. V F

VOCABULARIO

COGNADOS

el par
puro(a)

NOMBRES

el ascensor, el elevador *elevator*
la calidad *quality*
el cuero *leather*
el departamento de artículos (ropa) para caballeros *men's department*
la escalera mecánica *escalator*
la joyería *jewelry store*
la lana *wool*
la mitad *half*
la planta baja *ground (first) floor*
la ropa interior *underwear*
la tarde *afternoon*
la tienda por departamentos *department store*
la zapatería *shoe store*

VERBOS

arreglar *to arrange, to fix*
calzar *to wear a certain size of shoe*
conocer(se) *to meet (for the first time)*
olvidarse (de) *to forget*
vender *to sell*

ADJETIVOS

cargado(a) (de) *loaded (with)*
gris *gray*
libre *off, free*
listo(a) *ready*

OTRAS PALABRAS Y EXPRESIONES

a mitad de precio *at half price*
¿cuál? *what?, which?*
hacer juego (con) combinar (con) *to match*
llegar a casa *to arrive home*
otra vez *again*
Perdón. *Excuse me.*
¡Qué bien! *That's great!*
¿Qué número calza? *What size shoe do you wear?*

Nombre ______________________ Sección ____________ Fecha ____________

VOCABULARIO ADICIONAL

OTRAS COSAS QUE USAMOS (*Other things we wear*)

el esmoquin *tuxedo*
la pulsera *bracelet*
el vestido de noche *evening gown*
los zapatos de tenis *sneakers, tennis shoes*

OTRAS TIENDAS (*Other stores*)

la carnicería *meat market, butcher's shop*
la dulcería *candy shop*
la frutería *fruit store*
la mueblería *furniture store*
la panadería *bakery*
la pescadería *fish market*

- En España y en Latinoamérica hay muchas tiendas excelentes donde se puede comprar ropa hecha (*ready-made*), pero mucha gente prefiere usar los servicios de una modista (*dressmaker*) o de un sastre (*tailor*).
- En la mayoría de los países de habla hispana, el primer piso corresponde al segundo piso en los Estados Unidos. Lo que aquí es el primer piso se llama **planta baja** en los países hispanos.
- Aunque hay muchas tiendas por departamento en las ciudades hispanas, todavía hay muchas tiendas especializadas: por ejemplo, se vende perfume en la perfumería, joyas (*jewelry*) en la joyería y zapatos en la zapatería.
- Generalmente, las ciudades de los países hispánicos están construidas alrededor de una plaza, que es el centro social y geográfico de la ciudad. Alrededor de ella se encuentran los edificios más importantes del gobierno, restaurantes, tiendas, etc. Estas plazas reciben diferentes nombres en cada país. Por ejemplo, en La Paz, en Lima y en Quito se llaman *Plaza de Armas*.

EN TU MUNDO...

1. ¿Cuáles son las tiendas más famosas de este país?
2. En general, ¿los americanos prefieren comprar en tiendas por departamentos o en tiendas especializadas?
3. ¿Qué lugares son centros sociales y geográficos en las ciudades de este país?

Actividades

Dígame... Answer the following questions, basing your answers on the dialogue.

1. ¿Adónde van hoy Sergio y Rocío? ¿Por qué?

____

Nombre ______________________ Sección ____________ Fecha ____________

2. ¿Dónde se quedó Rocío? ¿Adónde fue Sergio?

____

3. ¿Por qué tiene que usar Sergio el ascensor?

____

4. ¿Con qué hace juego la corbata que Sergio quiere comprar?

____

5. ¿Qué problema tiene Sergio con los pantalones? ¿A qué hora se abre la tienda mañana?

____

6. ¿Qué cosas compró Sergio? ¿Qué no quiso comprar? ¿Por qué?

____

7. ¿Qué compró Rocío?

____

8. ¿Qué número calza Rocío? ¿Qué compró en la zapatería?

____

9. ¿Qué compraron en la joyería? ¿Para quién?

____

10. ¿Cómo llegaron a su casa? ¿Qué hora era cuando llegaron?

____

11. ¿Qué se olvidó de hacer Rocío? ¿Cúando fue el aniversario de bodas de Teresa y Daniel?

____

12. ¿Dónde se conocieron Daniel y Teresa?

____

Hablemos Interview a classmate, using the following questions. When you have finished, switch roles.

1. ¿Usas camisón o pijama para dormir?
2. ¿Usas bata para salir del baño?
3. ¿Qué número calzas?
4. ¿Qué tipo de zapatos te gusta usar más en el verano? ¿Y en el invierno (*winter*)?
5. ¿Qué ropa usas más en el verano? ¿Y en el invierno?

Nombre ______________________________ Sección ____________ Fecha ____________

6. ¿Cuáles son tus tiendas favoritas?
7. ¿Qué joyas usas? ¿Dónde las compras?
8. ¿Usas anteojos de sol? ¿Cuándo?
9. ¿Dónde te arreglan la ropa que te queda larga o corta?
10. ¿Cuánto crees tú que cuesta una chaqueta de cuero?
11. ¿Qué ropa te hace falta?
12. ¿Te gustan más las chaquetas de lana o las chaquetas de cuero?
13. ¿Prefieres usar el ascensor o la escalera mecánica?

¿Cómo lo decimos? Give the Spanish equivalent of the words in parentheses.

1. Yo __________ que ustedes trabajaban en esta mueblería. (*didn't know*)
2. Él __________ trabajar en la frutería, pero cuando __________ que el salario __________ de dos mil dólares, __________ empezar a trabajar en seguida. (*didn't want* / *found out* / *was* / *he decided*)
3. ¿Tú __________ a la mamá de tu novia ayer? ¡Qué bien! Nosotras ya __________. (*met* / *knew her*)
4. Pedro __________ ir a la joyería con nosotros. __________ en su casa. (*refused* / *He stayed*)
5. Yo compré estos zapatos de cuero __________. (*three years ago*)
6. ¿A qué hora __________ la panadería? (*opens*)
7. ¿__________ de la frutería? (*What is the address*)
8. ¿__________ una esmeralda? ¿Tú lo sabes? (*What is*)
9. __________ para celebrar su aniversario de bodas. (*They gave a party two weeks ago*)
10. Ella __________ que los zapatos no hacían juego con la bolsa. (*didn't know*)

Nombre ______________________ Sección ______________ Fecha ______________

¿Qué pasa aquí? With a partner, answer the following questions according to what you see in the pictures.

A.

B.

1. ¿Dónde está Rosa?
2. ¿Qué va a comprar?
3. ¿Puede subir Eva por la escalera mecánica?
   ¿Por qué o por qué no?
4. ¿Qué puede tomar Eva para ir al tercer piso?
5. ¿En qué piso está ahora?

¿Qué cosas necesita comprar Juan?

Nombre ______________________ Sección ____________ Fecha ____________

C.

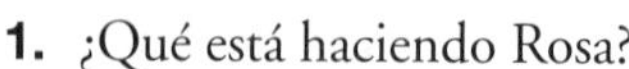

1. ¿Qué está haciendo Rosa?
2. ¿Cuánto cuestan las sandalias?[1]
3. ¿Cuánto cuestan las botas?
4. ¿Cuánto cuestan los zapatos?
5. ¿Qué es más caro? ¿Qué es más barato?

D.

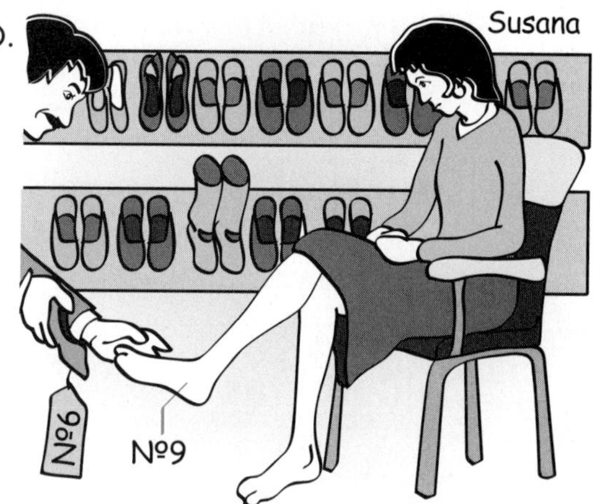

1. ¿Qué está haciendo Susana?
2. ¿Qué número calza Susana?
3. ¿Le van a quedar bien (*fit*) los zapatos a Susana? ¿Por qué o por qué no?

E.

1. ¿Cuánto cuesta el reloj de pulsera?[1]
2. ¿Puede comprarlo Alberto?
3. ¿Cuánto dinero tiene que conseguir (*get*) Alberto para comprar el reloj?
4. ¿Cuánto cuesta el anillo? ¿El collar? ¿Cuánto cuestan los aretes?

[1]Price tags are marked in U.S. dollars.

Nombre ______________________ Sección ____________ Fecha ____________

Una encuesta Survey your classmates and your instructor to find someone who fits each of the following descriptions and write the person's name in the space provided. Remember to use the **tú** form when speaking to your classmates and the **Ud.** form when speaking to your instructor.

ESTA PERSONA...

1. ☐ compra su ropa en tiendas por departamentos. ____________
2. ☐ compró algo a mitad de precio la semana pasada. ____________
3. ☐ tiene una chaqueta de cuero. ____________
4. ☐ tiene un abrigo de lana. ____________
5. ☐ tiene un reloj de pulsera nuevo. ____________
6. ☐ tiene un anillo de oro. ____________
7. ☐ calza el número siete. ____________
8. ☐ se compró un par de zapatos el mes pasado. ____________
9. ☐ usa anteojos de sol. ____________
10. ☐ solamente compra artículos de (*buena*) calidad. ____________
11. ☐ a veces tiene la tarde libre. ____________
12. ☐ conoció a su mejor amigo(a) en la escuela secundaria. ____________

En estas situaciones What would you say in the following situations? What might the other person say?

1. You are a customer at a shoe store. A clerk is helping you try on different types of shoes in your size. Some of them fit, but others do not; some you like, and some you don't. The clerk is anxious to make a sale.
2. You're looking for the elevator in a department store. You ask someone where it is, not realizing that it's out of order.
3. Some of your clothes need altering. You take them to a tailor and tell him/her which items are too big, which are too long, etc. The tailor asks for your phone number so that he/she can call you when they are ready.

Nombre ______________________ Sección ______________ Fecha ______________

4. You are at a women's clothing and jewelry store to buy a gift for a friend. You're not sure what you want to buy, so you ask the clerk the prices of various items in the store and in the shop window. You also ask for recommendations. The clerk asks what size your friend wears and offers gift suggestions.

¿Qué dice aquí? With a partner, read the ad for *Centro Artesanal Buenavista* and answer the following questions.

1. ¿A qué hora está abierto diariamente?
2. ¿Se puede ir a comprar al Centro el domingo por la tarde? ¿Por qué?
3. ¿Qué joyas (*jewelry*) puedo comprar allí?
4. ¿Los anillos y la cadena son de oro (*gold*) o de plata (*silver*)?
5. ¿Cuánto debo pagar por los anillos?
6. ¿Cuánto costaban los anillos antes?
7. ¿Qué clase (*kind*) de ropa venden?
8. ¿Cree Ud. que la tienda es grande o pequeña? ¿Por qué?
9. ¿Hay lugar para estacionar (*to park*) coches?

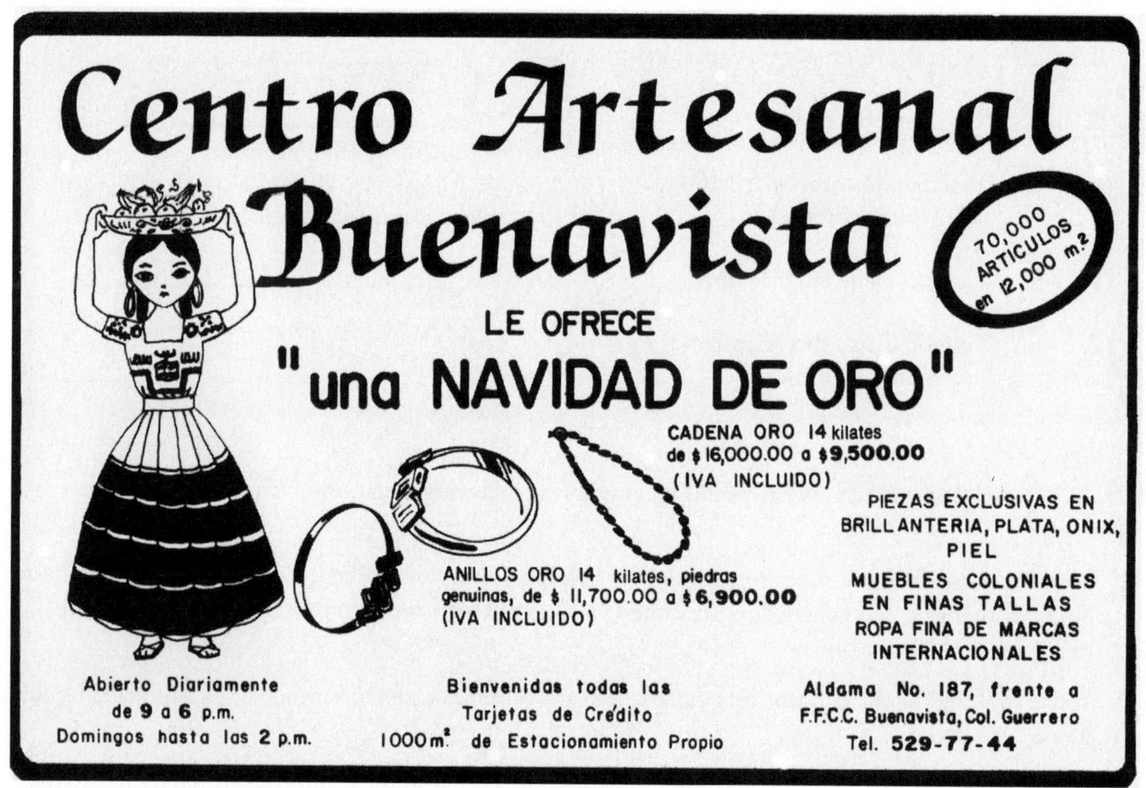

Nombre ______________________ Sección ____________ Fecha ____________

Una actividad especial The classroom is turned into a department store. The students will bring various articles of clothing and jewelry to class and price every item. Four or five students may work in the shoe department, and another group may work in the ladies' or the men's clothing department. The rest will be customers. Signs for fitting rooms should be provided. Customers will select clothes, ask questions about sizes and prices, etc. Every customer should buy something. One or two students should be cashiers, who describe each item, quote all prices, collect money, and give change.

Un paso más

A Review the **Vocabulario adicional** for this **lección,** and then match each item from column A with the store in column B where you can buy it.

A		B
1. pollo	________	**a.** panadería
2. cama	________	**b.** dulcería
3. pan	________	**c.** pescadería
4. salmón	________	**d.** mueblería
5. frutas	________	**e.** carnicería
6. postres	________	**f.** frutería

B Complete the following sentences appropriately.

1. Esta noche voy a una fiesta. Voy a comprar un vestido de ____________ y a ponerme la ____________ de diamantes y el anillo.
2. Voy a correr. Necesito llevar los ____________.
3. Alberto se va a poner el ____________ para la boda.

Nombre ______________________ Sección ____________ Fecha ____________

Un dicho

Lo barato sale caro. *You get what you pay for.*

Lección 14

Problemas con el coche

Objectives

Structures

- The past participle
- The present perfect tense
- The past perfect (pluperfect) tense

Communication

- How to deal with situations related to automobiles

Culture: Paraguay

- The use of the automobile in the Hispanic world

Nombre ______________________ Sección ____________ Fecha ____________

APRENDA ESTAS PALABRAS

Audio

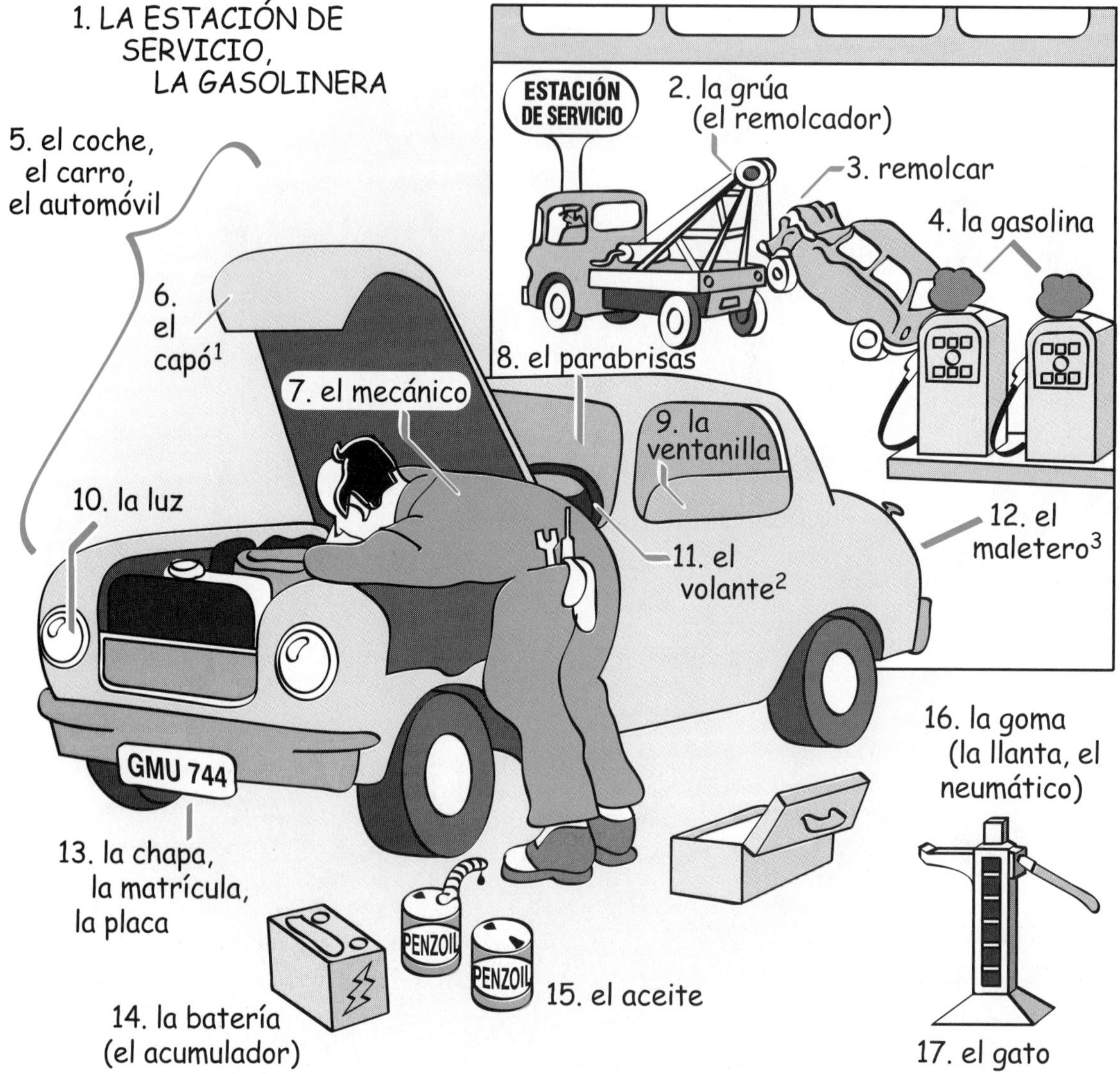

---

[1]Also called **el bonete** (*Puerto Rico*)

[2]Also called **el guía** (*Puerto Rico*)

[3]Also called **la cajuela** (*Mex.*), *el baúl* (*Puerto Rico*)

Nombre ______________________ Sección ____________ Fecha ____________

Problemas con el coche

2–5 Carlos, un muchacho de Villa Rica, se mudó el mes pasado a Asunción, la capital de Paraguay. Él no tiene auto todavía y no quiere tomar el autobús. Por eso le ha pedido prestado el coche a su hermana. Él ha visto que el tanque está casi vacío y ha ido a la estación de servicio.

En la estación de servicio:

Carlos —Llene el tanque, por favor. Y ponga aceite también.
Empleado —¿Qué marca de aceite usa Ud.?
Carlos —Penzoil. ¡Ah!, me hace falta un limpiaparabrisas nuevo.
Empleado —Ahora se lo cambio, y también voy a revisar la presión de aire de las llantas.

Carlos paga y se prepara para irse, pero el coche no arranca.

Carlos —(*Llama al empleado.*) ¡Señor! ¡El motor no arranca! ¿Hay un mecánico aquí?
Empleado —Sí, pero ya se ha ido; no trabaja esta tarde. ¿Es Ud. socio de un club automovilístico?
Carlos —Mi hermana es socia. Voy a llamarlos. Ellos pueden remolcar el coche a un taller de mecánica.
Empleado —¿Cuánto tiempo hace que llevó el coche al mecánico?
Carlos —No sé. El coche es de mi hermana. Yo ya había notado que tenía problemas y se lo había dicho.

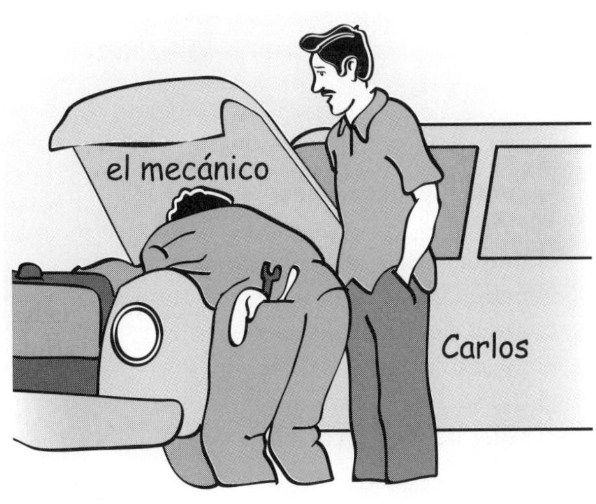

Nombre ______________________ Sección ______________ Fecha ______________

En el taller de mecánica.

Mecánico —(*Levanta el capó.*) Necesita una batería nueva, señor.
Carlos —Y los frenos no funcionan muy bien...
Mecánico —Va a tener que dejar el coche aquí, señor.
Carlos —¿Cuándo va a estar listo?
Mecánico —El lunes, si no necesita piezas de repuesto.
Carlos —¿No puede tenerlo listo para mañana?
Mecánico —No, lo siento. El taller está cerrado los domingos.
Carlos —¡Ay, no! ¡Voy a tener que tomar el bus!

2–5

¡Escuchemos! While listening to the dialogue, circle **V (verdadero)** if the statement is true and **F (falso)** if it is false.

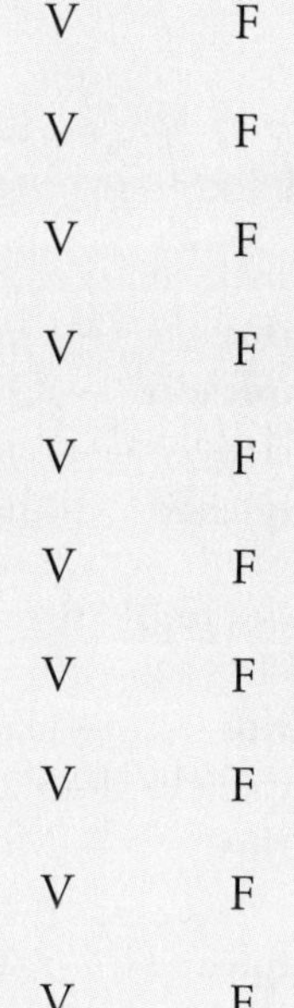

1. A Carlos no le gusta viajar en autobús. V F
2. El coche de la hermana de Carlos necesita gasolina. V F
3. Carlos es socio de un club automovilístico. V F
4. Carlos sabía que el coche tenía problemas. V F
5. El mecánico dice que los frenos del coche están bien. V F
6. El mecánico va a necesitar usar un gato. V F
7. Carlos no va a poder usar el coche hoy. V F
8. El mecánico cree que el coche va a estar listo mañana. V F
9. El mecánico trabaja los domingos. V F
10. Carlos tuvo que volver a su casa en autobús. V F

Vocabulario

COGNADOS

el motor
el tanque

NOMBRES

el club automovilístico *automobile club*
los frenos *brakes*
la goma pinchada, la goma ponchada *flat tire*
el limpiaparabrisas *windshield wiper*
la marca *brand*
la pieza de repuesto *spare part*
la presión de aire *air pressure*
el (la) socio(a) *member*
el taller de mecánica *repair shop*

Nombre ______________________ Sección ____________ Fecha ____________

VERBOS

arrancar *to start (a motor)*
levantar *to raise, to lift*
llenar *to fill*
mudarse *to move (from one location to another)*
revisar, chequear *to check*
tomar *to take*

ADJETIVOS

cerrado(a) *closed*
pasado(a) *last*
vacío(a) *empty*

OTRAS PALABRAS Y EXPRESIONES

¡ay! *oh!*
pedir prestado(a) *to borrow*
todavía no... *not yet...*

Vocabulario adicional

PARA HABLAR DE COCHES (*To talk about cars*)

la autopista *freeway*
la bomba de agua *water pump*
la carretera *highway*
instalar *to install*
lleno(a) *full*
la milla *mile*
el portaguantes, el guantero, la guantera *glove compartment*
el ruido *noise*
sin plomo *unleaded*
la velocidad máxima *speed limit*

Notas culturales

- En grandes ciudades hispanas como Madrid, Caracas, México y Buenos Aires el gran número de coches causa serios problemas de contaminación del aire (*smog*). Sin embargo (*However*), hay muchos lugares remotos sin buenos caminos (*roads*) donde las personas usan medios (*means*) de transportación más tradicionales.
- En muchos países hispanos la gasolina y los automóviles son muy caros. La gasolina generalmente se vende por litros (aproximadamente 1/4 de galón) y a veces cuesta tanto como un galón en los Estados Unidos. Por esta razón las motocicletas, las motonetas (*motor scooters*) y las bicicletas son muy populares entre (*among*) la gente joven (*young people*).

Nombre ______________________ Sección ____________ Fecha ____________

En Tu Mundo...

1. ¿En qué ciudades de los Estados Unidos es un problema muy serio la contaminación del aire (*smog*)?
2. En este país, ¿la gasolina es cara o barata?
3. ¿Es popular en este país el transporte colectivo? ¿Qué tipo de transporte prefieren usar los norteamericanos?

Actividades

Dígame... Answer the following questions, basing your answers on the dialogue.

1. ¿De dónde es Carlos? ¿Dónde vive ahora y cuándo se mudó?

   ____

2. ¿A quién le ha pedido prestado el coche Carlos? ¿Adónde lo ha llevado? ¿Por qué?

   ____

3. ¿Qué dice Carlos que necesita el coche además de gasolina? ¿Qué marca de aceite usa Carlos?

   ____

4. ¿Qué va a revisar el empleado?

   ____

5. ¿Por qué no puede irse Carlos?

   ____

6. ¿Qué dice del mecánico el empleado?

   ____

7. ¿Qué va hacer Carlos y por qué?

   ____

8. ¿Qué había notado Carlos y a quién se lo había dicho?

   ____

9. ¿Qué otros problemas tiene el coche?

   ____

10. ¿Por qué no puede estar listo el coche mañana? ¿Cuándo va a estar listo?

    ____

11. ¿El taller está abierto los domingos?

____

12. ¿Qué va a tener que hacer Carlos?

____

Hablemos Interview a classmate, using the following questions. When you have finished, switch roles.

1. ¿Tú le has pedido prestado el coche a alguien (*someone*) recientemente? (¿A quién y por qué?)
2. ¿Qué haces cuando el tanque de tu coche está vacío?
3. ¿Qué marca de aceite usas? ¿Y de gasolina?
4. ¿Eres socio(a) de algún club automovilístico? (¿De cuál?)
5. ¿Qué número tiene la chapa de tu coche?
6. ¿Prefieres los coches americanos o los coches extranjeros (*foreign*)?
7. ¿Qué haces si el motor de tu coche no arranca?
8. ¿Has puesto un gato en el maletero de tu coche? ¿Para qué lo necesitas?
9. ¿Funciona bien tu coche? ¿Has comprado piezas de repuesto recientemente?
10. ¿Hay una estación de servicio cerca de aquí? ¿Dónde queda?

¿Cómo lo decimos? Complete the following sentences, using the Spanish equivalent of the words in parentheses.

1. Las estaciones de servicio ____________. (*were open*)
2. El mecánico ____________ que ____________ la pieza de repuesto que necesita. (*has told me / he hasn't been able to get*)
3. ¿Tú ____________ el gato en el maletero? (*have put*)
4. Yo nunca le ____________ el coche. (*have borrowed*)
5. El taller de mecánica ____________. (*is closed*)
6. Carlos nunca ____________ socio de un club automovilístico. (*has been*)
7. ¿Tú ____________ la presión de aire de las llantas? (*had checked*)
8. Nosotros ____________ un remolcador porque el coche no arranca. (*have had to call*)
9. Mis hermanos ____________ gasolina sin plomo. (*had bought*)
10. Yo te dije que nosotros ____________ la chapa para el coche nuevo. (*hadn't received*)

Nombre ______________________ Sección __________ Fecha __________

¿Qué pasa aquí? With a partner, answer the following questions according to what you see in the pictures.

A.

1. ¿Adónde va Ana?
2. ¿Para qué va allí?
3. ¿Cuánto cuesta la gasolina?
4. ¿Tiene algún otro problema el carro de Ana?

B.

1. ¿Quién está al volante?
2. ¿Cuánto ha pagado Eva por el carro?
3. ¿Qué ha hecho el mecánico?
4. ¿Qué cree el mecánico que necesita el carro?

C.

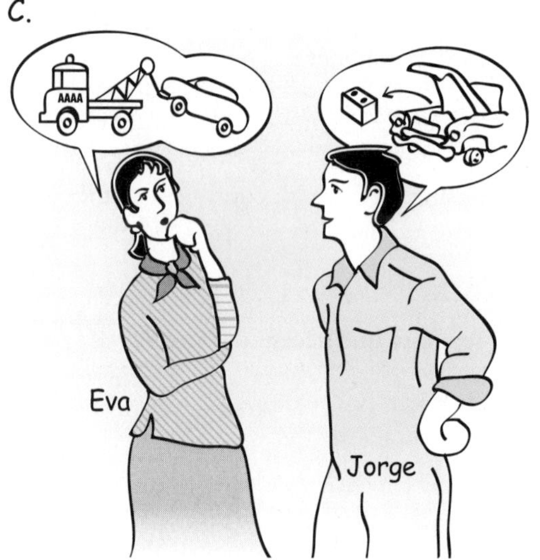

1. ¿Usted cree que el coche de Jorge es nuevo o viejo (*old*)?
2. ¿Qué cree Jorge que le hace falta al coche?
3. ¿Qué cree Eva que necesita Jorge?
4. ¿Adónde quiere llamar Eva?

D.

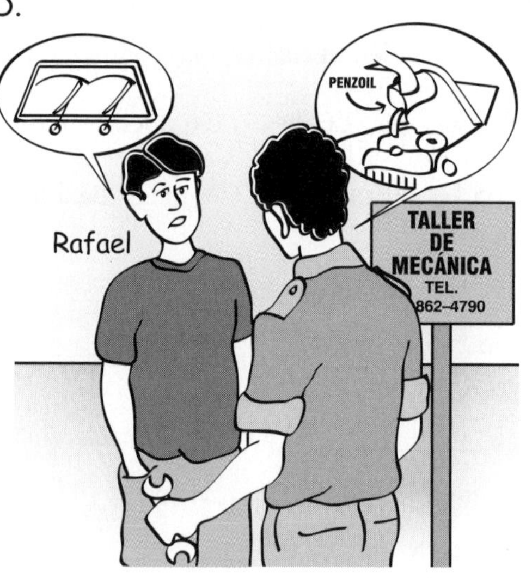

1. ¿Dónde está Rafael?
2. ¿Con quién está hablando?
3. ¿Qué necesita el coche de Rafael?
4. ¿Qué acaba de hacer el mecánico?
5. ¿Cuál es el número de teléfono del taller?

Nombre ______________________________ Sección ______________ Fecha ______________

Una encuesta Survey your classmates and your instructor to find someone who fits each of the following descriptions and write the person's name in the space provided. Remember to use the **tú** form when speaking to your classmates and the **Ud.** form when speaking to your instructor.

ESTA PERSONA...

1. ☐ ha comprado gasolina recientemente. ______________________
2. ☐ ha tenido que llevar su coche al taller de mecánica. ______________________
3. ☐ sabe cambiar una llanta. ______________________
4. ☐ ha cambiado el filtro de aceite recientemente. ______________________
5. ☐ ha llenado el tanque de su coche. ______________________
6. ☐ usa gasolina sin plomo. ______________________
7. ☐ tiene un gato en el maletero. ______________________
8. ☐ tiene muchos mapas en el portaguantes de su coche. ______________________
9. ☐ ha memorizado el número de la chapa de su coche. ______________________
10. ☐ empezó a manejar (*drive*) cuando tenía dieciséis años. ______________________
11. ☐ es socio(a) de un club automovilístico. ______________________
12. ☐ ha estado en México o en España. ______________________

En estas situaciones What would you say in the following situations? What might the other person say?

1. You stop at a gas station because your gas tank is empty, you need a new battery, and the headlights on your car are not working. According to the mechanic, the car won't be ready tomorrow because you need spare parts.

2. You're telling a friend that you didn't make it to his/her party last night because you had car trouble. He/She doesn't believe you and wants to hear details as proof that you're telling the truth.
3. You work at a gas station and want to make a good impression on the customers. Tell a customer at the full-service pump things you'll check on or clean while his/her gas tank is filling.
4. Say why you have to take the bus. Admit that you haven't taken the car to the repair shop yet.

¿Qué dice aquí? You and a classmate are taking a trip together and have car trouble. Read the following ad from the yellow pages, and answer the questions to decide if you should use this repair shop.

1. Su coche no arranca. ¿A qué número de teléfono debe llamar para recibir ayuda?
2. ¿A qué hora está abierto (*open*) el taller de mecánica?
3. Hoy es domingo. ¿Pueden arreglar su coche? ¿Por qué o por qué no?
4. ¿Pueden remolcar su coche? ¿Por qué o por qué no?
5. ¿Arreglan frenos en el taller?

6. ¿Pueden limpiar el carburador de su coche? ¿Cómo lo saben Uds.?
7. Si Uds. tienen un problema en la carretera mañana por la noche, ¿pueden recibir ayuda de *M&D?* ¿Cómo lo saben?

Una actividad especial Set up two service stations and two repair shops in the classroom. There should be two or three people working in each place. Prices for oil and gasoline should be provided, along with a description of services offered. The rest of the class will play the role of customers. Each customer should go to the service station and the repair shop.

Un paso más Review the **Vocabulario adicional** in this **lección,** and complete the following sentences with the appropriate word or phrase.

1. El tanque no está ____________; está vacío.
2. El coche hace un ____________ terrible.
3. La ____________ máxima en la ____________ es de 55 millas por hora.
4. Tengo que ____________ una bomba de ____________ nueva.
5. Puse los mapas en la ____________.
6. Siempre pongo los mapas en el ____________ de mi coche.
7. ¿Quiere gasolina regular o sin ____________?

Nombre ______________________ Sección ____________ Fecha ____________

Un dicho

Quien ríe último, ríe mejor. *He who laughs last, laughs best.*

Lección 15

Alquilando un coche

Objectives

Structures

- The future tense
- The conditional tense
- Some uses of the prepositions **a, de,** and **en**

Communication

- How to discuss car rental

Culture: Chile

- The metric system
- Driving in Spain and Latin America

Nombre ______________________ Sección ____________ Fecha ____________

Aprenda estas palabras

1. un coche de dos puertas

2. un modelo compacto

3. un coche convertible[1]

4. conducir (manejar)[2]

5. la licencia para conducir (manejar)[3]

Señales de tráfico (Traffic signs)

Narrow Bridge

Yield

Freeway Begins

Stop

One Way

R.R. Crossing (ferrocarril)

Dangerous Curve

Don't Litter

Detour

Danger

PROHIBIDO
ESTACIONAR

No Parking

Pedestrian Crossing

[1]Also called **un descapotable** [2]**Guiar,** (*Puerto Rico*) [3]Also called **la licencia para guiar** (*Puerto Rico*)

Nombre ______________________ Sección ____________ Fecha ____________

ALQUILANDO UN COCHE

2-6 Tom, un muchacho norteamericano, vino a pasar el verano con sus padres en Santiago, la capital de Chile. Su padre es el ejecutivo de la sucursal de un banco americano. Tom y su amiga Elisa quieren ir a Viña del Mar, y deciden alquilar un coche. Ahora están en una agencia de alquiler de automóviles.

Tom —Elisa, tú tendrás que hablar con el empleado de la agencia.
Elisa —¿Y por qué no quieres hablar tú?
Tom —Porque a veces no me entienden.

En la agencia:

Elisa —Queremos alquilar un coche.
Empleado —¿Les gustaría un coche grande o un modelo compacto?
Elisa —Compacto, de dos puertas. ¿Cobran Uds. por los kilómetros?
Empleado —Depende. Si lo alquila por día, sí; si lo alquila por semana, no.
Elisa —Queremos alquilar un coche automático por una semana.
Tom —Sería mejor alquilar un coche de cambios mecánicos. Gastan menos gasolina.
Empleado —También tendrán que sacar seguro.
Tom —(*A Elisa*) Es mejor estar asegurado. Manejar sin seguro es peligroso.
Elisa —Está bien. (*Al empleado*) ¿Tenemos que pagar en efectivo?
Empleado —Sería mejor pagar con tarjeta de crédito.
Tom —Mi licencia para manejar es de los Estados Unidos. ¿Es válida aquí?
Empleado —Sí, señor. Ud. podrá usarla aquí sin problema.
Elisa —¡Tom! ¿Por qué no alquilamos aquel convertible rojo? ¡Es hermoso!

Al salir de la agencia, Elisa y Tom van al banco porque ella quiere cambiar un cheque y depositar dinero en su cuenta de ahorros. Después van a un café al aire libre a tomar algo.

Elisa —¿Extrañas a tu hermano? ¿Lo llamas por teléfono a veces?
Tom —Sí, y además nos comunicamos por correo electrónico.
Elisa —¿Le mandaste la información que él quería?
Tom —Sí, anoche se la mandé por fax y le dejé un recado en la máquina contestadora.

Nombre ______________________ **Sección** __________ **Fecha** __________

2–6

¡Escuchemos! While listening to the dialogue, circle **V (verdadero)** if the statement is true and **F (falso)** if it is false.

1.	Tom vino a Chile a pasar el invierno.	V	F
2.	Tom habla muy bien el español.	V	F
3.	Tom y Elisa van a alquilar un coche.	V	F
4.	Tom y Elisa van a tener que pagar por los kilómetros.	V	F
5.	Los coches automáticos gastan más gasolina.	V	F
6.	Tom y Elisa van a pagar con una tarjeta de crédito.	V	F
7.	El empleado dice que es peligroso manejar sin seguro.	V	F
8.	La licencia para manejar de los Estados Unidos no se puede usar en Chile.	V	F
9.	A Elisa le gustan los convertibles.	V	F
10.	El hermano de Tom tiene una máquina contestadora.	V	F

Audio

Vocabulario

Cognados

automático(a)
el banco
el fax, el facsímil

Nombres

la agencia de alquiler de automóviles *car rental agency*
el correo electrónico, el correo "e", el "c-e" *e-mail*
la cuenta de ahorros *savings account*
el (la) ejecutivo(a) *executive*
la máquina contestadora *answering machine*
el recado, el mensaje *message*
el seguro, la aseguranza (*Méx.*) *insurance*
la sucursal *branch* (*i.e., of a bank*)

Verbos

comunicar(se) *to communicate*
depender *to depend*
depositar *to deposit*
entender (e:ie) *to understand*
extrañar *to miss*
gastar *to consume, to spend, to use* (*gas, oil, etc.*)

Adjetivos

asegurado(a) *insured*
hermoso(a) *beautiful*
peligroso(a) *dangerous*

Nombre ______________________ Sección ____________ Fecha ____________

OTRAS PALABRAS Y EXPRESIONES

cambiar un cheque *to cash a check*
cobrar por kilómetros *to charge mileage*
de cambios mecánicos *standard shift*
en efectivo (*in*) *cash*
llamar por teléfono *to phone*
por día *by the day, daily*
por semana *by the week*
sin *without*

VOCABULARIO ADICIONAL

MÁS SOBRE AUTOMÓVILES (*More about automobiles*)

el camión *truck*
la camioneta *van; pickup truck*
chocar *to collide*
dar marcha atrás *to back up*
estacionar, aparcar, parquear *to park*
la zona de estacionamiento *parking lot*

PARA HACER TRANSACCIONES FINANCIERAS (*To make financial transactions*)

a plazos *in installments*
ahorrar *to save*
al contado *in full* (*not in installments*)
anual *yearly*
el billete *bill* (*currency*)
la multa *fine, ticket*
el pago *payment*
por mes, mensual *monthly*
el recibo *receipt*

NOTAS CULTURALES

- El sistema métrico se usa en toda Latinoamérica y en España. Un kilómetro equivale a 0,6 millas, un kilo equivale a 2,2 libras y un galón equivale a 3,8 litros. En Puerto Rico, donde hay mucha influencia norteamericana, el sistema métrico se usa solamente para medir (*measure*) ciertas cosas. Por ejemplo, las distancias de las carreteras se miden en kilómetros.
- En España y en Latinoamérica, la gente maneja en el lado derecho del camino (*road*) como en los Estados Unidos.
- En España y en la mayoría de los países latinoamericanos, una persona debe tener por lo menos (*at least*) dieciocho años para obtener una licencia de conducir, y el proceso es mucho más caro que en los Estados Unidos. Las escuelas públicas no ofrecen clases para enseñar a conducir y los exámenes para obtener la licencia son tan rigurosos que muchos no los pasan la primera vez que los toman.
- En Chile, como en otros países de habla hispana, hay muchas empresas norteamericanas con personal de los Estados Unidos.

Nombre ______________________ Sección ____________ Fecha ____________

En tu mundo....

1. Los estudiantes americanos, ¿aprenden en las escuelas el sistema métrico?
2. En este país, ¿cuál es la edad mínima para obtener una licencia para conducir?
3. ¿Qué empresas de este país tienen sucursales (*branches*) en el extranjero (*abroad*)?

Actividades

Dígame... Answer the following questions, basing your answers on the dialogue.

1. ¿Qué está haciendo Tom en Chile? ¿Por qué viven sus padres allí?

   ____

2. ¿Adónde van Elisa y Tom?

   ____

3. ¿Qué dice Tom que tendrá que hacer Elisa? ¿Por qué?

   ____

4. ¿Qué tipo de coche quieren alquilar? ¿Quieren un coche de cuatro puertas?

   ____

5. Si Tom alquila el coche por semana, ¿le cobran por los kilómetros?

   ____

6. ¿Por cuánto tiempo quieren alquilar el coche?

   ____

7. ¿Qué tipo de coche quiere alquilar Tom? ¿Por qué?

   ____

8. ¿Qué dice el empleado que tendrán que hacer?

   ____

9. ¿Qué coche le gusta a Elisa? ¿Por qué?

   ____

10. ¿Adónde van Elisa y Tom después? ¿Qué va a hacer Elisa allí?

    ____

Nombre ______________________________ Sección ____________ Fecha ____________

11. ¿A quién extraña Tom? ¿Cómo se comunica con él?

____

12. ¿Qué hizo Tom anoche?

____

Hablemos Interview a classmate, using the following questions. When you have finished, switch roles.

1. ¿Tienes licencia para manejar? ¿Cuántos años hace que manejas?
2. ¿Manejas un coche automático o un coche de cambios mecánicos? ¿De qué marca?
3. ¿Gasta mucha gasolina tu coche?
4. ¿Con qué compañía está asegurado tu coche?
5. ¿Te gustan los coches grandes o prefieres los modelos compactos?
6. ¿Te gustan los coches convertibles? ¿Por qué o por qué no?
7. ¿Alquilarás un coche para tus próximas vacaciones?
8. ¿Qué agencia de alquiler de automóviles usarías?
9. Cuando tú vas de compras, ¿pagas en efectivo o usas tu tarjeta de crédito?
10. ¿En qué banco tienes tu cuenta de ahorros?
11. ¿Tú te comunicas con alguien por correo electrónico? ¿Con quién?
12. ¿Alguien te mandó un fax recientemente (*recently*)? ¿Alguien te dejó un mensaje en la máquina contestadora?

¿Cómo lo decimos? Give the Spanish equivalent of the words in parentheses.

1. Nosotros ____________ a la agencia de alquiler de automóviles. (*will have to go*)
2. Carlos quiere ____________ un camión. (*learn how to drive*)
3. Teresa quiere comprarle una camioneta a su novio. ¿____________, Anita? (*Would you do that*)
4. Mis padres ____________ el coche a plazos. (*will buy*)
5. ¿Tú ____________ tu dinero en ese banco? (*would deposit*)
6. Ellos ____________ que debes ahorrar más, Anita. (*will tell you*)
7. ¿ ____________ abrir una cuenta con nosotros, señora? (*Would you like*)
8. Ellos ____________ los pagos el mes próximo. (*will start to make*)

Nombre ______________________________ Sección ______________ Fecha ______________

9. Ella ____________ la información por correo electrónico, Sr. Paz. (*would be able to send you*)

10. ¿Tú ____________ por teléfono o ____________? (*will call me / will write to me*)

¿Qué pasa aquí? With a partner, answer the following questions according to what you see in the pictures.

1. ¿De dónde sale Pedro?
2. ¿Qué ve Pedro al salir de la agencia?
3. ¿Cree Ud. que le gusta el convertible? ¿Por qué o por qué no?
4. ¿Cuánto le costaría a Pedro alquilar el convertible?
5. ¿Dónde podría Pedro cambiar un cheque?

1. ¿Adónde quiere ir Olga?
2. ¿Olga va a sacar seguro para su coche o para su casa?
3. ¿Qué piensa Luis que es peligroso?

1. ¿Dónde están Marta y José?
2. ¿Qué quieren hacer ellos?
3. ¿Qué coche quiere alquilar José?
4. ¿Qué coche quiere alquilar Marta?
5. ¿Cómo quiere pagar Marta?
6. ¿Cómo va a pagar José?

Nombre ______________________ Sección ____________ Fecha ____________

Una encuesta Survey your classmates and your instructor to find someone who fits each of the following descriptions and write the person's name in the space provided. Remember to use the **tú** form when speaking to your classmates and the **Ud.** form when speaking to your instructor.

ESTA PERSONA....

1. ☐ prefiere los coches automáticos. ____________________
2. ☐ prefiere los coches compactos. ____________________
3. ☐ consiguió su primera licencia para conducir cuando tenía 16 años. ____________________
4. ☐ ha tenido que alquilar un coche recientemente. ____________________
5. ☐ tiene seguro de automóvil. ____________________
6. ☐ generalmente paga en efectivo. ____________________
7. ☐ ha depositado dinero en su cuenta corriente recientemente. ____________________
8. ☐ se comunica con sus amigos por correo electrónico. ____________________
9. ☐ generalmente tiene muchos recados en su máquina contestadora. ____________________
10. ☐ tuvo que cambiar un cheque la semana pasada. ____________________
11. ☐ llamará por teléfono a sus padres. ____________________
12. ☐ tendrá que trabajar este fin de semana. ____________________

En estas situaciones What would you say in the following situations? What might the other person say?

1. You are at a car rental agency. Discuss with an employee the types of automobiles available, the cost of renting them, and your preferences. Be sure to tell him/her whether you drive a standard shift or an automatic.

Nombre ______________________ Sección ____________ Fecha ____________

2. You are planning to rent a car while you are on vacation in Central America next month. A friend of yours made a similar trip last year. Discuss with him/her the particulars of renting a car: whether he/she had to pay mileage charges, whether a U.S. driver's license is valid there, whether it is necessary to buy insurance from the agency, and forms of payment that are accepted.

3. You ask your Spanish-speaking friend if he/she misses his/her family and how he/she communicates with them.

Nombre ______________________ Sección ____________ Fecha ____________

¿Qué dice aquí? Some friends of yours need to rent a car. With a partner, help answer their questions using the information provided in the ad on the previous page.

1. En la agencia ¿alquilan coches de cambios mecánicos?
2. ¿Cuál es el precio mínimo que debemos pagar si alquilamos un auto de dos puertas?
3. ¿Por cuánto tiempo tenemos que alquilar el auto para recibir este precio?
4. ¿Qué tienen todos los autos de la compañía?
5. ¿A qué número de teléfono debemos llamar en el aeropuerto?
6. Si queremos alquilar un Cadillac o un Buick, ¿podemos encontrarlo en la agencia? ¿Qué otros autos podemos alquilar?
7. ¿En qué ciudad está la compañía?
8. ¿Dónde nos van a recoger (*pick up*) si llamamos por teléfono?

Una actividad especial The classroom will be turned into three or four car rental agencies, with one or two students working at each agency. The rest of the students will play the roles of travelers renting cars. Some of the students should be in pairs and discuss arrangements between themselves before talking to the clerk at the car rental agency.

Un paso más Review the **Vocabulario adicional** in this **lección,** and complete the following sentences with the appropriate word or phrase.

1. Voy a ____________ dinero porque no quiero comprar mi coche a ____________. Quiero comprarlo al contado.
2. Tienes que ____________ para salir del garaje.
3. Dejé el coche en la ____________.
4. El policía le puso una ____________ porque no paró (*stop*) en la señal de "Alto".
5. Los ____________ son de $50,00. Y no son anuales, son ____________.
6. Le pagué con un ____________ de $100,00 pero no me dio ningún ____________.
7. No podemos ____________ aquí porque el letrero (*sign*) dice "Prohibido Estacionar".
8. Ayer, en la autopista, un camión ____________ con una ____________.

Nombre ______________________ Sección ____________ Fecha ____________

Un buen consejo (*Some good advice*)

Si bebe, no maneje.
Si maneja, no beba.

Nombre ______________________ Sección ____________ Fecha

REPASO

Práctica de vocabulario

A Match the questions in column **A** with the corresponding answers in column **B**.

A		B
1. ¿Dónde compraste la falda?	______	**a.** No, no me gustó.
2. ¿Vas a llenar el tanque?	______	**b.** Veinte.
3. ¿Qué hora es?	______	**c.** No, voy a cambiar un cheque.
4. ¿No compraste el abrigo?	______	**d.** No, son muy grandes.
5. ¿Compraste tu coche a plazos?	______	**e.** Sí, porque está vacío.
6. ¿Qué número calzas?	______	**f.** Sí, y el recogedor.
7. ¿Cuántos años cumples?	______	**g.** El siete y medio.
8. ¿De qué club automovilístico eres socio?	______	**h.** Sí, tengo una goma pinchada.
9. ¿Cuándo estará listo el carro?	______	**i.** Debajo del fregadero.
10. ¿Te quedan bien los zapatos?	______	**j.** En el departamento de ropa para señoras.
11. ¿Necesitas el gato?	______	**k.** No, de cambios mecánicos.
12. ¿Necesitas la escoba?	______	**l.** No, yo lo hago después.
13. ¿Dónde está la basura?	______	**m.** No, al contado.
14. ¿Pongo el pollo en el horno?	______	**n.** A la madrugada.
15. ¿Alquilaste un coche automático?	______	**o.** No sé; no tengo mi reloj de pulsera.
16. ¿Vas a depositar dinero en el banco?	______	**p.** De la AAA.
17. ¿Cómo se comunican Uds.?	______	**q.** El lunes.
18. ¿A qué hora se fueron los invitados?	______	**r.** Por correo electrónico o por fax.

Nombre ______________________ Sección ____________ Fecha ____________

B Circle the word or phrase that does not belong in each group.

1. pasta dentífrica, anteojos de sol, cepillo de dientes
2. ascensor, pañuelo, escalera mecánica
3. piso, venta, liquidación
4. talla, medida, cartera
5. escoba, aceite, recogedor
6. olla, ropa, cacerola
7. aprender, divertirse, enseñar
8. crema de afeitar, calcetines, navajitas
9. grande, mediano, nuevo
10. ropa interior, recado, calzoncillo
11. basura, freno, motor
12. buscar, usar, llevar
13. placa, chapa, llanta
14. maletero, limpiaparabrisas, cajuela
15. estación de servicio, pileta, gasolinera
16. ganga, probador, liquidación
17. algunos, todos, todo el mundo
18. creer, divertirse, reírse
19. tienda por departamentos, centro comercial, máquina contestadora
20. libre, grabar, telenovela

C Circle the word or phrase that best completes each sentence.

1. Van a llevar el coche (al taller de mecánica, al probador) porque el motor no arranca.
2. Hay una liquidación y todo está muy (barato, blanco).
3. Necesitan la escoba para (barrer, gastar) la casa.
4. Vi los zapatos en la (vidriera, ventanilla) de la zapatería.
5. Necesito un par de (garajes, calcetines).
6. Va a (depositar, entender) dinero en su cuenta de ahorros.
7. El coche no está listo todavía porque necesitamos (corbatas, piezas de repuesto).
8. Compré varias blusas de la talla más (pequeña, elegante).
9. No podía ver bien porque el coche no tenía (luces, gasolina).
10. Nos encontramos en el departamento de caballeros para ir de compras (juntos, todavía).
11. Las servilletas están en (el armario, la tostadora).
12. Los cubiertos están sucios. Debes ponerlos en el (sartén, fregadero).
13. Para desayunar quiero huevos (nuevos, revueltos).
14. Para poner la mesa necesito (la planta baja, el mantel).
15. Me gustan mucho estos aretes. Me los (compro, como).
16. Necesitamos ponerle aire a la (llanta, batería).
17. Para ir al tercer piso, tomé (el elevador, la grúa).
18. Voy a (fregar, cocinar) la vajilla.
19. Vamos a sacar seguro porque es (hermoso, peligroso) manejar sin seguro.
20. Ellos necesitan el (gato, grupo) porque tienen una goma ponchada.
21. Hace frío. Voy a ponerme el (abrigo, objeto).
22. Por fin Julio se compró un traje (listo, nuevo).
23. No fui a la fiesta. Me la (tomé, perdí).
24. Es un ejecutivo de la (sucursal, artesanía) de un banco.
25. Vivo en la misma casa. Todavía no (conocí, me mudé).
26. ¿Te gusta ese color? ¡A mí me (extraña, encanta)!

Nombre ______________________ Sección ____________ Fecha ____________

D Palabras escondidas (*Hidden words*). Find the words for the following items.

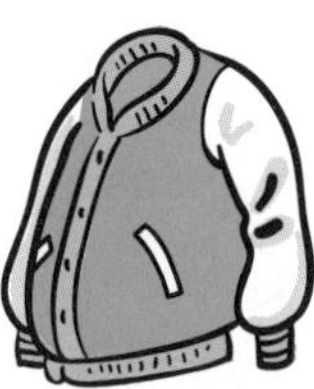

C	P	L	B	B	O	T	A	S	J	Z	V	E	L	V	H
C	A	M	I	S	E	T	A	O	N	T	S	L	V	E	A
D	N	L	T	V	K	L	C	A	M	I	S	O	N	S	P
O	T	N	Z	O	G	U	A	N	T	E	S	F	B	T	A
R	A	L	S	O	M	B	R	E	R	O	B	O	Z	I	N
S	L	G	N	T	N	O	B	C	D	R	O	A	S	D	T
Z	A	N	D	J	T	C	E	V	F	A	L	D	A	O	I
T	N	H	L	M	E	O	I	A	P	Q	S	R	Z	T	M
C	O	Z	N	J	U	V	B	L	U	S	A	H	U	L	E
K	O	U	A	S	A	N	D	A	L	I	A	S	L	O	D
I	K	R	A	S	Z	A	P	A	T	O	S	T	V	A	I
J	T	O	B	L	V	D	Z	I	U	N	R	Q	S	B	A
N	N	C	H	A	Q	U	E	T	A	T	S	I	N	R	S
C	A	L	C	E	T	I	N	E	S	H	M	V	N	I	O
O	T	J	B	L	O	A	C	K	N	A	L	V	D	G	A
P	I	J	A	M	A	B	C	U	C	I	N	T	O	O	H

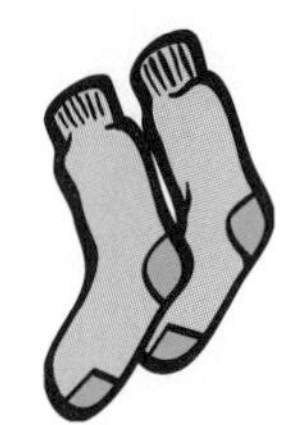

Nombre ______________________ Sección ____________ Fecha ____________

E Crucigrama. Use the clues provided below to complete the crossword puzzle.

Horizontal

1. 

3. 

7. 

8. 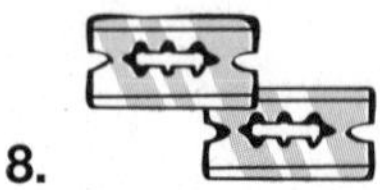

11. 

13. 

16. 

17. 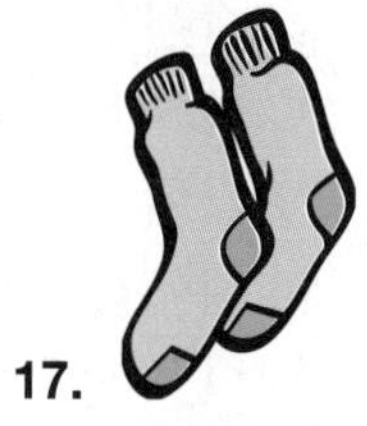

19. 

23. 

27. 

28. 

29. 

Vertical

2. 

4. 

5. 

6. 

9. 

10. 

12. 

14. 

15. 

Nombre ____________ Sección ________ Fecha ________

18. 

20. 

21. 

22. 

24. 

25. 

26. 

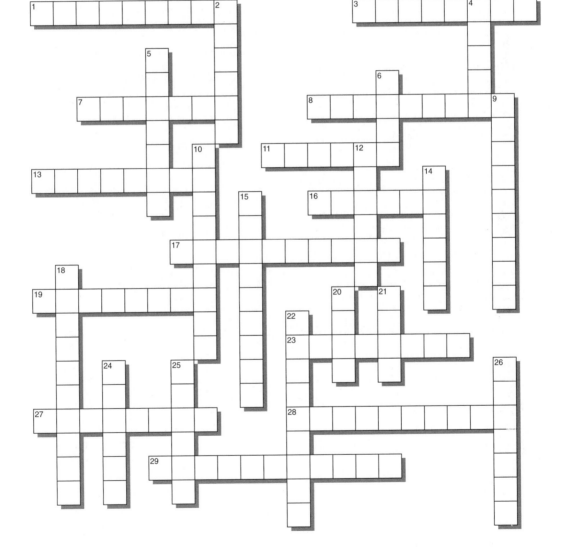

1 2 3 4 5 6 7 8 9 10 11 12 13 14 15 16 17 18 19 20 21 22 23 24 25 26 27 28 29

Nombre ________________ Sección __________ Fecha __________

2-7 **Práctica oral** The speaker will ask you some questions. Answer each question, using the cue provided. The speaker will verify your response. Repeat the correct answer.

2-8

1. ¿Cuánto tiempo hace que Ud. me espera? (media hora)
2. ¿Dónde estaba Ud.? (en el departamento de caballeros)
3. ¿Usó Ud. la escalera mecánica o el ascensor? (el ascensor)
4. ¿Qué me dijo Ud. que necesitaba? (calcetines y camisetas)
5. ¿Qué le trajo su novia? (una camisa y una corbata)
6. ¿Qué talla usa Ud.? (mediana)
7. ¿Dónde puso Ud. el traje? (en mi cuarto)
8. ¿De quién son los anteojos de sol? (Carlos)
9. ¿Dónde te arreglaron los pantalones? (en la tienda)
10. ¿Compró Ud. sus zapatos en una liquidación? (no)
11. ¿Le quedan bien los zapatos? (no, grandes)
12. ¿Qué número calza Ud.? (el ocho)
13. ¿Esta camisa hace juego con el traje azul? (sí)
14. ¿Va Ud. a comprar un vestido o una falda y una blusa? (vestido)
15. ¿Dónde se probó Ud. la ropa? (probador)
16. ¿Usa Ud. pijama o camisón para dormir? (pijama)
17. ¿El pijama le queda bien o le queda grande? (bien)
18. Ud. no fue a la tienda ayer. ¿Por qué? (no quise)
19. ¿Es Ud. socio del club automovilístico? (sí)
20. ¿Sabe Ud. cuál es el número de teléfono del club? (no)
21. ¿El tanque de su coche está vacío? (no, lleno)
22. ¿Qué marca de aceite usa Ud.? (Penzoil)
23. ¿Le gusta a Ud. conducir? (sí)
24. En el coche, ¿dónde pone Ud. las maletas? (en el maletero)
25. ¿Dónde compra Ud. gasolina? (en la estación de servicio)
26. ¿Qué le hace falta al coche? (una batería nueva)
27. Mi coche no arranca y debo remolcarlo. ¿Qué voy a necesitar? (una grúa)
28. ¿Tiene Ud. licencia para conducir? (sí)
29. ¿Su licencia es válida aquí? (sí)
30. ¿Va Ud. a alquilar un coche de cambios mecánicos? (no, automático)
31. ¿Va a pagar Ud. con tarjeta de crédito? (no, en efectivo)
32. ¿Qué preparó Ud. para el desayuno hoy? (huevos, chocolate y tostadas)
33. ¿Cómo prefiere Ud. comer los huevos? (fritos)
34. ¿Tiene Ud. que limpiar el garaje hoy? (sí, está sucio)
35. ¿Qué necesita para hacerlo? (la escoba y el recogedor)
36. ¿Sabe Ud. cocinar? (sí)
37. ¿Tiene Ud. muchas recetas? (no)
38. ¿Qué va a cocinar Ud. hoy? (pollo)
39. ¿Lo va a asar o lo va a freír? (asar)
40. ¿Ud. va a poner la mesa ahora? (no)

Nombre ______________________ Sección ____________ Fecha ____________

2–9

Para leer y entender

Listen to the following reading, paying special attention to pronunciation and intonation. Make sure you understand and remember as much as you can.

2–10 Hace dos días que Teresa y su amiga Alicia llegaron de Guadalajara, adonde fueron de vacaciones. Fueron por avión, estuvieron allí dos semanas y el viaje les gustó mucho.

Cuando llegaron a Guadalajara, las chicas decidieron alquilar un coche y los primeros[1] días no tuvieron problemas, pero después de una semana tuvieron que llevar el coche a la estación de servicio porque no arrancaba. El empleado les dijo que necesitaban llamar una grúa para remolcar el coche a otra estación de servicio porque ellos no tenían mecánico allí. El coche necesitaba una batería nueva y los frenos no funcionaban; por eso Teresa y Alicia decidieron llamar a la agencia de autos y pedir otro coche.

En Guadalajara, las chicas compraron muchas cosas para ellas y para sus familias. Teresa compró un vestido bordado[2] para ella y Alicia compró uno también. La mamá de Teresa le había pedido un par de zapatos y ella se los compró; también le compró una bolsa muy bonita. Su hermana quería una falda y una blusa y Teresa se las compró.

Todas las cosas que compraron eran bonitas y muy baratas. Las chicas han decidido que el próximo verano van a volver a México para visitar otras ciudades. Piensan ir a Acapulco y a Puerto Vallarta.

Now answer the following questions.

1. ¿Teresa y Alicia fueron de vacaciones a Suramérica?
2. ¿Cuánto tiempo hace que llegaron de su viaje?
3. ¿Fueron en coche?
4. ¿Estuvieron mucho tiempo de vacaciones las chicas?
5. ¿Llevaron las chicas su coche en el viaje o alquilaron uno?
6. ¿Por qué tuvieron que llevar el coche a la estación de servicio?
7. ¿Por qué tuvieron que llevarlo a otra estación de servicio?
8. ¿Cómo llevaron el coche?
9. ¿Qué problemas tenía el coche?
10. ¿Qué decidieron hacer Teresa y Alicia?
11. ¿Cuántos vestidos bordados compraron las chicas?
12. ¿Qué compró Teresa para su mamá?
13. ¿Qué quería la hermana de Teresa?
14. ¿Eran muy caras las cosas que compraron Teresa y Alicia?
15. ¿Adónde van a ir las chicas las próximas vacaciones?
16. ¿Cuándo van a viajar?
17. ¿Qué ciudades quieren visitar?
18. ¿Creen Uds. que a Teresa y a Alicia les gustó mucho el viaje? ¿Por qué o por qué no?

---

[1] *first*
[2] *embroidered*

Lección
16

De viaje

Objectives

Structures

- The present subjunctive
- The subjunctive with verbs of volition
- The absolute superlative

Communication

- Traveling by train and by bus

Culture: Argentina

- Seasons and climates

Nombre ______________________ Sección ____________ Fecha ____________

Aprenda estas palabras

Nombre ______________________ Sección ____________ Fecha ____________

De viaje

2-11 Isabel y Gloria, dos chicas de Buenos Aires, quieren viajar a Bahía Blanca, una ciudad que está al sur de Buenos Aires, para visitar a los tíos de Isabel. Ahora están haciendo cola en una estación de trenes en Buenos Aires.

En el despacho de boletos.

Isabel —¿Cuándo hay trenes para Bahía Blanca?
Empleado —Por la mañana y por la noche. Yo les aconsejo que viajen por la noche.
Isabel —¿Por qué?
Empleado —Porque el tren de la noche es el expreso.
Gloria —Entonces deme dos pasajes de ida y vuelta para el expreso del sábado.
Empleado —Muy bien. Los billetes de ida y vuelta tienen un 20 por ciento de descuento.
Isabel —¿Tiene el tren coche-comedor?
Empleado —Sí, señorita. Tiene coche-comedor y coche-cama.
Isabel —¿No tenemos que transbordar?
Empleado —No, señorita.

El día del viaje.

Gloria —¿De qué andén sale el tren?
Isabel —Del andén número dos, pero tiene una hora de retraso.
Gloria —Sí, según este itinerario no sale hasta las 22 horas.

Después de pasar quince fabulosos días en la estancia de los tíos de Isabel, las chicas regresan a Buenos Aires. Un mes más tarde comienzan a planear sus vacaciones de invierno.

Gloria —Quiero que vayamos a Asunción porque quiero que conozcas a mi hermana, que vive allí. No le voy a avisar que vamos porque quiero darle una sorpresa.
Isabel —¿Vamos en avión o en autobús?
Gloria —En avión. El viaje en autobús es larguísimo.
Isabel —No me gusta volar. Siempre me mareo cuando despega y cuando aterriza el avión.
Gloria —Te sugiero que tomes una pastilla para el mareo.

Nombre ______________________ **Sección** ____________ **Fecha** ____________

Una semana más tarde, en el aeropuerto de Asunción.

Isabel	—(*A un empleado.*) Perdón, ¿cómo se llega al centro?
Empleado	—Siga derecho por este pasillo hasta llegar a la salida. Allí doble a la izquierda y camine hasta la parada de autobuses.
Gloria	—¿Qué autobús tenemos que tomar?
Empleado	—El autobús número 45.
Isabel	—Creo que será mejor tomar un taxi. (*Al empleado.*) ¿Hay una parada de taxis?
Empleado	—Sí, a la derecha.
Isabel y Gloria	—Gracias.

2-11

¡Escuchemos! While listening to the dialogue, circle **V (verdadero)** if the statement is true and **F (falso)** if it is false.

1. Isabel y Gloria van a viajar a una ciudad al norte de Buenos Aires. V F
2. Hoy hay muchas personas en la estación de trenes. V F
3. El tren de la noche es el rápido. V F
4. Los billetes de ida y vuelta son más baratos. V F
5. Las chicas no van a poder comer en el tren. V F
6. Las chicas no van a tener que cambiar de tren. V F
7. El tren va a salir sin retraso. V F
8. Las chicas se aburrieron mucho en la estancia. V F
9. En las vacaciones de invierno, las chicas fueron a Paraguay. V F
10. En el aeropuerto las chicas tomaron un autobús para ir al centro. V F

Nombre ________________ Sección ________ Fecha ________

Vocabulario

Cognados

fabuloso(a)
la sorpresa

Nombres

el andén *platform (railway)*
el boleto, el billete *ticket (for train or bus)*
el descuento *discount*
el despacho de boletos, la ventanilla *ticket window*
la estancia, el rancho (*Méx.*) *ranch*
el expreso, el rápido *express train*
la hora *hour*
el mareo *dizziness, dizzy spell*
el número *number*
la parada de autobuses *bus stop*
la parada de taxis *taxi stand*
la pastilla *pill*

Verbos

aconsejar *to advise*
aterrizar *to land (a plane)*
avisar *to inform, to let (someone) know*
caminar *to walk*
despegar *to take off (a plane)*
doblar, girar *to turn*
marearse *to become dizzy*
sugerir (e:ie) *to suggest*
transbordar *to change, to transfer (trains, buses, etc.)*
volar (o:ue) *to fly*

Otras palabras y expresiones

¿Cómo se llega a...? *How do you get to...?*
hasta llegar a *until you get to*
para *for, to*
quince días *two weeks*
seguir derecho *to go straight ahead*
según *according to*
tener... horas de retraso (atraso) *to be... hours behind schedule*

Vocabulario adicional

Para hablar de viajes (*To talk about travel*)

a tiempo *on time*
abrocharse el cinturón de seguridad *to fasten one's seat belt*
bajarse *to get off, to disembark*
diario(a) *daily*
empacar, hacer las maletas *to pack*
la frontera *border*
hospedarse *to stay (i.e.) at a hotel*
perder el tren (avión, autobús) *to miss the train (plane, bus)*
¿Por cuánto tiempo es válido el pasaje? *How long is the ticket valid for?*
la tarifa *rate*
el tranvía *streetcar, local train*

Nombre ______________________ Sección ____________ Fecha ____________

NOTAS CULTURALES

Search

- En los hemisferios norte y sur las estaciones están invertidas. Por ejemplo, cuando en los Estados Unidos es verano, en la Argentina es invierno. Allí las clases comienzan en marzo y terminan en diciembre. Los estudiantes tienen vacaciones de invierno en julio, por eso muchos argentinos viajan a Paraguay en esta época porque el clima de Paraguay es más bien tropical y casi siempre hace calor. Los paraguayos dicen que Paraguay tiene dos estaciones: el verano y la del ferrocarril (*railroad*).
- En Argentina, como en la mayoría de los países hispanos, se usa el sistema de 24 horas, especialmente para horarios de trenes, aviones, autobuses, etc., y también para invitaciones. Por ejemplo, "las 17 horas" corresponde a las cinco de la tarde.

EN TU MUNDO...

1. ¿Se usa el sistema de 24 horas en los Estados Unidos? ¿Para qué?
2. ¿En qué mes comienzan las clases en tu universidad?
3. Generalmente, ¿en qué meses tienen vacaciones los estudiantes en las universidades de este país?

Actividades

Dígame... Answer the following questions, basing your answers on the dialogue.

1. ¿Adónde quieren ir Isabel y Gloria? ¿Dónde está Bahía Blanca?

   ____

2. ¿Dónde están ellas ahora y qué están haciendo?

   ____

3. ¿Cuándo hay trenes para Bahía Blanca y qué les aconseja el empleado? ¿En qué tren van a viajar las chicas? ¿Por qué?

   ____

4. ¿Por qué es una buena idea comprar billetes de ida y vuelta?

   ____

5. ¿El tren tiene retraso? ¿A qué hora va a salir?

   ____

6. ¿Cuánto tiempo pasaron las chicas en la estancia del tío de Isabel? ¿Se divirtieron?

____

7. ¿Por qué quiere Gloria que Isabel vaya con ella a Asunción? ¿Qué quiere darle a su hermana?

____

8. ¿Por qué no quiere Gloria ir en autobús a Asunción?

____

9. ¿Qué problema tiene Isabel cuando despega y aterriza el avión? ¿Qué le sugiere Gloria?

____

10. Para ir a la parada de autobuses, ¿qué deben hacer las chicas?

____

11. ¿Qué autobús tienen que tomar las chicas para ir al centro?

____

12. Al final (*In the end*), ¿cómo deciden las chicas ir al centro?

____

Hablemos Interview a classmate, using the following questions. When you have finished, switch roles.

1. ¿Te gusta viajar en tren? Si no, ¿cómo prefieres viajar?
2. Si viajas en tren, ¿prefieres una litera alta o baja (*upper/lower berth*)?
3. Cuando viajas, ¿qué compras para leer?
4. ¿Qué crees que es más peligroso, viajar en avión o viajar en coche?
5. Cuando viajas, ¿te dan un descuento? ¿De cuánto?
6. Cuando tus amigos te preguntan adónde deben viajar, ¿qué les aconsejas?
7. ¿Qué haces durante las vacaciones de primavera? ¿Qué te gustaría hacer?
8. Si un amigo tuyo está mareado, ¿qué le sugieres que haga?
9. ¿Qué ciudad de los Estados Unidos consideras hermosísima?
10. ¿Has visitado algunas ciudades del sur de los Estados Unidos? (¿Del norte? ¿Del este? ¿Del oeste?)

Nombre ______________________ **Sección** __________ **Fecha** __________

¿Cómo lo decimos? Complete the following sentences, using the Spanish equivalent of the words in parentheses.

1. Ella necesita que tú __________ el horario de trenes. (*give her*)
2. Eva quiere que nosotros __________ . (*stand in line*)
3. Quiero que Uds. __________. (*fasten your seatbelts*)
4. Necesito que ellos __________ por cuánto tiempo es válido el pasaje. (*tell me*)
5. Les aconsejo que __________ a la parada de autobuses y que __________ el autobús número 42. (*go / take*)
6. Adela quiere que __________ los boletos aquí y que __________ con cheques de viajero. (*we buy / we pay*)
7. Te sugiero que __________ cómo se llega al hotel. (*you ask them*)
8. No quiero que Uds. __________. (*miss the plane*)
9. Necesito que Ud. __________ las pastillas. (*give me*)
10. Ellos nos recomiendan que __________ en la frontera a las seis. (*we be*)

¿Qué pasa aquí? With a partner, answer the following questions according to what you see in the pictures.

A.

1. ¿De qué andén sale el tren?
2. ¿En qué coche está María?
3. ¿Cree Ud. que tiene litera?
4. ¿Adónde viaja María?

Nombre ________________ Sección __________ Fecha __________

B.

1. ¿Dónde están Rosa, Juan y Hugo?
2. ¿Qué hacen?
3. ¿Adónde va Rosa? ¿En que país está la ciudad adonde va?
4. ¿Cuándo hay trenes para Lima?
5. ¿Va a comprar Juan un pasaje de ida?
6. ¿Qué descuento van a hacerle a Juan?
7. ¿En qué tren quiere viajar Hugo?

C.

1. ¿Cuántas horas de retraso tiene el tren de Lima?
2. ¿Adónde va a viajar Sara?
3. ¿Qué le va a mandar Sara a Juan Mena?

Una encuesta Survey your classmates and your instructor to find someone who fits each of the following descriptions and write the person's name in the space provided. Remember to use the **tú** form when speaking to your classmates and the **Ud.** form when speaking to your instructor.

Esta persona...

1. ☐ prefiere viajar en tren o en autobús. ______________
2. ☐ ha viajado en tren muchas veces. ______________
3. ☐ ha viajado por el sur de los Estados Unidos. ______________
4. ☐ quiere que sus amigos viajen con él (ella). ______________
5. ☐ quiere visitar España. ______________
6. ☐ se marea cuando vuela. ______________

7.	☐	toma pastillas para el mareo cuando viaja en avión.	____________
8.	☐	ha perdido el avión.	____________
9.	☐	siempre se abrocha el cinturón de seguridad cuando viaja en coche.	____________
10.	☐	quiere que sus amigos conozcan a sus padres.	____________
11.	☐	recibe descuentos en algunas tiendas.	____________
12.	☐	tiene que hacer cola cuando va al banco.	____________

En estas situaciones What would you say in the following situations? What might the other person say?

1. You work at the ticket window of a train station and are helping a customer. He/She wants to know when the express train leaves and whether any discounts are available.
2. You are planning to take a two-day train trip and want to know what your options are for sleeping and eating on the train. You call the train station to obtain the necessary information.
3. You would like a friend from school to meet your family. Discuss how such a meeting might take place, including any necessary travel arrangements.
4. You are having a party and need to tell a friend how to get from the university to your house (dorm, apartment).

¿Qué dice aquí? One of your friends is planning to visit Argentina and is asking you and a classmate about the trains there. Answer your friend's questions using the information in the ad on the following page.

1. ¿A qué lugares de Argentina se puede ir por tren?
2. ¿Tienen los trenes aire acondicionado? ¿calefacción?
3. ¿Cuántas personas pueden dormir en los departamentos de los coches camas?
4. ¿Tienen estos departamentos baño privado?
5. ¿Cuántas personas pueden dormir en los departamentos de los coches literas?
6. ¿Dónde se puede comer en el tren?
7. ¿Qué tipos de comida sirven en el tren?
8. ¿Qué descuento dan en los viajes de ida y vuelta?
9. ¿En qué estación del año tienen los ferrocarriles precios especiales?

Nombre ____________________ Sección __________ Fecha __________

POR TREN A TODA ARGENTINA

Para conocer Argentina, viaje por tren. La Red Nacional de Ferrocarriles lo lleva a todas partes.

Trenes modernos, cómodos, con aire acondicionado y calefacción.

Coches camas con departamentos para una o dos personas, con baño privado.

Coches literas con departamentos para cuatro o seis pasajeros.

Un coche comedor en cada tren con un excelente servicio de comidas y bebidas argentinas e internacionales.

Descuentos del 10% en viajes de ida y vuelta.
Precios especiales en el verano.

Actividades especiales

A The classroom will turn into a train station (put up signs with platform numbers, train schedules, etc.). Set up five or six ticket windows, with one student working at each window. The rest of the students will play the roles of travelers buying train tickets. Some of the students should be in pairs and discuss arrangements with their partners before talking to the clerk at the ticket window.

B With a partner, and using the map on the following page, tell each other how to get from various places to others. Take turns giving directions.

Nombre ______________________ Sección ____________ Fecha ____________

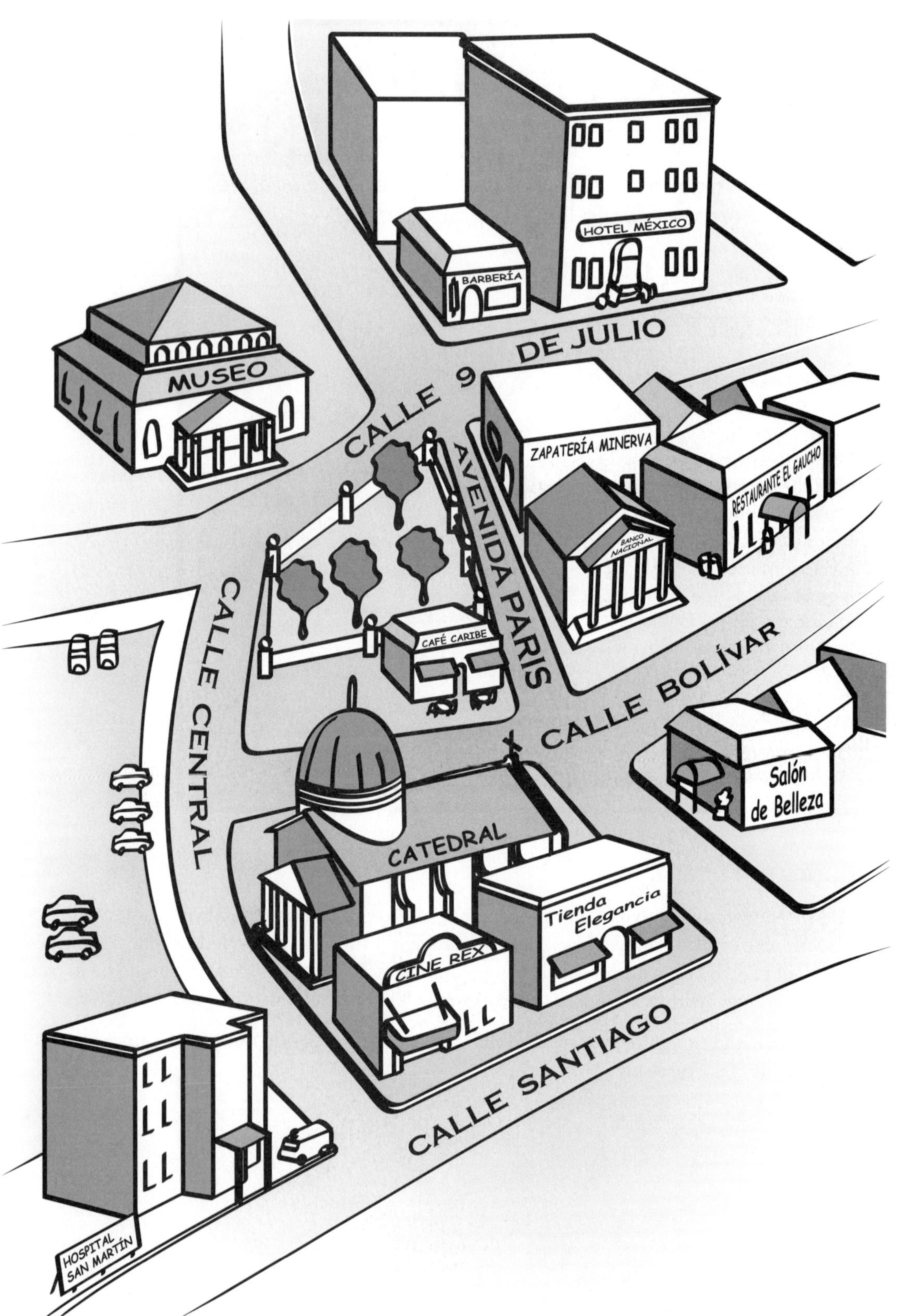

Nombre ______________________________ Sección ____________ Fecha ____________

Un paso más

Review the **Vocabulario adicional** in this **lección,** and complete the following sentences with the appropriate word or phrase.

1. ¿Por cuánto tiempo es ___________ el pasaje?
2. El tren va a llegar ___________. Hoy no tiene retraso.
3. El tren que va a la Ciudad de México sale todos los días. Es ___________.
4. Los niños son terribles; acaban de subirse al tren y ya quieren ___________ de él.
5. No podemos pasar la ___________ porque no tenemos pasaporte.
6. Si no sales ahora mismo (*right now*), vas a ___________ el tren.
7. Después de abordar el avión, hay que ___________.
8. En San Francisco, la gente puede viajar en ___________.
9. En el verano hay una ___________ especial para viajar a España.

Un trabalenguas

Erre con erre cigarro,
erre con erre barril,
rápidos corren los carros
del ferrocarril.

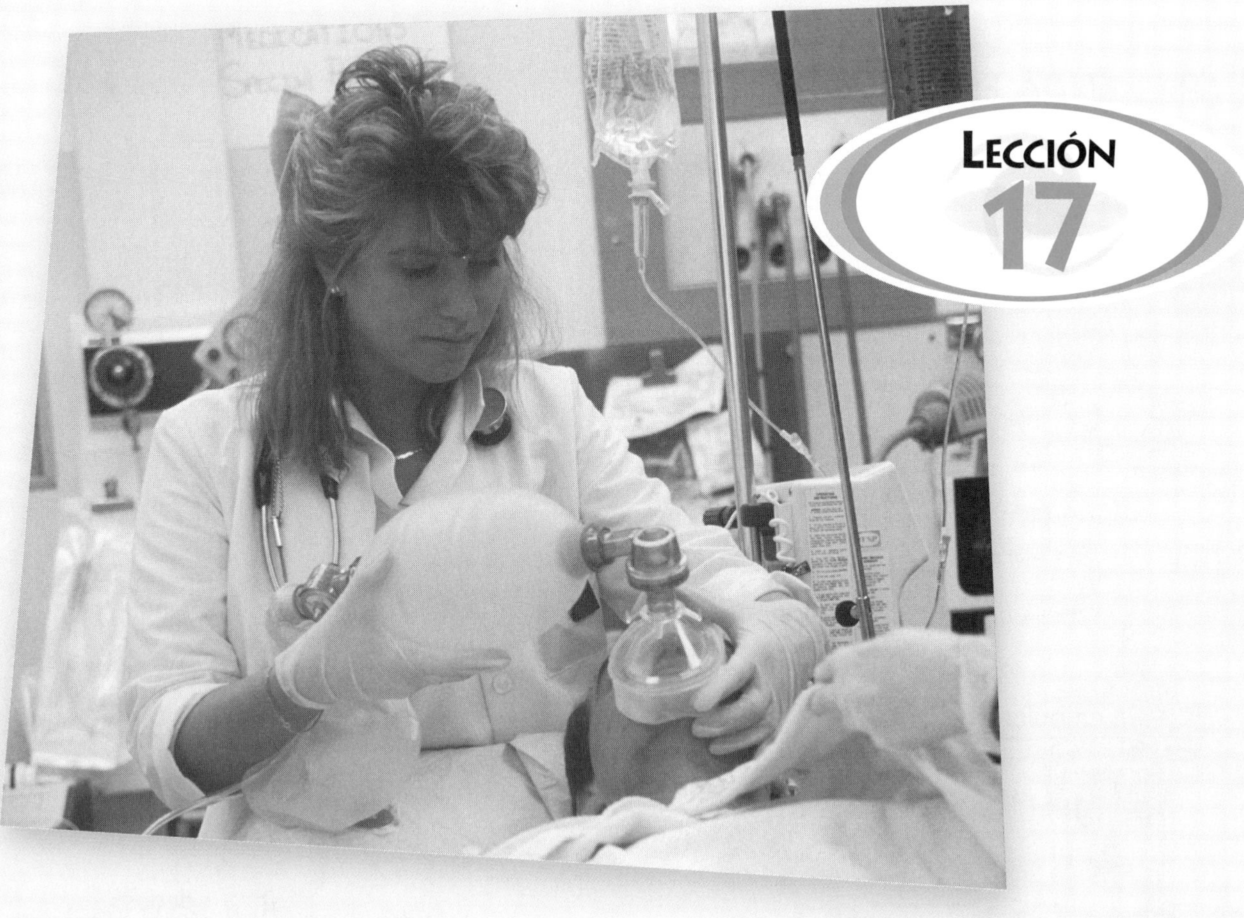

Lección 17

En la sala de emergencias

Objectives

Structures

- The subjunctive to express emotion
- The subjunctive with some impersonal expressions
- Formation of adverbs

Communication

- How to talk about medical emergencies and doctor's recommendations

Culture: Uruguay

- Hospitals and medical care in the Hispanic world

Nombre ______________________ Sección ____________ Fecha ____________

Aprenda estas palabras

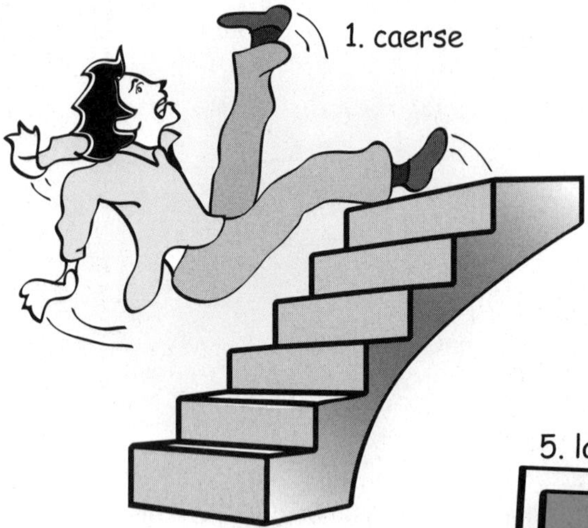

1. caerse
2. la bata
3. la curita
4. la ambulancia

PARAMÉDICOS

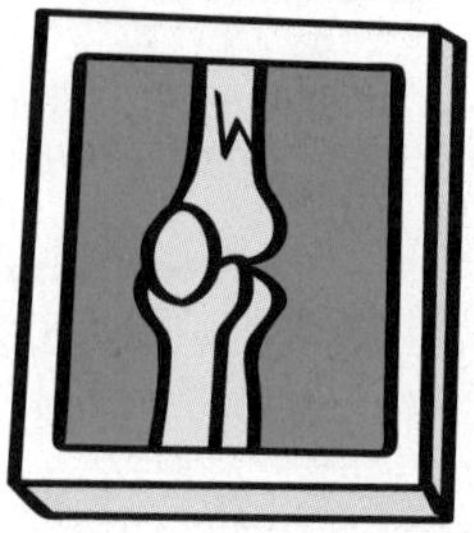

5. la fractura
6. el pecho
7. el estómago
8. la mano
9. la cabeza
10. (el) corazón
11. los dedos
12. la rodilla
13. el tobillo

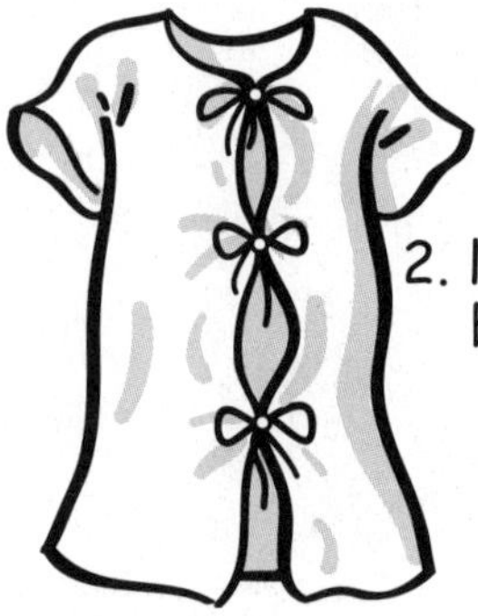

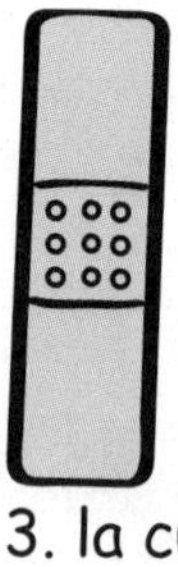

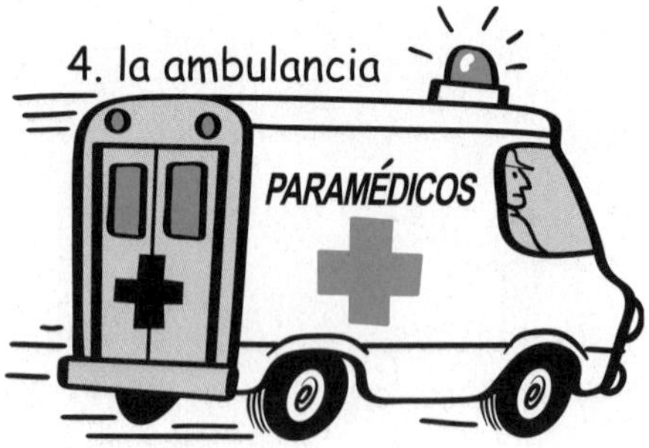

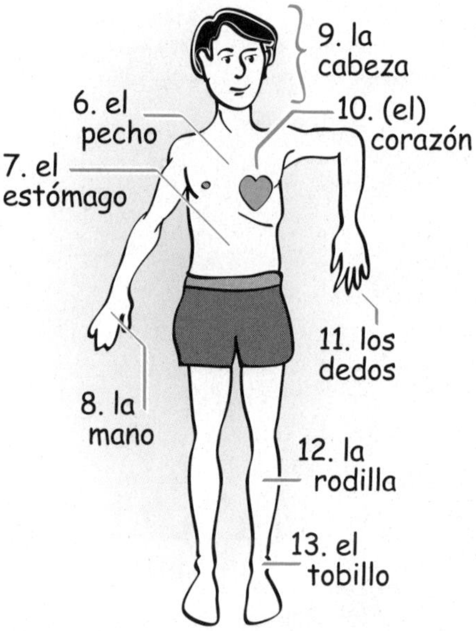

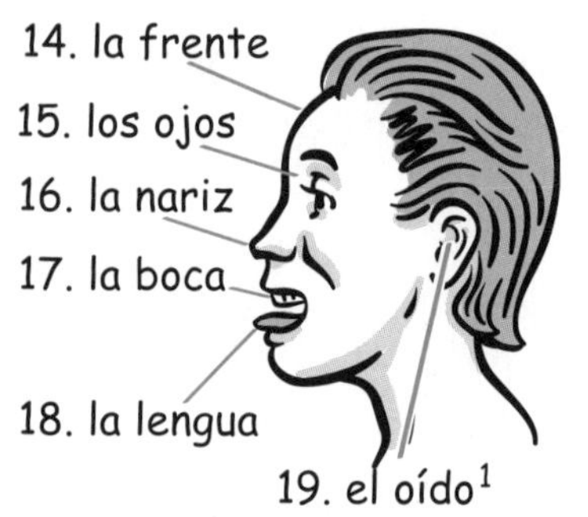

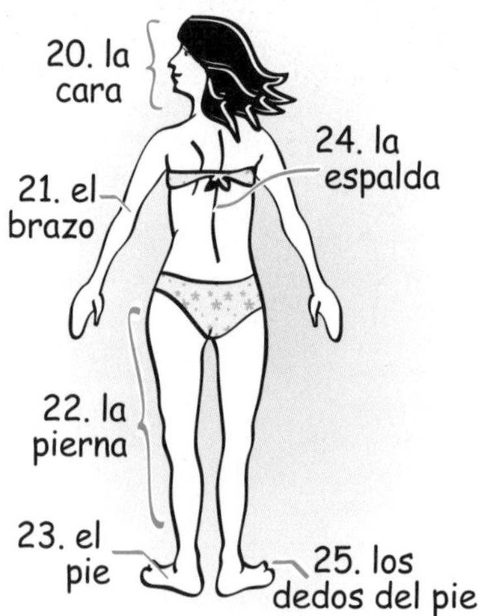

[1] *inner ear*

Nombre ______________________ Sección ____________ Fecha ____________

2-12

En la sala de emergencia de un hospital en Montevideo

Inés se cayó en la escalera del edificio de apartamentos donde vive y Javier, su esposo, la llevó al hospital. Estaban en la sala de espera cuando la enfermera vino para llevarla al consultorio.

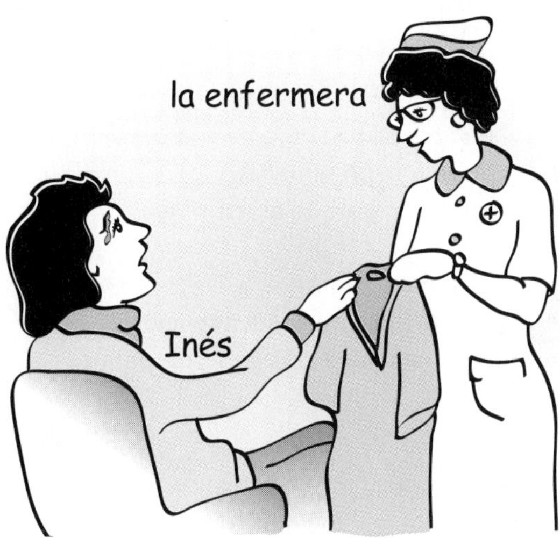

Javier —(*A la enfermera*) Señorita, mi esposa tiene mucho dolor. Es necesario que el médico la vea inmediatamente.

Enfermera —En seguida viene el doctor Valverde, señor. (*A Inés*) Quítese la ropa y póngase esta bata, señora.

Con el médico:

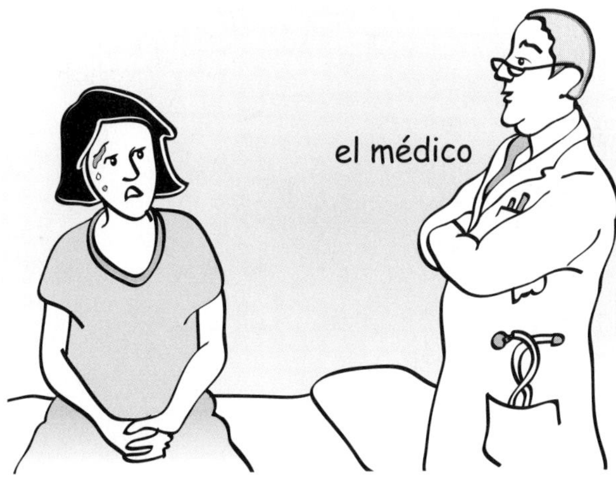

Médico —¿Qué pasó, señora? ¿Cómo se lastimó?

Inés —Me caí en la escalera, me golpeé la cabeza y me corté la frente. Y me duele mucho el tobillo.

Médico —¿Perdió Ud.: el conocimiento?

Nombre ______________________ **Sección** __________ **Fecha** __________

Inés	—Por unos segundos.
Médico	—Bueno, voy a lavarle y desinfectarle la herida. ¿Le pusieron una inyección antitetánica alguna vez?
Inés	—Sí, hace cuatro meses. Espero que no tenga que darme puntos.
Médico	—Es probable que tengamos que hacerlo.
Inés	—El tobillo me duele mucho. Ojalá que no haya fractura.
Médico	—Necesitamos una radiografía para saberlo. Ahora la van a llevar a la sala de rayos X.

Después de ver las radiografías, el médico habla con Inés.

Médico	—Usted se fracturó el tobillo, señora. Tendremos que enyesarle la pierna y va a tener que usar muletas. Generalmente tiene que usarlas por unas ocho semanas.
Inés	—(*A su esposo*) Temo que no puedas volver a la oficina hoy, porque necesito que te quedes conmigo.
Javier	—No te preocupes, mi amor. Lo importante es que tú estés bien.
Médico	—Le voy a recetar unas pastillas para el dolor. Espero que pronto se sienta mejor.
Javier	—Ojalá que tu mamá pueda venir a quedarse contigo mañana, para ayudarte con los niños.

2-12

¡Escuchemos! While listening to the dialogue, circle **V (verdadero)** if the statement is true and **F (falso)** if it is false.

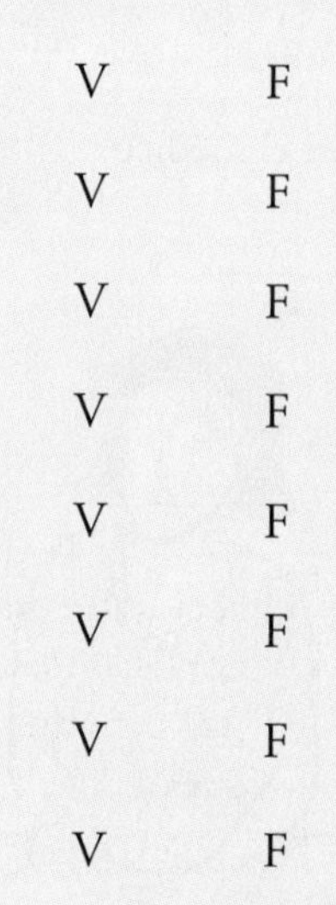

1. Inés y Javier viven en Uruguay.	V	F
2. Inés tuvo un accidente y la llevaron al hospital.	V	F
3. Ines perdió el conocimiento por varios minutos.	V	F
4. Inés tiene una herida en la frente.	V	F
5. Inés se lastimó el tobillo.	V	F
6. A Inés nunca le pusieron una inyección antitetánica.	V	F
7. Inés espera que no tengan que darle puntos en la herida.	V	F
8. Inés se fracturó una pierna.	V	F
9. Javier puede regresar a su trabajo hoy.	V	F
10. El médico le va a poner una inyección a Inés para que no tenga dolor.	V	F

Nombre ______________________ Sección ____________ Fecha ____________

Vocabulario

COGNADOS

el apartamento
la inyección
inmediatamente

NOMBRES

el consultorio *doctor's office*
el dolor *pain, ache*
el edificio *building*
la herida *wound*
la inyección antitetánica *tetanus shot*
el (la) médico(a) *medical doctor, M.D.*
las muletas *crutches*
la radiografía *X-ray*
la sala de emergencia *emergency room*
la sala de espera *waiting room*
la sala de rayos X *X-ray room*

VERBOS

desinfectar *to disinfect*
dudar *to doubt*
enyesar *to put in a cast*
fracturarse, romperse *to fracture, to break*
golpear(se) *to hit (oneself)*
lastimarse *to get hurt*
pasar *to happen*
quitarse *to take off*
recetar *to prescribe*
sentirse (e:ie) *to feel*

OTRAS PALABRAS Y EXPRESIONES

alguna vez *ever*
dar (poner) puntos *to put in stitches*
lo importante *the important thing*
ojalá *I hope*
perder el conocimiento, desmayarse *to lose consciousness, to faint*
poner una inyección *to give a shot*
ser (no ser) necesario *to be (not to be) necessary*

Vocabulario adicional

PARA HABLAR DEL CUIDADO MÉDICO (*To talk about medical care*)

el accidente *accident*
el análisis *analysis, medical test*
el (la) cirujano(a) *surgeon*
el cuello *neck*
el (la) dentista *dentist*
la garganta *throat*
la muñeca *wrist*
el (la) oculista *oculist, eye specialist*
el (la) ortopédico(a) *orthopedist*
vendar *to bandage*

Nombre ______________________ Sección ______________ Fecha ______________

NOTAS CULTURALES

Search

- En la mayoría de los países de habla hispana, la hospitalización es gratuita (*free*) porque los hospitales están subvencionados (*subsidized*) por el gobierno. Hay también clínicas privadas para las personas de mejor posición económica que prefieren no ir a un hospital público. Las clínicas generalmente ofrecen mejores servicios y no tienen tantos pacientes.
- Especialmente en las grandes ciudades hispanas, la medicina está muy avanzada, pero en muchos pueblos (*towns*) remotos no hay hospitales ni médicos. En esos lugares, especialmente en Latinoamérica hay curanderos (*healers*) que recomiendan hierbas (*herbs*) o tés o que usan remedios tradicionales para sus curas. En el campo (*country*) muchas mujeres tienen sus bebés con la ayuda de una partera (*midwife*).

EN TU MUNDO...

1. En este país, ¿hay hospitales subvencionados por el gobierno?
2. ¿Qué tipos de tiendas venden aquí tés y hierbas?
3. En general, ¿las mujeres americanas prefieren tener su bebé en un hospital o en casa con la ayuda de una partera?

Actividades

Dígame... Answer the following questions, basing your answers on the dialogue.

1. ¿Qué le pasó a Inés y quién la llevó al hospital?

   ____

2. ¿Dónde estaba Inés cuando la enfermera vino a buscarla?

   ____

3. ¿Qué problema tiene Inés? ¿Qué dice Javier?

   ____

4. ¿Qué se golpeó Inés? ¿Qué se cortó?

   ____

5. ¿Por cuánto tiempo perdió el conocimiento?

   ____

6. ¿Qué espera Inés que no tenga que hacer el médico? ¿Qué dice el médico?

___

7. ¿Qué le duele a Inés? ¿Qué espera ella que no haya?

___

8. ¿Qué necesita el médico para saber si hay fractura? ¿A dónde van a llevar a Inés?

___

9. ¿Qué tendrá que usar Inés para caminar? ¿Por cuántas semanas tendrá que usarlas?

___

10. ¿Qué teme Inés que Javier no pueda hacer hoy? ¿Por qué?

___

11. ¿Qué le va a recetar el médico a Inés? ¿Qué le dice?

___

12. ¿Qué espera Javier que pueda hacer la mamá de Inés?

___

Hablemos Interview a classmate, using the following questions. When you have finished, switch roles.

1. ¿Tú vives en una casa o en un edificio de apartamentos?
2. ¿Te pusieron una inyección antitetánica recientemente? ¿Cuánto tiempo hace?
3. ¿Perdiste el conocimiento alguna vez? ¿Qué te pasó?
4. ¿Han tenido que darte puntos alguna vez?
5. ¿Te duele la cabeza? (¿la espalda? ¿la garganta? ¿el oído? ¿el pecho?)
6. ¿Qué tomas cuando te duele la cabeza?
7. ¿Has tenido un accidente grave (*serious*) alguna vez? (¿Cuándo fue?)
8. ¿Te has fracturado alguna vez un brazo? (¿una pierna? ¿un tobillo?)
9. ¿Has tenido que usar muletas alguna vez? (¿Por qué?)
10. ¿Te gustaría ser médico(a) o enfermero(a)? ¿Por qué o por qué no?

Nombre ______________________ **Sección** __________ **Fecha** __________

¿Cómo lo decimos? Give the Spanish equivalent of the words in parentheses.

1. Es probable que el médico __________, señora. (*has to give you a tetanus shot*)
2. Ojalá que ellos __________ a la sala de emergencia. (*can take her*)
3. Espero __________ con la enfermera esta tarde, pero temo que ella __________ en el hospital hoy. (*I can speak* / *is not*)
4. Es importante que la enfermera __________ la herida. (*disinfect*)
5. Me alegro de que su mamá __________. (*feels better*)
6. Es necesario __________ al médico todos los años. (*to go*)
7. Siento que __________, señora. (*your back hurts*)
8. Esperamos que los niños __________. (*don't get hurt*)
9. Necesitamos __________ las radiografías __________. (*that they bring* / *immediately*)
10. __________ él trabaja en __________. (*Generally* / *the X-ray room*)

¿Qué pasa aquí? With a partner answer the following questions according to what you see in the pictures.

A.

1. ¿Dónde está Luis?
2. ¿Qué le pasó a Luis?
3. ¿Dónde tiene Luis una herida?
4. ¿Qué va a hacer la enfermera?
5. ¿A Luis le gustan las inyecciones? ¿Cómo lo sabe?

B.

1. ¿Dónde está Rita?
2. ¿Qué hace Rita?
3. ¿Qué le da la enfermera?
4. ¿Qué cree Ud. que le van a hacer a Rita?

Nombre ______________________ Sección ____________ Fecha ____________

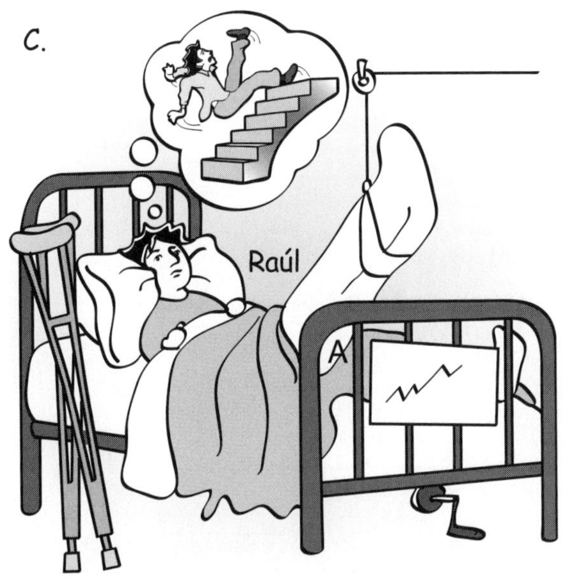

1. ¿Dónde está Raúl?
2. ¿Qué le pasó a Raúl?
3. ¿Qué le hicieron a Raúl?
4. ¿Qué tendrá que usar Raúl para caminar?

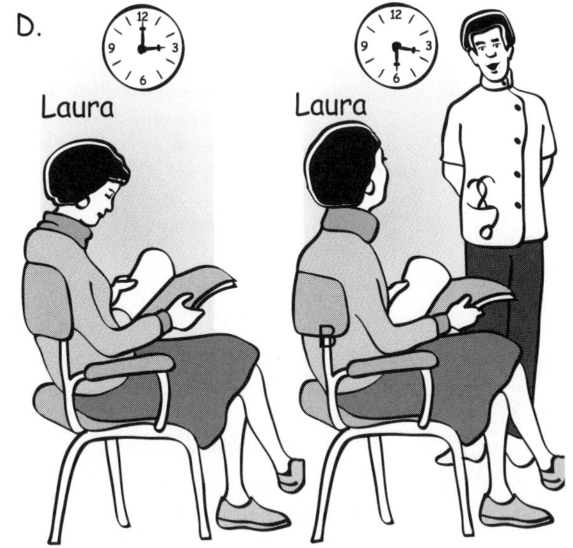

1. ¿Dónde está Laura?
2. ¿Qué hace Laura mientras espera?
3. ¿Cuánto tiempo tuvo que esperar Laura?

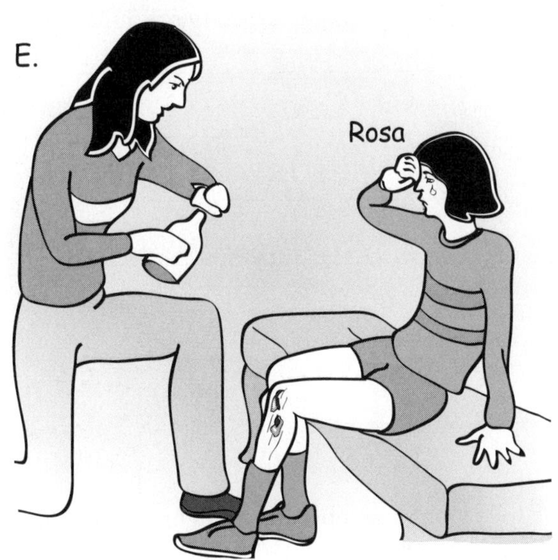

1. ¿Qué se lastimó Rosa?
2. ¿Cree Ud. que le duele mucho la rodilla?
3. ¿Qué le va a hacer su mamá?

1. ¿Qué cree Ud. que le duele a Julio?
2. ¿Qué hizo Julio?
3. ¿Qué cree Julio que debe tomar para el dolor de estómago?

Nombre ______________________ Sección ____________ Fecha ____________

Una encuesta Survey your classmates and your instructor to find someone who fits each of the following descriptions and write the person's name in the space provided. Remember to use the **tú** form when speaking to your classmates and the **Ud.** form when speaking to your instructor.

ESTA PERSONA...

1. ☐ se rompió una pierna o un brazo cuando era niño(a). ______________________
2. ☐ tenía dolor de oídos frecuentemente cuando era niño(a). ______________________
3. ☐ a veces tiene dolor de espalda. ______________________
4. ☐ toma *Tylenol* cuando le duele la cabeza. ______________________
5. ☐ ha tenido que usar muletas. ______________________
6. ☐ necesita una inyección antitetánica. ______________________
7. ☐ se siente bien hoy. ______________________
8. ☐ nunca se ha desmayado. ______________________
9. ☐ fue al dentista el mes pasado. ______________________
10. ☐ tuvo que ir al oculista el año pasado. ______________________
11. ☐ sabe desinfectar y vendar una herida. ______________________
12. ☐ tuvo que llevar a alguien a la sala de emergencia el año pasado. ______________________

En estas situaciones What would you say in the following situations? What might the other person say?

1. You are in the emergency room because you fell down some stairs and injured your arm. One of your fingers hurts a lot and you're afraid that it's broken. A small cut on your face is bleeding too. A nurse comes over to tend to you.
2. You're a doctor. You've just looked at the X-rays for one of your patients, which confirm that his/her leg is fractured. You're going to have to put the leg in a cast.

Nombre ______________________ Sección ____________ Fecha ____________

3. You're a doctor. A patient is going to need seven stitches on his/her forehead. You need to know how long ago he/she had a tetanus shot.

¿Qué dice aquí? You and a partner are about to begin jobs as receptionists at the Hospital San Lucas. Read the ad and answer the questions that follow so that you will be prepared to help Spanish-speakers who call the hospital.

HOSPITAL SAN LUCAS

UN CENTRO MÉDICO PARA EL CUIDADO DE LA SALUD DE TODA SU FAMILIA

• Medicina general
• Análisis • Rayos X
• Laboratorio • Farmacia

Médicos especialistas:
• Cirujanos • Cardiólogos
• Pediatras
• Ortopédicos • Ginecólogos

Servicio de ambulancias las 24 horas del día
Sala de emergencia totalmente equipada
Servicio de enfermeras a domicilio

ACEPTAMOS TODO TIPO DE SEGUROS

Teléfonos: 67-75-89 • 67-54-39

Avenida Central No. 578
Amplio espacio de estacionamiento

Nombre ______________________ Sección ____________ Fecha ____________

1. ¿Cómo se llama el hospital?

____

2. ¿Dónde está situado?

____

3. Si tengo una fractura, ¿a qué especialista puedo ver en el hospital?

____

4. Si necesito análisis o radiografías, ¿puedo hacérmelos en el hospital? ¿Por qué?

____

5. Si tengo un accidente, ¿puedo ir al hospital? ¿Por qué?

____

6. ¿Cómo pueden transportarme al hospital si tengo un accidente?

____

7. Mi seguro (*insurance*) es de accidentes de trabajo. ¿Lo aceptan en el hospital? ¿Cómo lo sabe Ud.?

____

8. Si necesito el cuidado de una enfermera en mi domicilio (*home*), ¿puedo obtenerlo del hospital?

____

9. Si necesito estacionar mi coche en el hospital, ¿voy a tener problemas para hacerlo?

____

10. ¿A qué teléfono debo de llamar si necesito alguno de los servicios del hospital?

____

Una actividad especial Transform the classroom into a hospital emergency room. Put up different signs for the waiting room, the examining room, etc. There will be at least six doctors on duty; the rest of the students will be the patients. Some will have broken bones, some will have cuts and various aches and pains. The receptionists will take information from the patients and plan treatment.

Un paso más Review the **Vocabulario adicional** in this **lección,** and complete the following sentences with the appropriate word or phrase.

1. Tuvo un ____________ y lo llevaron al hospital en una ambulancia.

2. La rodilla es parte de la pierna y la ____________ es parte del brazo.

Nombre ______________________________ Sección ____________ Fecha ____________

3. Tiene problemas con los ojos. Necesita ir al ____________.

4. No puedo hablar mucho porque tengo dolor de ____________.

5. Me fracturé la pierna y me llevaron al consultorio del ____________.

6. Voy al laboratorio porque necesito hacerme un ____________.

7. No puedo mover la cabeza porque me duele mucho el ____________.

8. La enfermera le desinfectó la herida y se la ____________.

9. La ____________ dijo que me operaría el lunes.

10. El ____________ quiere que me cepille los dientes tres veces al día.

Palabras escondidas

Find these parts of the body.

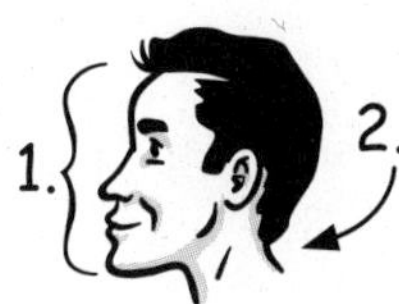

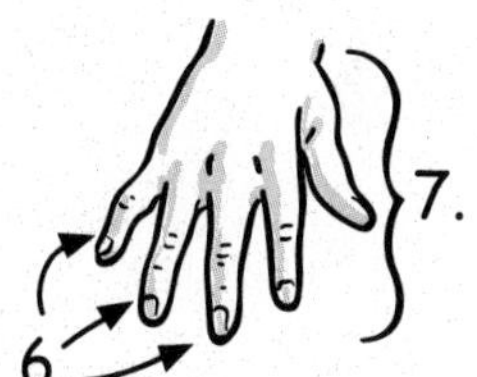

C	E	D	E	D	O	S	M	O
A	G	B	L	N	A	N	A	H
B	C	O	R	A	Z	O	N	S
E	A	C	A	R	O	J	O	S
Z	R	A	P	I	E	D	L	M
A	A	F	O	Z	O	I	D	O
B	L	E	N	G	U	A	S	T

3. 4.

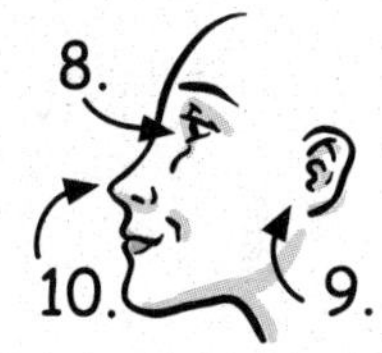

Nombre ______________________ Sección ______________ Fecha ______________

Un dicho

Ojos que no ven, corazón que no siente. *Out of sight, out of mind. (lit., Eyes that don't see, heart that doesn't feel.)*

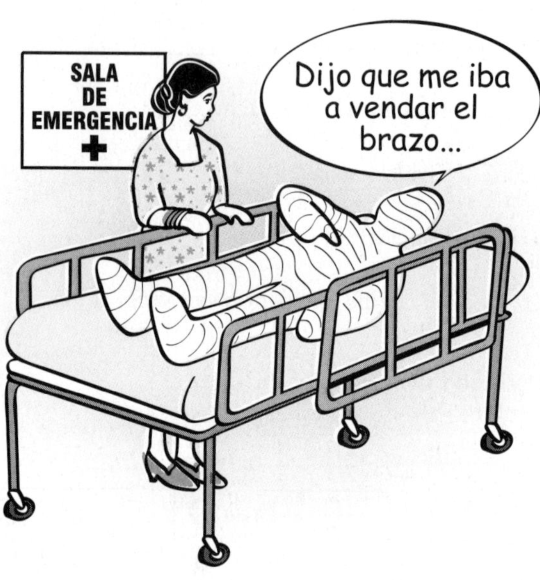

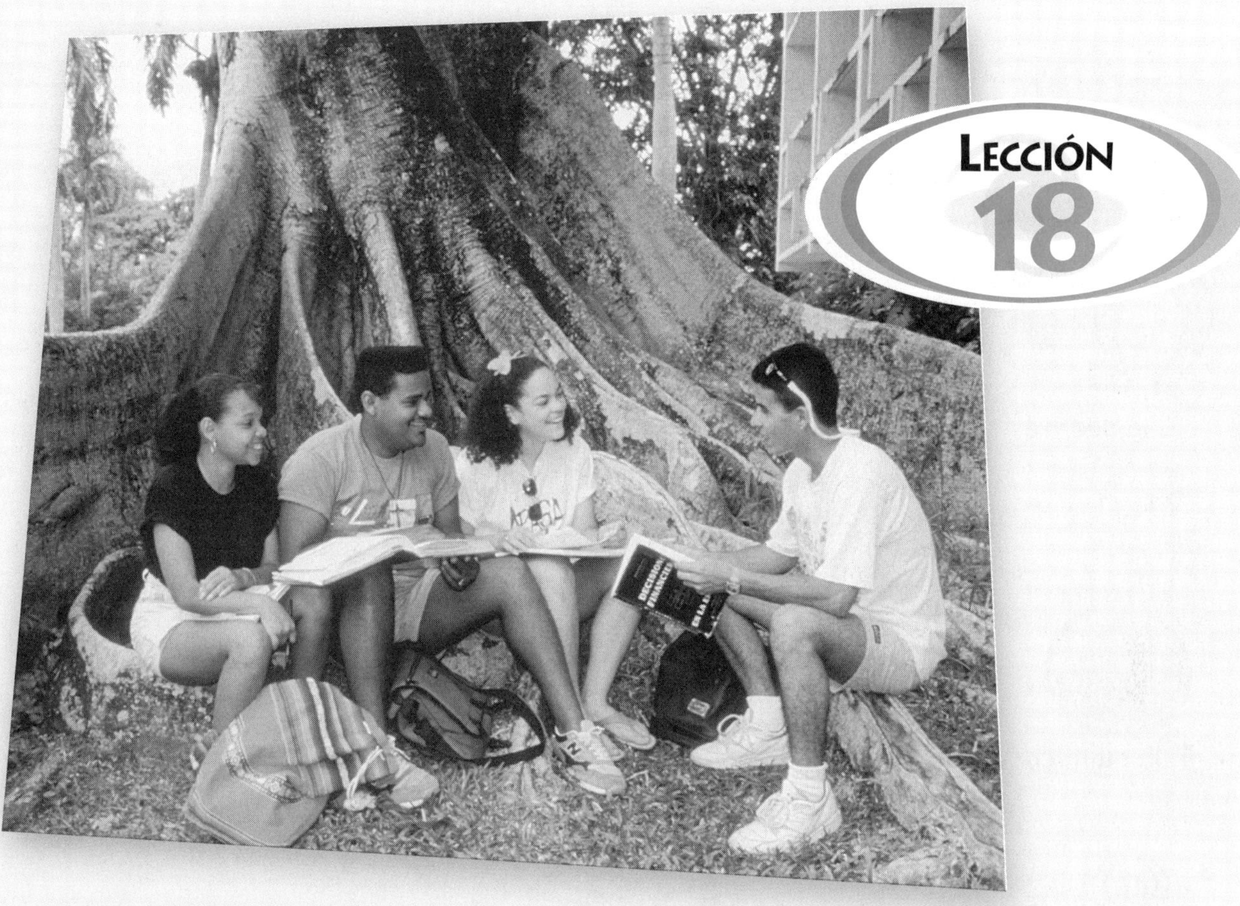

Lección 18

En la universidad

Objectives

Structures

- The subjunctive to express doubt, disbelief, and denial
- The subjunctive to express indefiniteness and nonexistence
- Diminutive suffixes

Communication

- How to talk about college life

Culture: Los puertorriqueños

- The educational system in Spain and Latin America

Nombre ______________________ Sección ______________ Fecha ______________

Audio

APRENDA ESTAS PALABRAS

1. la suerte

2. la informática

3. la contabilidad

4. la química

5. ¡Chau![1]

6. Las notas

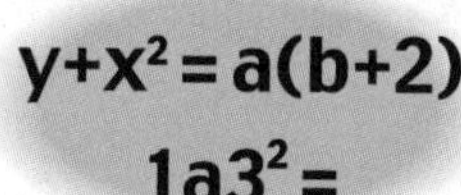
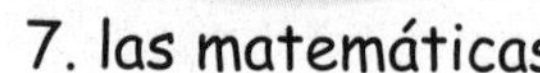
7. las matemáticas

8. la educación física

9. la literatura

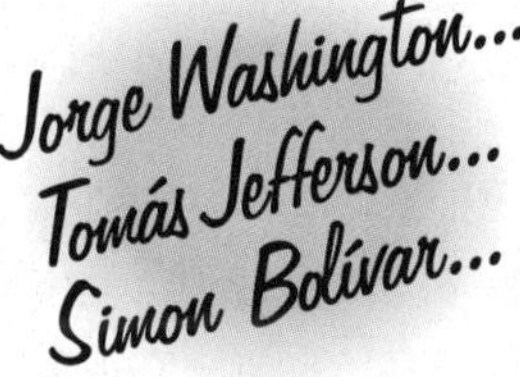

10. la historia

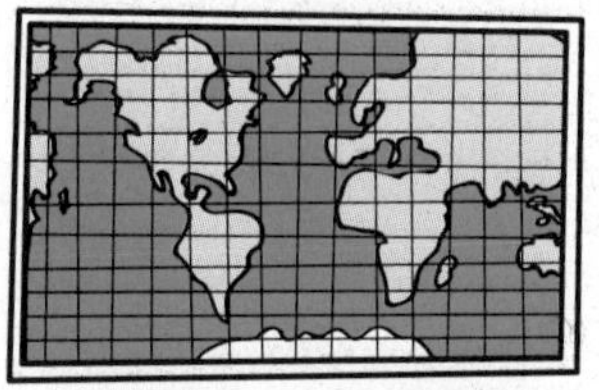
11. la geografía

12. el arte

13. graduarse

14. el título

[1]From **ciao,** the Italian word for *good-bye* or *hello.* Used only as *good-bye* in Spanish.

Nombre ______________________ Sección ____________ Fecha ____________

EN LA UNIVERSIDAD

2-13

Fernando es un muchacho puertorriqueño que vive en Nueva York. Ahora está hablando con Adriana, una chica argentina que está en su clase de informática, una asignatura que ella encuentra fácil y que él encuentra muy difícil.

Fernando —Hoy tengo que estudiar porque mañana tengo un examen parcial en mi clase de administración de empresas.

Adriana —Es una lástima que tengas que estudiar porque esta noche hay una fiesta en el club internacional y podríamos ir juntos...

Fernando —Dudo que pueda ir porque por desgracia también tengo que escribir un informe para mi clase de sociología.

Adriana —Esa clase es un requisito, ¿no? Yo tengo que tomarla el semestre que viene.

Fernando —Si quieres tomarla con la Dra. Salcedo tienes que matricularte lo más pronto posible.

Adriana —No creo que mis padres me puedan dar el dinero para pagar la matrícula.

Fernando —Estoy seguro de que la universidad te dará la beca que solicitaste.

Adriana —Es difícil que me la dé porque, desgraciadamente, el semestre pasado no saqué muy buenas notas.

Fernando —¿Cuál es tu especialización? ¿Contabilidad?

Adriana —No sé todavía, pero probablemente va a ser química o física.

Fernando —Bueno, Adriana, tengo que ir a la biblioteca a estudiar. Nos vemos mañana.

Adriana —Chau, Fernando. Buena suerte en el examen.

Fernando espera sacar una "A" en el examen, pero duda que la profesora le dé una buena nota en el semestre, porque él ha faltado mucho a clase.

Cuando el muchacho vuelve a su cuarto en la residencia universitaria, escucha un mensaje que su hermanita, que estudia en la escuela secundaria, le dejó en la máquina contestadora.

Anita —Fernando, habla Anita. Quedé suspendida en el examen de matemáticas. Necesito que busques a alguien que me ayude con esa asignatura que, como sabes, yo odio. Entre mis amigos no hay nadie que sepa nada de matemáticas. Llámame a casa de Maribel, mi compañera de estudios. Te veo más tarde.

Nombre ______________________ Sección ____________ Fecha ____________

2–13

¡Escuchemos! While listening to the dialogue, circle **V (verdadero)** if the statement is true and **F (falso)** if it is false.

1. Fernando y Adriana estudian la misma asignatura. V F
2. Adriana tiene que estudiar esta noche. V F
3. La sociología es un requisito. V F
4. Adriana está segura de que sus padres le van a pagar la matrícula. V F
5. Adriana solicitó una beca. V F
6. Adriana tiene "A" en todas sus asignaturas. V F
7. Adriana no ha decidido todavía cuál va a ser su especialización. V F
8. Fernando cree que puede sacar una buena nota en su examen. V F
9. Fernando nunca falta a sus clases. V F
10. La materia que más le gusta a la hermanita de Fernando es matemáticas. V F

Vocabulario

Cognados

argentino(a)
la clase
el examen
la física
internacional
puertorriqueño(a)
el semestre
la sociología

Nombres

la administración de empresas *business administration*
la asignatura, la materia (*academic*) *subject*
la beca *scholarship*
la biblioteca *library*
la escuela secundaria *high school*
la especialización *major*
el examen parcial (de mitad de curso) *midterm exam*
el informe *report*
la máquina contestadora *answering machine*
la matrícula *tuition*
el requisito *requirement*
la residencia universitaria *dorm*

Verbos

escuchar *to listen*
matricularse *to register*
odiar *to hate*
sacar *to get* (*a grade*)
solicitar *to apply*

Nombre ______________________ Sección __________ Fecha __________

ADJETIVOS

difícil *difficult*
fácil *easy*
juntos(as) *together*

OTRAS PALABRAS Y EXPRESIONES

como *as*
desgraciadamente, por desgracia *unfortunately*
entre *among*
Es difícil. *It's unlikely.*
Es (una) lástima. *It's a pity.*
faltar a clase *to miss classes*
lo más pronto posible *as soon as possible*
Nos vemos. *We'll see you.*
que viene *next, coming*
quedar suspendido(a) *to fail (i.e. an exam)*
sacar buenas (malas) notas *to get good (bad) grades*

Audio

VOCABULARIO ADICIONAL

la biología *biology*
la calculadora *calculator*
la computadora, el ordenador *(España) computer*
el (la) consejero(a) *counselor, adviser*
el diccionario *dictionary*
la escuela elemental, la escuela primaria *elementary school*
el horario de clases *class schedule*
la librería *bookstore*
la psicología *psychology*
la tarea *homework*
el trimestre *quarter*

NOTAS CULTURALES

Search

- El concepto de "especialización," como existe en las universidades norteamericanas, no existe en la mayoría de las universidades del mundo hispano. Los estudiantes españoles y latinoamericanos usualmente toman los requisitos académicos generales en la escuela secundaria y comienzan estudios especializados cuando ingresan (*enter*) en la facultad (por ejemplo, la Facultad de Medicina, la Facultad de Arquitectura, etc.). En la facultad, los estudiantes toman solamente las clases que necesitan para sus respectivas carreras.
- La mayoría de las universidades hispanas usan un sistema de calificaciones basado en números. El sistema numérico varía de país a país. En Puerto Rico, el sistema universitario se basa en el sistema norteamericano.
- A diferencia de los Estados Unidos, en la mayoría de los países hispanos, los estudiantes no viven en residencias universitarias; viven con sus familias o en pensiones.
- En los países de habla hispana los estudiantes generalmente estudian con uno o dos compañeros. Normalmente se reúnen en casa de uno de ellos.

Nombre ______________________ Sección ____________ Fecha ____________

En Tu Mundo...

1. ¿Dónde toman los estudiantes americanos los requisitos académicos generales?
2. El sistema de calificaciones de las universidades de este país, ¿está basado en números o en letras (*letters*)?
3. ¿Es popular entre los estudiantes de este país estudiar en grupos?

Actividades

Dígame... Answer the following questions, basing your answers on the dialogue.

1. ¿De dónde son Fernando y Adriana? ¿Qué clase toman juntos?

 ____

2. ¿En qué clase tiene Fernando un examen parcial?

 ____

3. ¿Por qué dice Adriana que es una lástima que Fernando tenga que estudiar?

 ____

4. ¿Qué tiene que escribir Fernando para su clase de sociología?

 ____

5. ¿Cuándo tiene que tomar Adriana sociología? ¿Por qué tiene que tomarla?

 ____

6. ¿Qué debe hacer Adriana si quiere tomar la clase de la Dra. Salcedo?

 ____

7. ¿Qué duda Adriana?

 ____

8. ¿Qué solicitó Adriana? ¿Está segura de que se la van a dar?

 ____

9. ¿Cuál es la especialización de Adriana?

 ____

Nombre ______________________ Sección ____________ Fecha ____________

10. ¿Dónde va a estudiar Fernando ahora?

____

11. ¿Qué le desea Adriana a Fernando?

____

12. ¿Fernando cree que va a sacar una buena nota en el semestre? ¿Por qué?

____

13. ¿Qué necesita la hermanita de Fernando?

____

14. Entre los amigos de Anita, ¿hay alguien que sepa matemáticas?

____

Hablemos Interview a classmate, using the following questions. When you have finished, switch roles.

1. ¿En qué clases harías lo siguiente?
   - **a.** Leer un drama de Shakespeare
   - **b.** Hacer ejercicio
   - **c.** Trabajar con mapas
   - **d.** Hablar sobre Lincoln
   - **e.** Trabajar con números
   - **f.** Estudiar a Picasso, Dalí, etc.
   - **g.** Hacer experimentos
2. ¿Cuál es tu materia favorita? ¿Cuál es tu especialización? ¿Qué asignatura odias?
3. ¿Qué requisitos estás tomando? ¿Qué requisitos tomaste el semestre pasado?
4. ¿Cuándo esperas graduarte?
5. ¿Estás tomando una clase de informática?
6. ¿Crees que las matemáticas son fáciles o difíciles?
7. ¿Qué nota esperas que te dé el (la) profesor(a) en esta clase?
8. ¿Vas a estudiar con un(a) compañero(a) el semestre que viene?
9. ¿Sacaste buenas notas el semestre pasado? ¿Solicitaste una beca?
10. ¿Es verdad que tus padres te dan el dinero para pagar la matrícula?

11. ¿Has faltado mucho a clase este semestre? ¿Cuántas veces has faltado?
12. Entre tus amigos, ¿hay alguien que viva en una residencia universitaria?
13. ¿Escuchaste algún mensaje en tu máquina contestadora hoy?
14. ¿Has quedado suspendido en un examen alguna vez? (¿En cuál?)

¿Cómo lo decimos? Complete the following sentences, using the Spanish equivalent of the words in parentheses.

1. Entre mis amigos no hay nadie que __________. (*lives in the dorm*)
2. Yo tengo muchos compañeros que __________. (*get good grades*)
3. Es difícil que mi hermanita __________ el semestre que viene. (*will get a scholarship*)
4. ¿Es verdad que tú __________ lo más pronto posible? (*have to register*)
5. __________, es difícil que ellos __________ esa asignatura, Laura. (*As you know* / *take*)
6. No es verdad que nosotros __________. (*study together*)
7. Yo no creo que ella __________ en una escuela secundaria. (*will want to teach*)
8. Ella busca a alguien que __________ con la clase de contabilidad porque no quiere __________. (*can help her* / *fail*)
9. Hay muchos estudiantes que __________ las matemáticas. (*hate*)
10. No hay nadie que __________ llevar a __________ a la escuela. (*wants* / *my little brothers*)

Nombre ______________________ Sección ____________ Fecha ____________

¿Qué pasa aquí? With a partner, answer the following questions according to what you see in the pictures.

A.

1. ¿Qué asignatura están estudiando Jorge y María?
2. ¿En qué materia está pensando Jorge?
3. ¿Por qué está pensando en esa materia?
4. ¿María cree que va a quedar suspendida en la clase de matemáticas?
5. ¿Son fáciles o difíciles las matemáticas para María?

B.

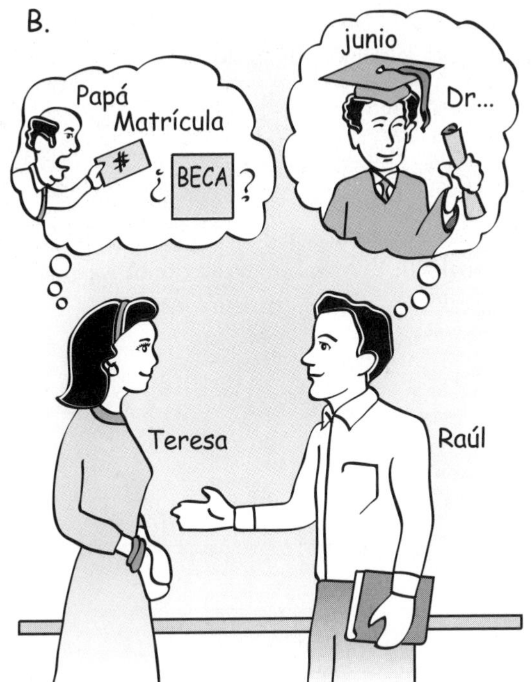

1. ¿Qué espera Teresa que haga su papá?
2. ¿Qué solicitó Teresa?
3. ¿Está segura de que se la van a dar?
4. ¿En qué mes piensa graduarse Raúl?
5. ¿Qué quiere ser Raúl?

Nombre ____________________ Sección ____________ Fecha ____________

C.

1. ¿Qué asignatura cree Ud. que es la más fácil para Dora?
2. ¿En qué clase sacó Dora la nota más baja?
3. ¿Cuál es su nota en la clase de arte?
4. ¿Quién tiene que escribir un informe?
5. ¿Cuál es la nacionalidad de Pedro?
6. ¿Adónde tiene que ir Pedro hoy?

Una encuesta Survey your classmates and your instructor to find someone who fits each of the following descriptions and write the person's name in the space provided. Remember to use the **tú** form when speaking with your classmates and the **Ud.** form when speaking with your instructor.

ESTA PERSONA...

1. ☐ está tomando una clase de informática. ____________________
2. ☐ tiene una computadora en su cuarto. ____________________
3. ☐ tomó un examen la semana pasada. ____________________
4. ☐ tuvo que escribir un informe el semestre pasado. ____________________

Nombre ______________________ Sección __________ Fecha __________

5.	☐	saca buenas notas.	______________
6.	☐	ha faltado mucho a clase.	______________
7.	☐	tiene un(a) compañero(a) de estudios.	______________
8.	☐	hace la tarea los domingos.	______________
9.	☐	piensa solicitar una beca.	______________
10.	☐	piensa matricularse para el próximo semestre.	______________
11.	☐	tomó química en la escuela secundaria.	______________
12.	☐	piensa graduarse lo más pronto posible.	______________

En estas situaciones What would you say in the following situations? What might the other person say?

1. A friend invites you to a party. Unfortunately, you can't go because you have a midterm exam in one of your courses tomorrow. Your friend wishes you good luck on the test.
2. You have to convince one of your parents that you need money right away because you have to register as soon as possible.
3. You are in your adviser's office, trying to convince him/her that the university should give you a scholarship because you got very good grades last semester, and you never missed classes.
4. You and a friend are discussing your favorite (and least favorite) classes, your professors, and your extracurricular activities.

Nombre ______________________ Sección ____________ Fecha ____________

¿Qué dice aquí? You and a classmate are advising a friend who is planning to go abroad to learn Spanish. Answer her questions about the program described in the ad.

Español en Ecuador

- Programas preparados especialmente para estudiantes extranjeros.
- 7 horas diarias de instrucción individual (un estudiante por profesor), de lunes a viernes.
- Cursos prácticos, basados en vocabulario, gramática y conversación en todos los niveles.
- Ud. puede empezar las clases en cualquier momento.
- Ud. vive en la casa de una familia ecuatoriana. Recibe tres comidas y tiene su propio cuarto. Un estudiante por familia.
- Ud. paga 1.200 dólares por cuatro semanas. Clases y comidas incluidas en el precio.

Academia de Español Quito

Calle Reina Victoria 75

Apartado Postal 93–B, Quito, Ecuador

Teléfono: (2) 854-726

1. ¿Cómo se llama la escuela?
2. ¿Cuánto debo pagar por la matrícula? ¿Están incluidas las comidas en el precio? ¿Cuáles?
3. ¿Puedo empezar las clases sólo en septiembre?
4. ¿Hay clases los sábados? ¿Cuántas horas de clase diarias tienen?
5. ¿Hay muchos estudiantes en cada clase?
6. ¿Las clases son sólo para estudiantes extranjeros (*foreign*)?
7. ¿Dónde voy a vivir? ¿Mi amiga puede vivir conmigo en la misma (*same*) casa? ¿Por qué o por qué no?
8. ¿Qué materias voy a aprender?

Nombre ______________________ Sección ____________ Fecha ____________

Una actividad especial The class will be divided into groups of four or five students. Each group will come up with a list of eight to twelve characteristics that the ideal student should have. The class will then discuss those characteristics, write the most important ones on the board, and prioritize the list.

Un paso más Review the **Vocabulario adicional** in this **lección,** and complete the following sentences with the appropriate word or phrase.

1. Tuve que ir a la ____________ para comprar un diccionario.
2. Necesito el ____________ para saber a qué hora empieza la clase de matemáticas.
3. Estamos estudiando las ideas de Freud en nuestra clase de ____________.
4. Jorge terminó la escuela ____________ el año pasado y ahora va a comenzar la escuela secundaria.
5. En esta universidad no tenemos semestres; tenemos ____________.
6. Mi ____________ quiere que yo tome una clase de informática. Voy a necesitar una ____________.
7. Necesito la calculadora para hacer mi ____________ de matemáticas.
8. En la clase de ____________ usamos un microscopio.

Una frase célebre (*A famous phrase*)

Sólo sé que no sé nada. *I know only that I know nothing.* (Socrates)

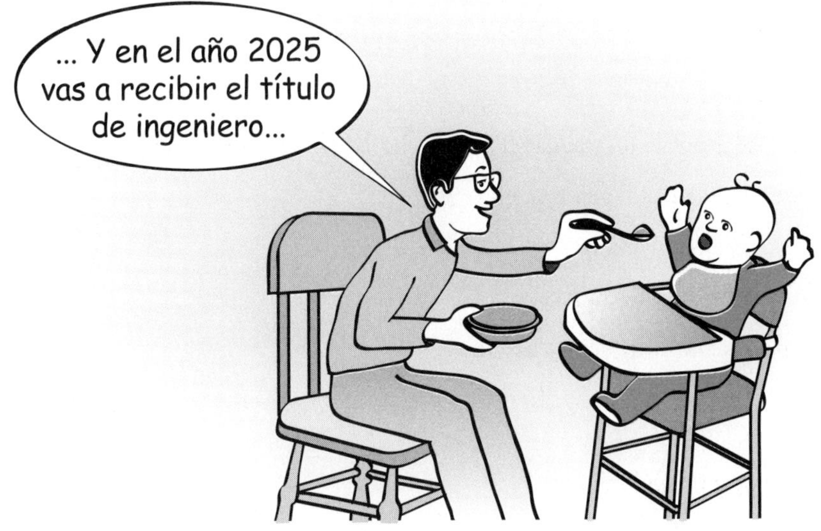

Lección 19

La señora Duarte está enferma

Objectives

Structures

- The subjunctive after certain conjunctions
- The present perfect subjunctive
- Uses of the present perfect subjunctive

Communication

- How to discuss health problems with the doctor

Culture: Los mexicoamericanos

- More about health care in the Hispanic world

Nombre ______________ Sección ______________ Fecha ______________

APRENDA ESTAS PALABRAS

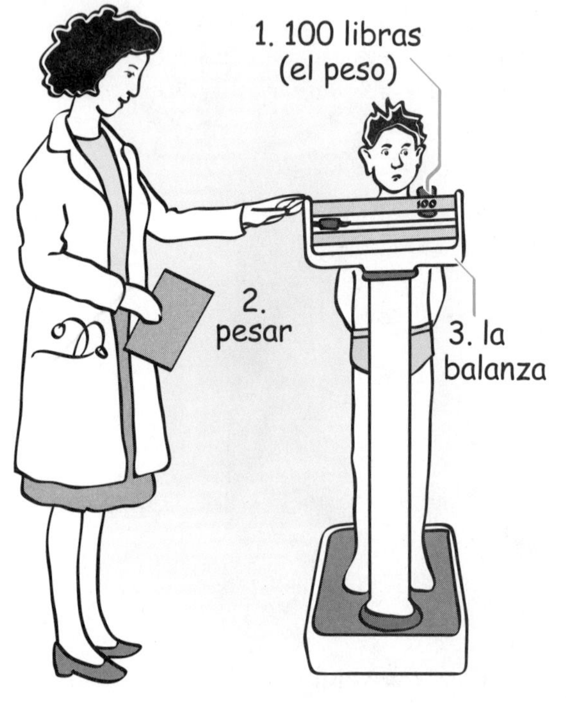

1. 100 libras (el peso)

2. pesar

3. la balanza

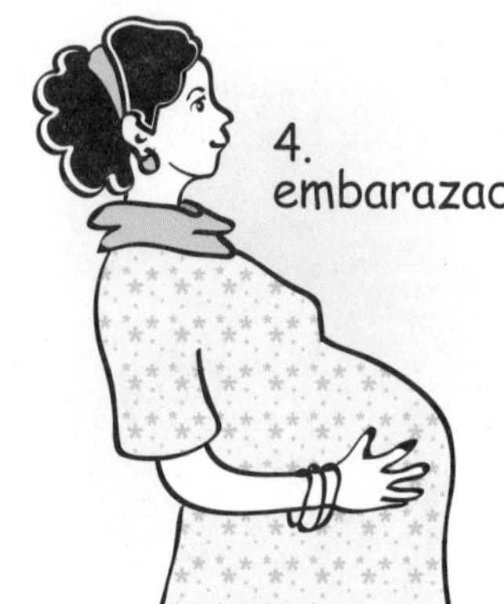

4. embarazada

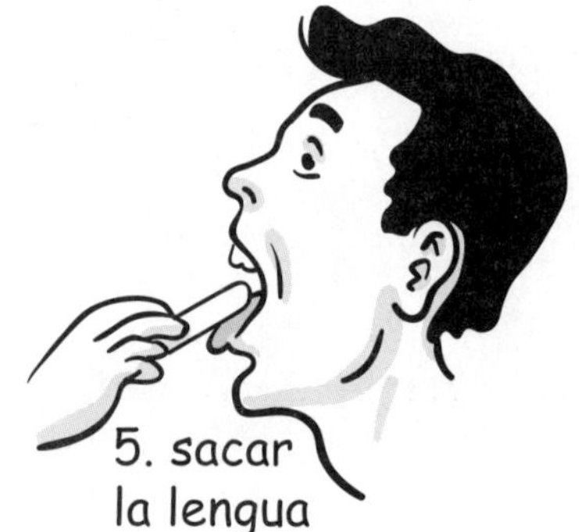

5. sacar la lengua

hoy

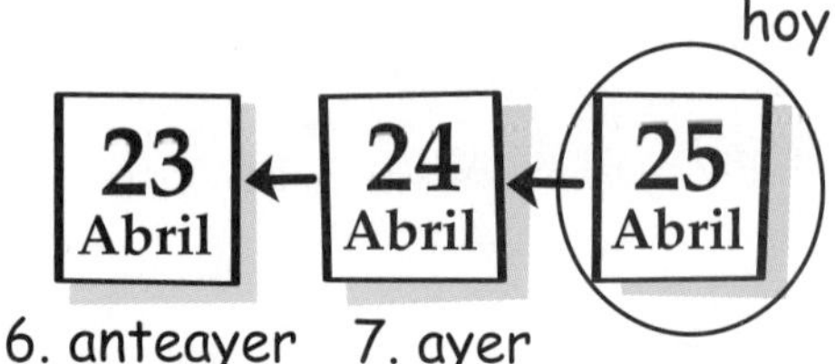

6. anteayer 7. ayer

8. una cucharada

9. una cucharadita

10. el jarabe

11. las cápsulas

12. las píldoras

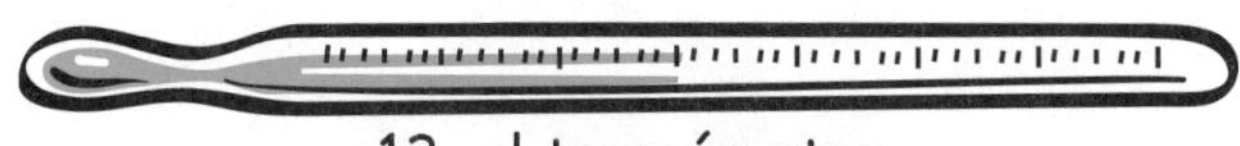

13. el termómetro

Nombre ______________________ Sección ____________ Fecha ____________

La señora Duarte está enferma

2-14 La señora Elisa Duarte, de Guadalajara, está de vacaciones en Los Ángeles. Hoy va al médico porque no se siente bien. Tiene diarrea y náusea. Fue al consultorio del Dr. Peña porque le dijeron que él era mexicoamericano y que hablaba muy bien el español. En el consultorio, la enfermera, que también habla español, le hace algunas preguntas.

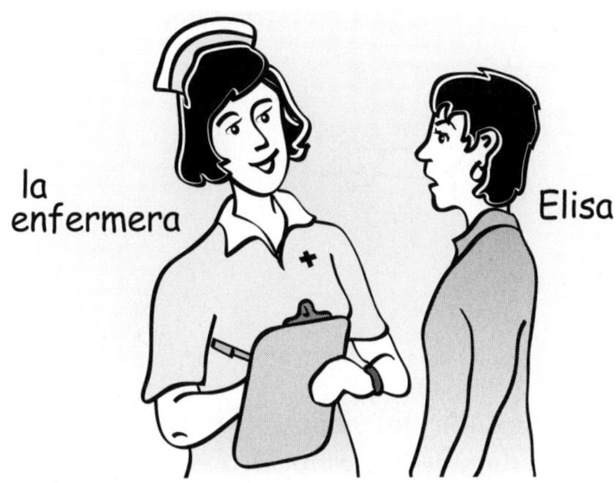

Enfermera —Tengo que hacerle algunas preguntas antes de que el doctor la vea.
Elisa —Muy bien.
Enfermera —¿Hay alguien en su familia que tenga diabetes o asma?
Elisa —Mi mamá es diabética, pero no hay nadie que tenga asma.
Enfermera —¿Hay alguien en su familia que haya muerto de un ataque al corazón?
Elisa —Sí, mi abuelo.
Enfermera —¿Qué enfermedades tuvo de niña?
Elisa —Sarampión, rubéola y paperas.
Enfermera —¿Ha sido operada alguna vez?
Elisa —Sí, me operaron de apendicitis el año pasado.

La enfermera la pesa y después le toma la temperatura y la presión.

Enfermera —¿Cuánto tiempo hace que no se siente bien?
Elisa —Desde anteayer. Pasé dos días vomitando.
Enfermera —Tiene la presión un poco alta y un poco de fiebre. ¿Qué otros síntomas tiene?
Elisa —Me siento débil y me duele la espalda. Ojalá no haya pescado una pulmonía.
Enfermera —No lo creo; probablemente sea gripe. ¿Está Ud. embarazada?
Elisa —No, no estoy embarazada.
Enfermera —¿Es usted alérgica a alguna medicina?
Elisa —Que yo sepa, no.

Nombre ______________________ **Sección** ____________ **Fecha** ____________

Con el médico:

el médico

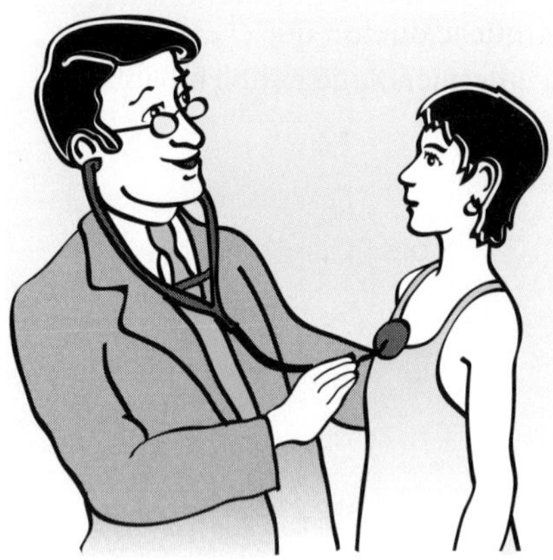

Médico	—Abra la boca y saque la lengua. Respire hondo. Otra vez.
Elisa	—Me duele el pecho cuando respiro y también me duelen los oídos.
Médico	—Tiene una infección en el oído y también tiene síntomas de gastroenteritis. Voy a recetarle unas pastillas y un antibiótico.
Elisa	—¿Y para la diarrea, doctor?
Médico	—Tome este líquido en cuanto llegue a su casa. Una cucharada cada cuatro horas.
Elisa	—¿Por cuánto tiempo tengo que tomar el antibiótico?
Médico	—Hasta que lo termine.

2-14

¡Escuchemos! While listening to the dialogue, circle **V (verdadero)** if the statement is true and **F (falso)** if it is false.

1. Elisa Duarte no sabe hablar inglés. V F
2. La mamá de la Sra. Duarte tiene asma. V F
3. El año pasado la Sra. Duarte tuvo paperas. V F
4. Hace dos días que la señora no se siente bien. V F
5. La presión de la señora es normal. V F
6. La Sra. teme tener pulmonía. V F
7. La Sra. es alérgica a la aspirina. V F
8. El médico le receta una medicina a la Sra. para la diarrea. V F
9. La Sra. va a tener que tomar un antibiótico. V F
10. Tiene que tomar el antibiótico por tres días. V F

Nombre ______________________ Sección ____________ Fecha ____________

Audio

VOCABULARIO

COGNADOS

alérgico(a)
el antibiótico
la apendicitis
el asma
la diabetes
diabético(a)
la diarrea
la gastroenteritis
la infección
el líquido
la náusea
los síntomas
la temperatura

NOMBRES

el ataque al corazón, el infarto *heart attack*
la enfermedad *disease, sickness*
la fiebre *fever*
la gripe *influenza, flu*
las paperas *mumps*
la presión *blood pressure*
la pulmonía *pneumonia*
la rubéola *German measles (rubella)*
el sarampión *measles*

VERBOS

morir (o:ue) *to die*
operar *to operate*
respirar *to breathe*
vomitar *to vomit, to throw up*

ADJETIVOS

alto(a) *high*
débil *weak*

OTRAS PALABRAS Y EXPRESIONES

antes de que *before*
cada *every*
de niño(a) *as a child*
desde *since*
en cuanto, tan pronto como *as soon as*
hacer preguntas *to ask questions*
hasta que *until*
nadie *nobody*
pescar una pulmonía *to catch pneumonia*
Que yo sepa, no. *Not that I know of.*
respirar hondo *to take a deep breath*
ser operado(a) *to be operated on*
tener la presión alta *to have high blood pressure*

VOCABULARIO ADICIONAL

alérgico(a) *allergic*
el dolor de cabeza *headache*
empeorar *to get worse*
fuerte *strong*
guardar cama *to stay in bed (when one is sick)*
mejorar(se) *to get better*
la operación, la cirugía *operation, surgery*
¡Que se (te) mejore(s)! *Get well soon!*
sangrar *to bleed*
sufrir del corazón *to have heart trouble*
tener la presión baja *to have low blood pressure*
tener tos *to have a cough*
toser *to cough*

Nombre ______________________ Sección ____________ Fecha ____________

Notas culturales

Search

- En la mayoría de los países de habla hispana, hay todavía médicos que van a la casa de sus pacientes, si éstos no pueden ir a su consultorio. A menudo (*Often*), cuando una persona necesita una inyección, una enfermera o una ayudante va a la casa de esa persona para ponérsela.
- En España, las farmacias se turnan (*take turns*) en mantenerse abiertas por la noche, para que haya una farmacia abierta las veinticuatro horas del día en cada zona de la ciudad. Un letrero (*sign*) en la ventana de las farmacias cerradas avisa a los vecinos dónde encontrarán una farmacia abierta.
- En algunos países latinoamericanos, se pueden comprar jeringuillas (*syringes*) en las farmacias, pues su venta al público no está prohibida, como lo está en los Estados Unidos.

En tu mundo...

1. Los médicos de este país, ¿van a las casas de sus pacientes a veces?
2. ¿Hay aquí farmacias que estén abiertas las veinticuatro horas del día?
3. En este país, ¿qué tipos de medicinas pueden recomendar los farmacéuticos?

Actividades

Dígame... Answer the following questions, basing your answers on the dialogue.

1. ¿Elisa se siente mal? ¿Qué tiene? ¿Por qué fue a ver al Dr. Peña?

   ____

2. ¿Qué tiene que hacer la enfermera antes de que el doctor vea a Elisa?

   ____

3. ¿Quién tiene diabetes en la familia de Elisa?

   ____

4. ¿Hay alguien que haya muerto de un ataque al corazón?

   ____

5. ¿Qué enfermedades tuvo Elisa de niña?

   ____

Nombre ______________________ Sección ____________ Fecha ____________

6. ¿De qué operaron a Elisa el año pasado?

____

7. ¿Elisa tiene la presión alta o baja?

____

8. ¿La enfermera cree que Elisa tiene gripe o pulmonía?

____

9. Elisa tiene náusea y vomita mucho. ¿Está embarazada?

____

10. ¿Qué va a recetarle el médico a Elisa para la infección? ¿Y para la diarrea?

____

11. ¿Qué debe hacer Elisa en cuanto llegue a su casa?

____

12. ¿Por cuánto tiempo debe tomar Elisa el antibiótico?

____

Hablemos Interview a classmate, using the following questions. When you have finished, switch roles.

1. ¿Qué enfermedades tuviste de niño(a)?
2. ¿Qué enfermedades han tenido otros miembros de tu familia?
3. ¿Alguna vez has pescado una pulmonía?
4. ¿Fuiste al médico recientemente? (¿Cuándo fuiste?)
5. ¿Has tenido asma alguna vez? ¿Eres alérgico(a) a alguna medicina?
6. Cuando tienes gripe, ¿qué síntomas tienes?
7. Si tienes gripe, ¿qué debes hacer?
8. ¿Vas a clase cuando tienes fiebre?
9. Si una persona tiene fiebre, ¿qué le recomiendas que haga?
10. ¿Has sido operado(a) alguna vez? (¿Cuándo? ¿Dónde?)

Nombre ________________ Sección ________ Fecha ________

¿Cómo lo decimos? Give the Spanish equivalent of the words in parentheses.

1. ___________, me voy a pesar. (*As soon as I get home*)
2. ¿Hay alguien en su familia ___________ de un ataque al corazón? (*who has died*)
3. Le voy a dar este jarabe para que ___________. (*he feels better*)
4. Va a estar en el hospital solamente hasta mañana, a menos que ___________. (*they have to operate on her*)
5. ___________ a tu hermana, dile que el niño tiene fiebre. (*When you see*)
6. Voy a llevarla al médico ___________. (*in case she has the flu*)
7. No es verdad que la niña ___________. (*has gotten worse*)
8. Temo que mi abuelo ___________ gastroenteritis. (*has had*)
9. Espero que el médico ___________ que tiene la presión alta. (*has told him*)
10. No se va a mejorar a menos que ___________. (*she stays in bed*)

¿Qué pasa aquí? With a partner, answer the following questions according to what you see in the pictures.

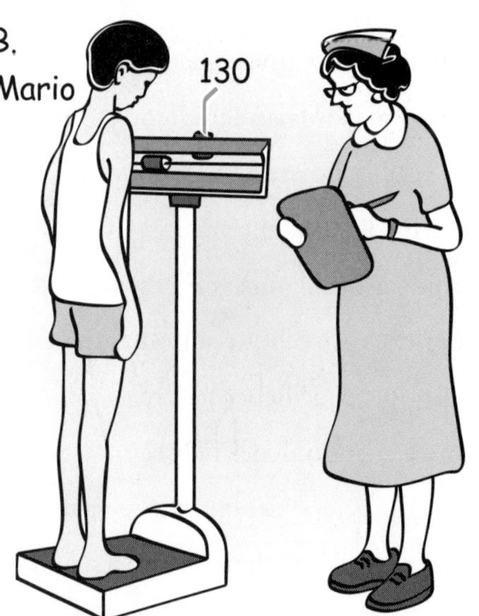

A.

1. ¿Se siente bien Jorge?
2. ¿Qué le pasa?
3. ¿A quién llamó Jorge?
4. ¿Cuál es la dirección del Dr. Peña?

B.

1. ¿Qué hace la enfermera?
2. ¿Cuánto pesa Mario?
3. ¿Cree Ud. que Mario es muy gordo?

Nombre ______________________ Sección ____________ Fecha ____________

C.

1. ¿Cuál es el problema de Juan?
2. ¿Qué le va a recetar el Dr. Miño?
3. ¿Cuántas cucharadas de jarabe tiene que tomar Juan?
4. ¿Cuándo tiene que tomar Juan el jarabe?

D.

1. ¿Qué le pregunta Ada a la Dra. Vidal?
2. ¿Cuándo tiene que volver Ada al consultorio de la Dra. Vidal?

E.

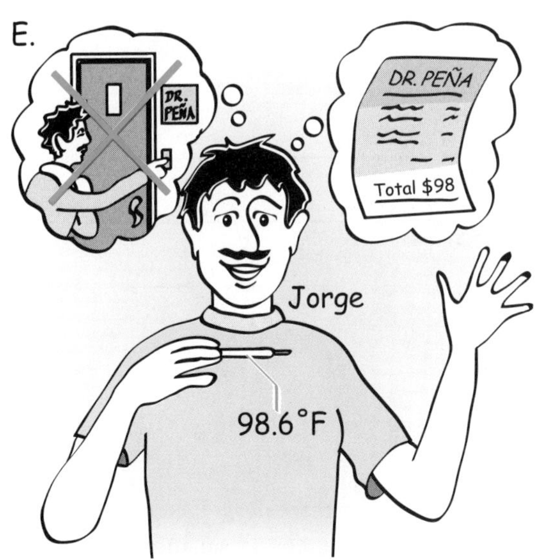

1. ¿Qué tiene Jorge en la mano?
2. ¿Todavía tiene fiebre Jorge?
3. ¿Qué piensa Jorge que ya no necesita hacer?
4. ¿Cuánto le debe Jorge al Dr. Peña?

F.

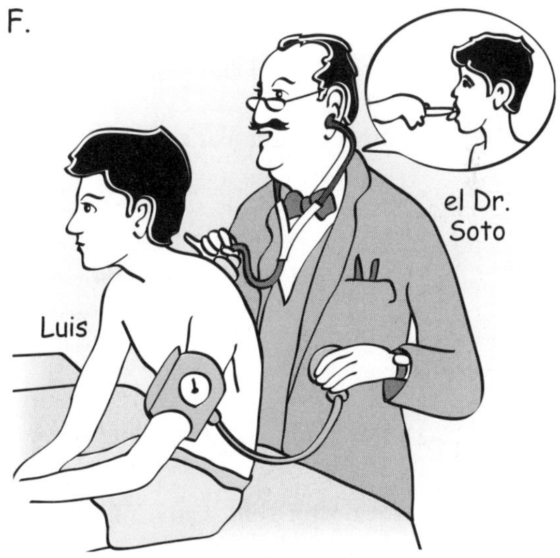

1. ¿Quién le está tomando la presión a Luis?
2. ¿Qué cree Ud. que le está diciendo el Dr. Soto a Luis?
3. ¿Qué quiere el Dr. Soto que haga Luis después?

Nombre ______________________ Sección ____________ Fecha ____________

Una encuesta Survey your classmates and your instructor to find someone who fits each of the following descriptions and write the person's name in the space provided. Remember to use the **tú** form when speaking to your classmates and the **Ud.** form when speaking to your instructor.

ESTA PERSONA...

1. ☐ tuvo que trabajar mucho anteayer. ____________
2. ☐ va al médico cuando no se siente bien. ____________
3. ☐ siempre le hace muchas preguntas a su médico. ____________
4. ☐ tiene la presión un poco baja a veces. ____________
5. ☐ es alérgica. ____________
6. ☐ toma jarabe cuando tiene tos. ____________
7. ☐ tiene un termómetro en su casa. ____________
8. ☐ tiene una balanza en su baño. ____________
9. ☐ tuvo gripe el año pasado. ____________
10. ☐ tuvo que guardar cama el año pasado. ____________
11. ☐ tuvo que tomar un antibiótico el año pasado. ____________
12. ☐ tuvo sarampión de niño(a). ____________

En estas situaciones What would you say in the following situations? What might the other person say?

1. You go to the doctor's office after suffering a number of symptoms for three days. Describe them to the doctor in as much detail as possible so that he/she can diagnose your condition and tell you how to treat it.
2. You are a nurse assigned to take the medical history of a new patient. Find out as much as you can about his/her childhood illnesses, any operations, and whether any members of his/her family have suffered from serious illnesses.
3. You are at your doctor's office for a physical. Before the doctor sees you, a nurse comes into the examining room to weigh you, take your blood pressure and temperature, listen to your breathing, and look at your throat.

Nombre ______________________ **Sección** ____________ **Fecha** ____________

¿Qué dice aquí? With a partner, answer the following questions using information from the medical record below.

1. ¿Cómo se llama el paciente?
2. ¿Cuál es la fecha de nacimiento del paciente?
3. ¿Qué vacunas le pusieron de niño?
4. ¿Qué tipo de vacuna contra (*against*) la polio le dieron?
5. ¿Cuándo lo inmunizaron contra la gripe?
6. ¿Qué enfermedades tuvo José de niño?
7. ¿Qué accidentes ha tenido José?
8. ¿Qué otras enfermedades tiene José?
9. ¿Han operado a José alguna vez? ¿De qué?
10. ¿Tiene José algún defecto de los sentidos (*senses*)?

RÉCORD DE INMUNIZACIONES (Vacunas)

Paciente: José Hernández **Fecha de nacimiento:** 5 de enero de 1979

Inmunizaciones

Vacuna contra la viruela ____________
Fecha

Resultados
❑ Prendió ❑ No prendió ❑ Contraindicado

Firma del doctor

Revacunación contra la viruela ____________
Fecha

Resultados
❑ Prendió ❑ No prendió ❑ Contraindicado

Firma del doctor

Difteria, tos ferina, tétano

Tratamiento	Fecha	Dosis	Firma del doctor
1a Dosis	4/3/79		Dr. Vega
2a Dosis	5/5/79		Dr. Vega
3a Dosis	6/7/79		Dr. Vega
1a Reacción			
2a Reacción			
3a Reacción			

Poliomielitis

Tratamiento	Tipo usado	Dosis	Fecha	Firma del doctor
1a Dosis	oral		8/3/79	
2a Dosis	"		7/5/79	
3a Dosis	"		8/7/79	
1a Reacción				
2a Reacción				
3a Reacción				

Otras inmunizaciones o pruebas

Nombre	Fecha	Resultado	Firma del doctor
Gripe	7/9/90		Dra. Paz

Enfermedades y fechas

Tos ferina ____________ Paperas 13/3/84
Rubéola 8/10/79 Sarampión 20/8/87
Varicela ____________ Difteria ____________
Escarlatina ____________ Poliomielitis ____________

Accidentes (dar fechas y especificar) 24/5/89
Fractura del brazo izquierdo

Impedimentos y anomalías (especificar)
Ninguno

Otras enfermedades (especificar)
Diabetes, asma

Operaciones (especificar) 15/9/92
Apendicitis

Defectos de los sentidos (especificar)
Ninguno

Nombre ______________________ Sección ____________ Fecha ____________

Una actividad especial There is a flu epidemic. The classroom turns into a clinic, staffed with four or five nurses and four or five doctors. The rest of the students will play the roles of patients. Some will be parents bringing in a sick child. Bring as many props to class as possible: tongue depressors, which could also serve as thermometers; belts or pieces of rope, which could serve as equipment to take blood pressure or as stethoscopes, etc. The nurses should write down pertinent information about each patient, and hand each patient's medical history to the doctors, who will add to it. Use the following medical history form. (All this information should be turned in to the instructor.)

HISTORIA CLÍNICA

Paciente ______________________ Fecha de nacimiento ______________________

Enfermedades y fechas

Tos ferina ____________	Paperas ____________	Diabetes ____________
Rubéola ____________	Sarampión ____________	Asma ____________
Varicela ____________	Difteria ____________	Ataque al corazón ____________
Escarlatina ____________	Poliomielitis ____________	Pulmonía ____________

Acccidentes (dar fechas y especificar) ______________________

____

Impedimentos y anomalias (especificar) ______________________

____

Otras enfermedades (especificar) ______________________

____

Operaciones (especificar) ______________________

____

Defectos de los sentidos (especificar) ______________________

____

Alergias (especificar) ______________________

____

Inmunizaciones

Vacuna contra la viruela ______________________
fecha

Vacuna contra la difteria, la tos ferina y el tétano ______________________
fecha

Vacuna contra la poliomielitis ______________________
fecha

Comentarios: ______________________

____

____

Nombre ______________________ Sección ______________ Fecha ______________

Un paso más Review the **Vocabulario adicional** in this **lección,** and complete the following sentences with the appropriate word or phrase.

1. Tengo ____________. Voy a tomar dos aspirinas.
2. Mi abuelo sufre del ____________ y mi abuela tiene la ____________ baja.
3. Tiene apendicitis. Necesita una ____________.
4. Ella no se siente débil; se siente muy ____________.
5. Roberto es ____________ a la penicilina.
6. Lo van a llevar al hospital porque la herida le ____________ mucho.
7. Tiene mucha ____________; tose todo el día.
8. Está muy enfermo; la doctora dice que tiene que ____________.
9. Le di la medicina, pero en vez de (*instead of*) mejorar, ¡____________!
10. Toma la medicina y acuéstate. Bueno ¡____________!

Un proverbio

Es mejor prevenir que curar. *An ounce of prevention is worth a pound of cure.*

Haciendo diligencias

Objectives

Structures

- The imperfect subjunctive
- Uses of the imperfect subjunctive
- *If* clauses

Communication

- At the post office and at the bank

Culture: Los cubanoamericanos

- National currencies of different Spanish-speaking countries

Nombre ______________________ Sección ______________ Fecha ______________

APRENDA ESTAS PALABRAS

1. la oficina de correos, el correo

2. la ventanilla

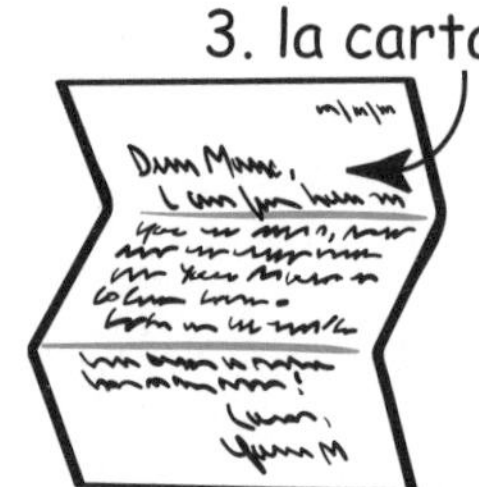

3. la carta

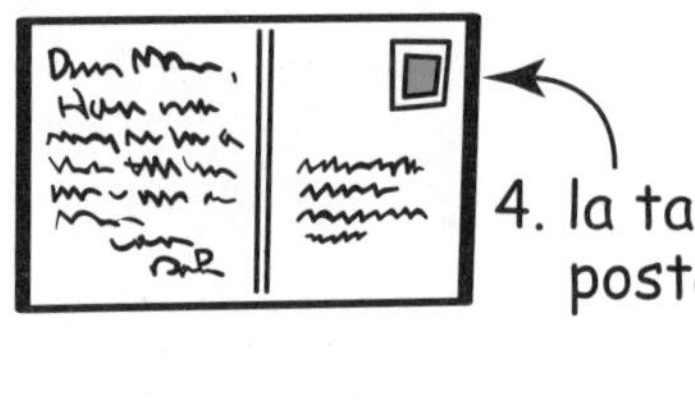

4. la tarjeta postal

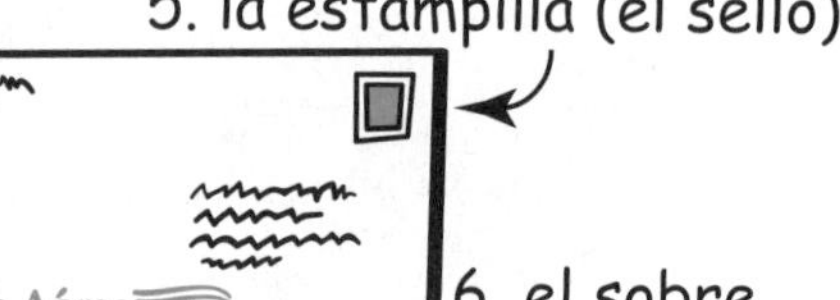

5. la estampilla (el sello)
6. el sobre

7. el buzón

8. el paquete de regalo

9. la fotocopiadora
10. la fotocopia
11. fotocopiar, hacer fotocopias

12. regalar
13. la felicitación

Nombre ______________________ Sección ____________ Fecha ____________

HACIENDO DILIGENCIAS

2-15 La familia Torres es cubana, pero ahora todos viven en Miami. Ayer la Sra. Torres le pidió a su hijo Luis que hiciera varias diligencias, de modo que él salió hoy muy temprano. Primero fue a la oficina de correos, que queda muy cerca de su casa.

En el correo.

Luis —Quiero enviar este paquete a Los Ángeles por vía aérea y certificado.
Empleado —Muy bien. (*Lo pesa.*) Son diez dólares. ¿Algo más?
Luis —Sí, necesito estampillas para tres tarjetas postales.
Empleado —El total es de once dólares.
Luis —Ah, ¿adónde debo ir para enviar un giro postal?
Empleado —Vaya a la ventanilla número dos.

Como su mamá le había dado un cheque para que lo depositara en el banco, Luis tomó el autobús y fue al Banco Central.

En el banco.

Luis —Quiero depositar este cheque en la cuenta corriente de Beatriz Torres.
Cajero —¿Tiene Ud. el número de la cuenta?
Luis —Sí. ¿Podría decirme cuál es el saldo de la cuenta?
Cajero —No puedo darle esa información; la cuenta no está a su nombre.
Luis —Mi madre también quiere alquilar una caja de seguridad. ¿Puede Ud. darme los papeles necesarios para que se los lleve a ella?
Cajero —Si Ud. puede esperar unos minutos, la Srta. Paz lo atenderá en seguida.

Cuando Luis salió del banco fue primero a la biblioteca para devolver un libro y hacer unas fotocopias. Después fue a varias tiendas para comprarle un regalo de cumpleaños a su novia, pero no encontró nada que le gustara. Luis pensó que, si no tuviera que trabajar, podría ir a otras tiendas.

Nombre ______________________ Sección ______________ Fecha ______________

2-15

¡Escuchemos! While listening to the dialogue, circle **V (verdadero)** if the statement is true and **F (falso)** if it is false.

1. La mamá de Luis es mexicana. V F
2. Hoy Luis tiene que hacer varias diligencias. V F
3. Luis tiene que caminar mucho para ir a la oficina de correos. V F
4. Luis va a mandar varias cartas por vía aérea y certificadas. V F
5. Luis sacó dinero de su cuenta corriente. V F
6. La cuenta está a nombre de la mamá de Luis. V F
7. Luis quiere alquilar una caja de seguridad. V F
8. Luis llevó un libro a la biblioteca. V F
9. Luis estuvo en varias tiendas buscando un regalo. V F
10. Luis compró un regalo muy bonito para su novia. V F

Audio

Vocabulario

COGNADO

la oficina

NOMBRES

la caja de seguridad *safe deposit box*
el (la) cajero(a) *cashier, teller*
la cuenta *account*
  la cuenta corriente *checking account*
el giro postal *money order*
el saldo *balance*

VERBOS

devolver (o:ue) *to return (something)*
enviar *to send*

ADJETIVO

certificado(a) *registered*

OTRAS PALABRAS Y EXPRESIONES

¿Algo más? *Anything else?*
de modo que *so*
por vía aérea *by air mail*

Nombre ______________ Sección ______________ Fecha ______________

VOCABULARIO ADICIONAL

PARA HABLAR DE DILIGENCIAS (*To talk about errands*)

el apartado postal, la casilla de correos *post office box*
el cajero automático *automatic teller machine*
el casillero *mailbox* (*i.e., in an office*)
el correo *mail*
echar al correo *to mail*
navegar la red *to navigate the Web*
pagar cuentas *to pay bills*
recoger *to pick up*
solicitar un préstamo *to apply for a loan*
el talonario de cheques *checkbook*
el teléfono celular *cellular phone*

- Abrir cuentas en los bancos de Hispanoamérica no es tan fácil como en los Estados Unidos. Los bancos comerciales, por lo general, sólo les abren cuentas a los hombres y mujeres de negocios (*business*) y no aceptan pequeñas cuentas de ahorros.
- En casi toda Hispanoamérica en las oficinas de correos hay Cajas Postales de Ahorros que operan como (*act as*) bancos para las personas pobres. En algunos países estas Cajas trabajan en relación con las escuelas, y los niños pueden ahorrar haciendo depósitos o comprando estampillas de ahorro.
- En muchos países los teléfonos celulares son un símbolo del "status" social. Así ocurre en Hispanoamérica, pero además en muchos países de la región, los celulares solucionan el problema de la falta (*lack*) de teléfonos regulares y, por lo general, ofrecen un servicio más eficiente.
- MONEDAS NACIONALES DE LOS PAÍSES DE HABLA HISPANA

País	Moneda	País	Moneda
Argentina	el peso	Honduras	el lempira
Bolivia	el boliviano	México	el peso
Chile	el peso	Nicaragua	el córdoba
Colombia	el peso	Panamá	el balboa
Costa Rica	el colón	Paraguay	el guaraní
Cuba	el peso	Perú	el nuevo sol
Ecuador	el sucre	Puerto Rico	el dólar
El Salvador	el colón	Rep. Dominicana	el peso
España	el euro	Uruguay	el peso
Guatemala	el quetzal	Venezuela	el bolívar

- El cambio de moneda (*rate of exchange*) entre el dólar y las monedas extranjeras varía mucho. Por ejemplo, un dólar equivale a (*is equal to*) unos diez pesos mexicanos y a unos 2.600 pesos colombianos.

Nombre ______________________ Sección ______________ Fecha ______________

En Tu Mundo...

1. ¿Es difícil abrir una cuenta de ahorros en los Estados Unidos?
2. En este país, ¿qué pueden hacer los niños que desean ahorrar?
3. Si una persona viene a los Estados Unidos con 9.000 pesos mexicanos y los cambia por dólares, ¿cuánto dinero va a recibir?

Actividades

Dígame... Answer the following questions, basing your answers on the dialogue.

1. ¿Qué le pidió la Sra. Torres a su hijo ayer?

   ____

2. ¿Adónde fue Luis primero? ¿Por qué?

   ____

3. ¿Qué diligencias hace Luis en el correo?

   ____

4. Del correo, ¿adónde fue Luis? ¿Cómo fue?

   ____

5. ¿Qué quería la mamá de Luis que él hiciera en el banco?

   ____

6. ¿Qué otras cosas hizo Luis en el banco?

   ____

7. ¿Le dice el empleado cuál es el saldo de la cuenta de Beatriz Torres? ¿Por qué o por qué no?

   ____

8. ¿Para qué fue Luis a la biblioteca?

   ____

9. ¿Para quién quería comprar un regalo de cumpleaños?

   ____

10. ¿Qué haría Luis si no tuviera que ir a trabajar?

    ____

Nombre ______________________ Sección ____________ Fecha ____________

Hablemos Interview a classmate, using the following questions. When you have finished, switch roles.

1. ¿En qué calle queda la oficina de correos que está más cerca de tu casa?
2. Cuando tú viajas, ¿les mandas cartas o tarjetas postales a tus amigos? ¿Por qué o por qué no?
3. ¿Qué tipos de cuentas tienes? ¿En qué banco?
4. ¿Recuerdas el número de tu cuenta corriente?
5. ¿Sabes cuál es el saldo de tu cuenta de ahorros?
6. ¿Tienes una caja de seguridad en el banco? (¿En qué banco?)
7. Cuando tienes que ir al banco, ¿tomas el ómnibus o vas en coche?
8. ¿Tienes algún libro de la biblioteca que tengas que devolver? (¿Cuándo tienes que devolverlo?)
9. ¿Adónde vas a hacer fotocopias?
10. ¿Cuándo es tu cumpleaños?
11. ¿Qué quieres que te regalen?
12. ¿Qué harías tú si no tuvieras que trabajar el próximo viernes?

¿Cómo lo decimos? Complete the following sentences, using the Spanish equivalent of the words in parentheses.

1. Le pedí ____________ las tarjetas postales y las estampillas. (*to bring me*)
2. Yo esperaba que ellos ____________ una fotocopiadora para mi cumpleaños. (*give me*)
3. Si ____________ mi novia, yo te regalaría un teléfono celular. (*you were*)
4. Si Uds. ____________ podrían comprar un coche. (*were to apply for a loan*)
5. Te dije que ____________. (*pay the bills*)
6. Yo le aconsejé que ____________ un giro postal a su hermano. (*she send*)
7. Ella nos sugirió que ____________ una cuenta corriente. (*we open*)
8. Yo no creí que ella ____________ navegar la red. (*knew*)
9. Yo compraría el regalo ____________ mi talonario de cheques. (*if I had*)
10. Yo les recomendé que ____________ los documentos en la caja de seguridad. (*they put*)

Nombre ______________________ Sección ______________ Fecha ______________

¿Qué pasa aquí? With a partner, answer the following questions according to what you see in the pictures.

A.

1. ¿A quién le envía Pilar las cartas?
2. ¿Cree Ud. que las cartas son importantes? ¿Por qué o por qué no?
3. ¿A qué país (*country*) van las cartas?

B.

1. ¿Dónde está Carlos?
2. ¿Con quién está hablando?
3. ¿Qué quiere hacer Carlos?

C.

1. ¿Dónde están Teresa y Luisa?
2. ¿Qué está haciendo Teresa?
3. ¿Cree Ud. que Teresa tendrá que pagar una multa? ¿Por qué o por qué no?
4. ¿Para qué fue Luisa a la biblioteca?
5. ¿Cuánto va a tener que pagar Luisa?

Nombre ______________________ Sección ____________ Fecha ____________

D.

1. ¿A qué tienda fue Daniel?
2. ¿Cree Ud. que Daniel va a comprar un regalo para su mamá o para su papá? ¿Por qué?
3. ¿Qué tiene que decidir Daniel?
4. ¿Qué le sugirió el empleado?
5. Si Daniel comprara las dos cosas, ¿cuánto tendría que pagar?
6. ¿Cree Ud. que Daniel va a comprar un regalo de cumpleaños o un regalo de Navidad? ¿Cómo lo sabe?

Una encuesta Survey your classmates and your instructor to find someone who fits each of the following descriptions and write the person's name in the space provided. Remember to use the **tú** form when speaking to your classmates and the **Ud.** form when speaking to your instructor.

ESTA PERSONA...

1. ☐ les manda tarjetas postales a sus amigos cuando viaja. ______________
2. ☐ vive cerca de una oficina de correos. ______________
3. ☐ tiene un casillero en el lugar donde trabaja. ______________
4. ☐ le regaló algo a un amigo (a una amiga) el mes pasado. ______________
5. ☐ hace muchas fotocopias. ______________
6. ☐ fue a la biblioteca para devolver un libro el mes pasado. ______________

Nombre ______________________ Sección ____________ Fecha ____________

7.	☐	tiene un teléfono celular.	____________
8.	☐	tiene una cuenta corriente en el banco.	____________
9.	☐	sabe cuál es el saldo de su cuenta.	____________
10.	☐	tiene una caja de seguridad en el banco.	____________
11.	☐	usa mucho el cajero automático.	____________
12.	☐	usa su talonario de cheques todos los días.	____________

En estas situaciones What would you say in the following situations? What might the other person say?

1. You are at the post office. You want to send three letters by registered air mail, and you want to know where to go to send a money order.
2. You and a friend are discussing the errands that each of you has run this week.
3. You are a bank teller. A customer at your window is asking the balance of his/her savings and checking accounts, and also wants to know how to obtain a safe deposit box.

¿Qué dice aquí? With a partner, use the ad on the following page to answer these questions to evaluate the benefits of opening a checking account.

1. ¿Cómo se llama el banco? ¿En qué calle está?
2. ¿Hay que pagar algo por las cuentas corrientes?
3. ¿Qué ventajas (*advantages*) tienen los clientes si abren su cuenta antes del 30 de marzo?
4. En este plan, ¿cuánto es necesario pagar por los cheques?
5. ¿Qué saldo mínimo hay que mantener en este plan?
6. ¿Cuándo se puede llamar al banco para recibir información sobre el saldo de una cuenta?
7. ¿Es posible ir al banco a depositar dinero los sábados? ¿Por qué o por qué no?
8. ¿Tiene sucursales el Banco Nacional?
9. Los clientes que llaman para pedir información, ¿tienen que pagar por la llamada?
10. ¿Qué depósito mínimo se requiere para abrir este tipo de cuenta?

Nombre ______________________ Sección ____________ Fecha ____________

¡Cuentas Corrientes Gratis!*

Ahora usted puede tener todas las ventajas de una cuenta corriente de cheques en el Banco Nacional–¡GRATIS!

¡Abra su cuenta ahora y ahorre!
Si usted abre su cuenta antes del 30 de marzo no tiene que pagar durante los primeros seis meses.

No cobramos por los cheques.
No necesita mantener un saldo mínimo.

Línea de información 24 horas al día.
Usted puede saber cuál es el saldo de su cuenta en cualquier momento. Damos servicio 24 horas al día, los 7 días de la semana.

Como siempre, abrimos los sábados.
Visite hoy cualquiera de nuestras sucursales o llame sin costo a nuestro teléfono 71-4293.

Calle Ocho No. 410

* La oferta es válida para cuentas corrientes. Para abrir la cuenta se requiere un depósito mínimo de 1.000 dólares.

Una actividad especial Turn the classroom into a mini-downtown with a bank and a post office. Each establishment should have three or four service windows, with students playing the roles of tellers and clerks. The rest of the students should do a variety of errands, such as purchasing stamps to send different types of mail to various countries, purchasing money orders, opening bank accounts and obtaining balances, and inquiring about safe deposit boxes. Students should also ask directions to the library and other downtown locations.

Un paso más Review the **Vocabulario adicional** in this **lección,** and complete the following sentences with the appropriate word or phrase.

1. El número de mi ____________ es 342.

2. Voy a ____________ para comprar un coche.

Nombre ______________________ Sección ____________ Fecha ____________

3. Tengo varias cartas que quiero __________.

4. Teresa va a ir a la tintorería para __________ mis pantalones.

5. No puedo pagarte con un cheque porque no tengo aquí mi __________.

6. Voy a ver si las cartas están en mi __________.

7. Ana tiene que pagar __________ y no tiene dinero.

8. ¿Ya vino el __________? Espero una carta de Miguel.

9. El banco está cerrado, pero puedo sacar dinero del __________.

10. Necesito hablar con mi hermano. Lo voy a llamar por mi __________.

Un proverbio

El tiempo es oro. *Time is money (gold).*

Nombre ______________________ Sección ____________ Fecha ____________

REPASO

Práctica de vocabulario

A Match the questions in column **A** with the corresponding answers in column **B**.

A		B
1. ¿Te dieron un descuento?	________	**a.** No, porque no es un requisito.
2. ¿Qué me aconsejas que haga?	________	**b.** Me caí.
3. ¿Qué clase vas a tomar?	________	**c.** Sí, va a tener un hijo en mayo.
4. ¿Vas a tomar esa asignatura?	________	**d.** No, me duelen los pies.
5. ¿Cuándo tengo que hacerlo?	________	**e.** Ciento veinte libras.
6. ¿Qué nota sacaste en la clase?	________	**f.** En su consultorio.
7. ¿No vas a bailar?	________	**g.** Que tomes una pastilla.
8. ¿Qué me pongo?	________	**h.** Que tenía pulmonía.
9. ¿Cómo te lastimaste?	________	**i.** Una B.
10. ¿Dónde está el doctor?	________	**j.** No sé. No tengo termómetro.
11. ¿Perdió el conocimiento?	________	**k.** Mejor.
12. ¿Está embarazada?	________	**l.** Anteayer.
13. ¿Qué te recetó el médico?	________	**m.** Sí, del veinte por ciento.
14. ¿Cuánto pesas?	________	**n.** Lo más pronto posible.
15. ¿Cuándo llegaste?	________	**o.** Este jarabe.
16. ¿Qué te dijo el médico?	________	**p.** Esta bata.
17. ¿Cómo te sientes?	________	**q.** Sí, se desmayó.
18. ¿Tienes fiebre?	________	**r.** Química.

B Circle the word or phrase that does not belong in each group.

1. paperas, sarampión, cartera

2. gripe, anillo, pulmonía

3. tan pronto como, en cuanto, hasta que

4. romperse, respirar, fracturarse

5. radiografía, hora, sala de rayos X

6. cortarse, curita, corazón

7. pierna, lengua, brazo

8. dedos, mano, nariz

9. informática, educación física, contabilidad

10. graduarse, título, bailar

Nombre ______________________ Sección ____________ Fecha ____________

11. materia, asignatura, informe

12. buenas notas, desgraciadamente, es una lástima

13. litera, horario, itinerario

14. sur, este, fácil

15. sugerir, despegar, aterrizar

16. coche-cama, expreso, rápido

C Circle the word or phrase that best completes each sentence.

1. Hay mucha gente. Tienen que (hacer cola, volar, sugerir).
2. El tren sale (de la litera, del andén, del despacho) número cuatro.
3. Vamos de Los Ángeles a Buenos Aires. Tenemos que (transbordar, aconsejar, caernos) en Panamá.
4. No voy en avión porque no me gusta (sacar, volar, volver).
5. ¿Tengo que doblar o (graduarme, seguir derecho, matricularme)?
6. No tengo dinero para pagar la matrícula. Espero que me den una (suerte, materia, beca).
7. Quiero tomar administración de (literatura, empresas, arte).
8. Tiene (ojos, dedos, tobillos) azules.
9. Me duele mucho (la bata, el pecho, el celular).
10. Me van a hacer una radiografía de la (curita, asignatura, espalda).
11. La enfermera le va a (dar, poner, golpear) una inyección antitetánica.
12. Me fracturé la pierna y ahora necesito (muletas, saldos, giros postales).
13. Tengo que desinfectarle (las paperas, la matrícula, la herida).
14. No me enyesaron el brazo porque no me lo (rompí, quité, lastimé).
15. ¿Qué te (pasó, dolió, sugirió)? ¿Te caíste?
16. Camine hasta (temer, llegar, recetar) a la parada de ómnibus.
17. No vas a sacar una buena nota porque has (faltado, avisado, enviado) mucho a clase.
18. Mañana almorzamos (fáciles, difíciles, juntos). ¡Nos vemos!

Nombre ______________________ Sección ____________ Fecha ____________

D Crucigrama. Use the cues provided below to complete the crossword puzzle.

Horizontal

1. 

4. 

6. 

9. 

12. 

14. 

15. 

16. 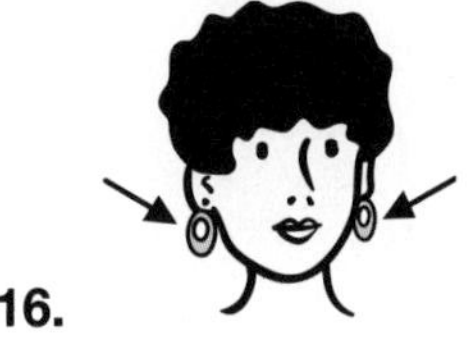

18. 

20. 

24. 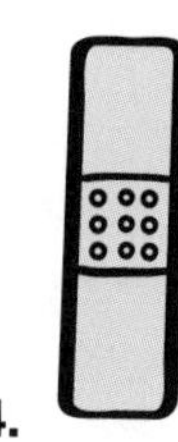

25. 

26. 

27. 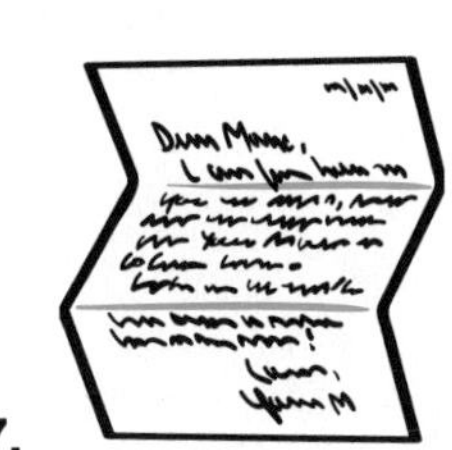

28. 

Nombre ______________________ Sección ____________ Fecha ____________

Vertical

2. 

3.

5. 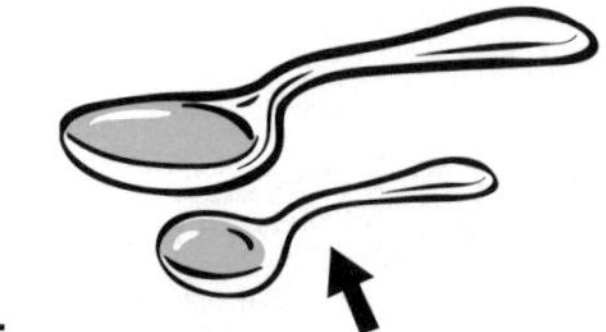

7. 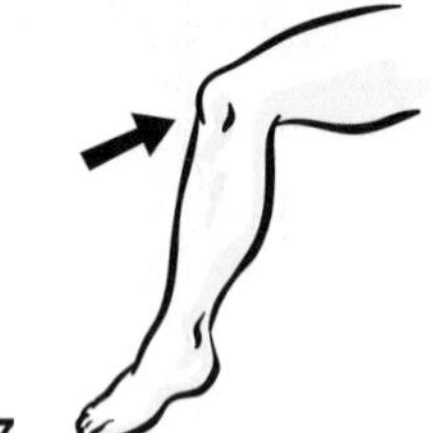

8.

10. 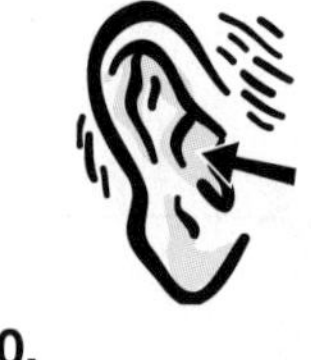

11. 

13. 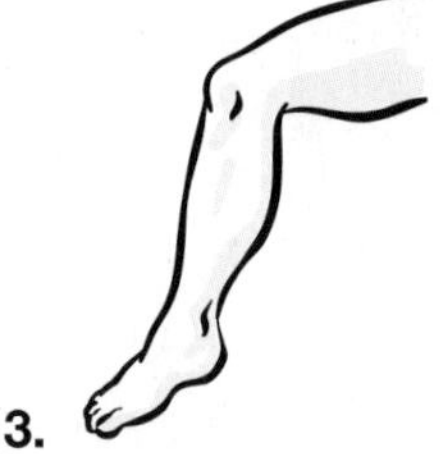

14. 

17. 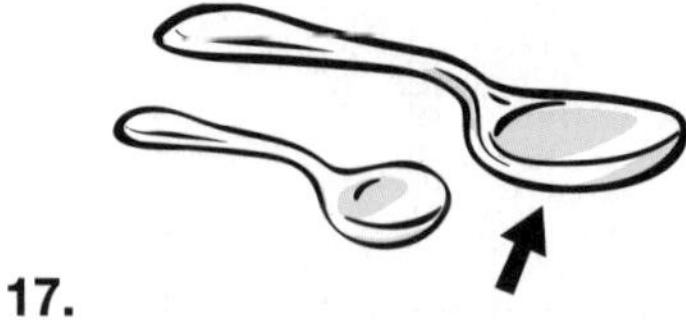

19. 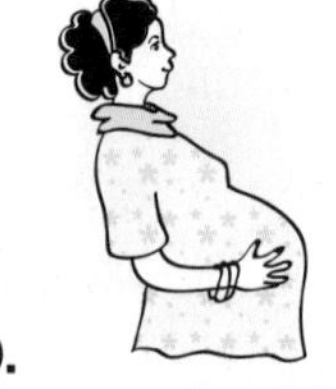

21. 

22. 

23. 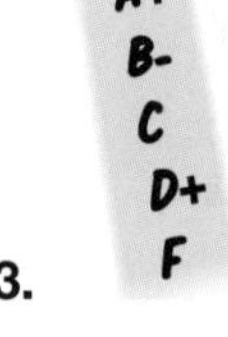

25. 

Nombre ______________________ **Sección** ____________ **Fecha** ____________

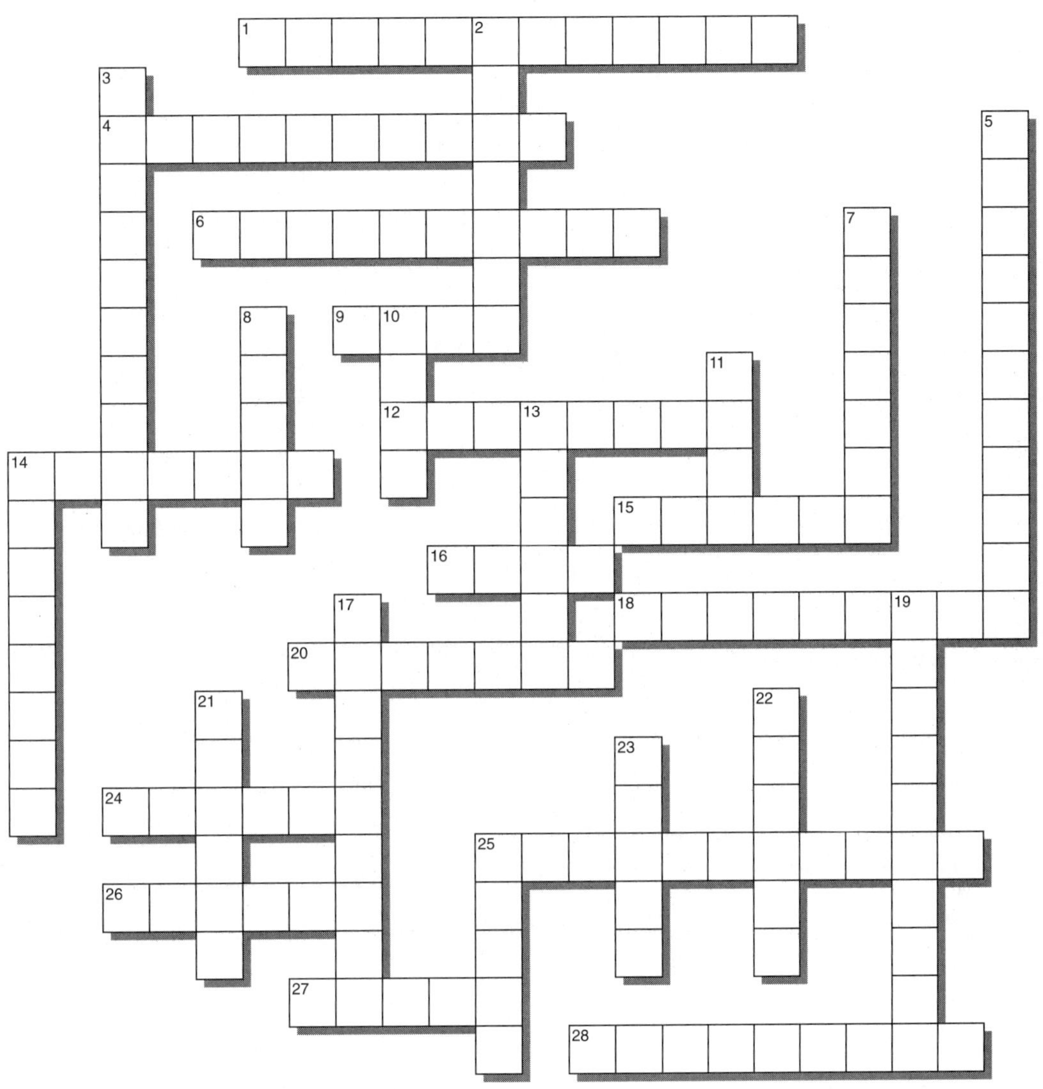

Nombre ______________________ Sección ____________ Fecha ____________

Práctica oral

2-16 Listen to the following exercise on the review tape of the audio program. The speaker will ask you some questions. Answer each question, using the cue provided. The speaker will verify your response. Repeat the correct answer.

2-17 **1.** ¿Le gusta a Ud. viajar? (sí, mucho)

2. ¿Le dan a Ud. algún descuento cuando viaja? (no)

3. ¿Prefiere Ud. viajar en tren, en ómnibus o en avión? (en avión)

4. ¿Se marea Ud. cuando el avión despega o aterriza? (no)

5. ¿Ha visitado Ud. México? (sí)

6. ¿Le gusta a Ud. que sus amigos conozcan a su familia? (sí)

7. ¿Ya pagó Ud. la matrícula en la universidad? (sí)

8. ¿Piensa Ud. solicitar una beca el próximo semestre? (no)

9. ¿Espera Ud. que su profesor le dé una buena nota o una mala nota este semestre? (buena)

10. ¿Qué asignatura le gusta más? (el español)

11. En su opinión, ¿el español es fácil o difícil? (difícil)

12. ¿Cuál es su especialización? (administración de empresas)

13. ¿Ya tomó Ud. todos los requisitos? (no, todavía)

14. ¿Estudia Ud. en su casa o en la biblioteca? (en mi casa)

15. ¿Cuándo va a graduarse Ud.? (el año próximo)

16. ¿Qué enfermedades tuvo Ud. de niño? (paperas y sarampión)

17. ¿Hay alguien en su familia que sufra del corazón? (no)

18. ¿Tiene Ud. la presión alta o normal? (normal)

19. Cuando Ud. fue al médico, ¿le recetó pastillas o cápsulas? (cápsulas)

20. Cuando Ud. toma jarabe, ¿toma una cucharada o una cucharadita? (una cucharada)

21. ¿Cuándo debe Ud. volver al consultorio del médico? (la semana próxima)

22. ¿Qué usa Ud. para saber si tiene fiebre? (un termómetro)

23. ¿Cuánto pesa Ud.? (ciento cincuenta libras)

24. ¿Se ha roto Ud. una pierna alguna vez? (no)

25. ¿Qué toma Ud. cuando le duele la cabeza? (dos aspirinas)

26. ¿Qué quería su amiga que Ud. hiciera? (unas diligencias)

27. ¿Adónde quería que Ud. fuera con ella? (al banco y a la tienda)

28. ¿Qué querían sus padres que Ud. hiciera? (devolver los libros a la biblioteca)

29. Cuando Ud. envía cartas, ¿cómo las envía? (por vía aérea)

30. ¿Qué haría Ud. si no tuviera que estudiar? (salir con mis amigos)

Nombre ______________________ Sección ____________ Fecha ____________

2–18 **Para leer y entender** Listen to the following reading on the review tape of the audio program, paying special attention to intonation and pronunciation. Make sure you understand and remember as much as you can.

2–19 El viaje de José Luis y Teresa

José Luis y su esposa Teresa visitaron el sur de España el verano pasado. Fueron en tren porque a ella no le gusta viajar en avión. Los padres de Teresa les aconsejaron que viajaran en el tren de la noche, que es el expreso.

En Granada, fueron a visitar a Ana María, la sobrina de José Luis, que asiste a la universidad. Por desgracia, la muchacha no pudo pasar mucho tiempo con ellos porque tuvo que estudiar para un examen parcial en su clase de administración de empresas. Ana María espera que le den una beca para el año próximo.

Estuvieron en Granada por cuatro días y después fueron a Sevilla. Allí, José Luis se cayó en la escalera del hotel y se fracturó un brazo. Tuvieron que enyesárselo. El médico le recetó unas cápsulas para el dolor. Al día siguiente fueron a visitar a Carmen, una amiga de Teresa, pero la muchacha no estaba en su casa; estaba en el hospital porque la habían operado de apendicitis. Carmen no se sentía muy bien y tenía un poco de fiebre, pero se alegró mucho de ver a Teresa.

Por la tarde fueron a la oficina de correos para mandarle un paquete a la mamá de José Luis. Era un regalo de cumpleaños.

Now answer the following questions.

1. ¿Qué parte de España visitaron José Luis y Teresa?

   ____

2. ¿Por qué no fueron en avión?

   ____

3. ¿Qué les dijeron los padres de Teresa que hicieran?

   ____

4. ¿Por qué cree Ud. que la sobrina de José Luis quiere sacar muy buenas notas?

   ____

5. ¿Estuvieron en Granada por más o por menos de una semana?

   ____

6. ¿Cómo se fracturó un brazo José Luis?

   ____

7. ¿Cree Ud. que el brazo le dolía mucho? ¿Cómo lo sabe?

   ____

Nombre ______________________ Sección ____________ Fecha ____________

8. ¿Por qué tuvieron que ir al hospital para ver a Carmen?

____

9. ¿Cómo estaba Carmen?

____

10. ¿Cuál fue la reacción de Carmen al ver a Teresa?

____

11. ¿Adónde tuvieron que ir ese mismo día? ¿Para qué?

____

12. ¿Por qué le mandó José Luis un regalo a su mamá?

____

Appendix A: Introduction to Spanish Sounds and the Alphabet

Sections marked with a Web-audio icon are recorded on the website that supplements this text. Repeat each Spanish word after the speaker, imitating as closely as possible the correct pronunciation.

The Alphabet

Letter	Name	Letter	Name	Letter	Name	Letter	Name
a	a	h	hache	ñ	eñe	t	te
b	be	i	i	o	o	u	u
c	ce	j	jota	p	pe	v	ve
d	de	k	ka	q	cu	w	doble ve
e	e	l	ele	r	ere	x	equis
f	efe	m	eme	rr	erre	y	i griega
g	ge	n	ene	s	ese	z	zeta

The Vowels

1. The Spanish **a** has a sound similar to the English *a* in the word *father.* Repeat:

   Ana casa banana mala dama mata

2. The Spanish **e** is pronounced like the English *e* in the word *eight.* Repeat:

   este René teme déme entre bebe

3. The Spanish **i** is pronounced like the English *ee* in the word *see.* Repeat:

   sí difícil Mimí ir dividir Fifí

4. The Spanish **o** is similar to the English *o* in the word *no,* but without the glide. Repeat:

   solo poco como toco con monólogo

5. The Spanish **u** is similar to the English *ue* sound in the word *Sue.* Repeat:

   Lulú un su universo murciélago

The Consonants

1. The Spanish **p** is pronounced like the English *p* in the word *spot.* Repeat:

pan papá Pepe pila poco pude

2. The Spanish **c** in front of **a, o, u, l,** or **r** sounds similar to the English *k.* Repeat:

casa como cuna clima crimen cromo

3. The Spanish **q** is only used in the combinations **que** and **qui,** in which the **u** is silent, and also has a sound similar to the English *k.* Repeat:

que queso Quique quinto quema quiso

4. The Spanish **t** is pronounced like the English *t* in the word *stop.* Repeat:

toma mata tela tipo atún Tito

5. The Spanish **d** at the beginning of an utterance or after **n** or **l** sounds somewhat similar to the English *d* in the word *David.* Repeat:

día dedo duelo anda Aldo

In all other positions, the **d** has a sound similar to the English *th* in the word *they.* Repeat:

medida todo nada Ana dice Eva duda

6. The Spanish **g** also has two sounds. At the beginning of an utterance and in all other positions, except before **e** or **i,** the Spanish **g** sounds similar to the English *g* in the word *sugar.* Repeat:

goma gato tengo lago algo aguja

In the combinations **gue** and **gui,** the **u** is silent. Repeat:

Águeda guineo guiso ligue la guía

7. The Spanish **j,** and **g** before **e** or **i,** sounds similar to the English *h* in the word *home.* Repeat:

jamás juego jota Julio gente Genaro gime

8. The Spanish **b** and the **v** have no difference in sound. Both are pronounced alike. At the beginning of the utterance or after **m** or **n,** they sound similar to the English *b* in the word *obey.* Repeat:

Beto vaga bote vela también un vaso

Between vowels, they are pronounced with the lips barely closed. Repeat:

sábado yo voy sabe Ávalos Eso vale

9. In most Spanish-speaking countries, the **y** and the **ll** are similar to the English *y* in the word *yet.* Repeat:

yo llama yema lleno ya lluvia llega

10. The Spanish **r (ere)** is pronounced like the English *tt* in the word *gutter.* Repeat:

cara pero arena carie Laredo Aruba

The Spanish **r** in an initial position and after **l, n,** or **s,** and **rr (erre)** in the middle of a word are pronounced with a strong trill. Repeat:

Rita Rosa torre ruina Enrique Israel
perro parra rubio alrededor derrama

11. The Spanish **s** sound is represented in most of the Spanish-speaking world by the letters **s, z,** and **c** before **e** or **i.** The sound is very similar to the English sibilant *s* in the word *sink.* Repeat:

sale sitio solo seda suelo
zapato cerveza ciudad cena

In most of Spain, the **z,** and **c** before **e** or **i,** is pronounced like the English *th* in the word *think.* Repeat:

zarzuela cielo docena

12. The letter **h** is silent in Spanish. Repeat:

hilo Hugo ahora Hilda almohada hermano

13. The Spanish **ch** is pronounced like the English *ch* in the word *chief.* Repeat:

muchacho chico coche chueco chaparro

14. The Spanish **f** is identical in sound to the English *f.* Repeat:

famoso feo difícil fuego foto

15. The Spanish **l** is pronounced like the English *l* in the word *lean.* Repeat:

dolor ángel fácil sueldo salgo chaval

16. The Spanish **m** is pronounced like the English *m* in the word *mother.* Repeat:

mamá moda multa médico mima

17. In most cases, the Spanish **n** has a sound similar to the English *n.* Repeat:

nada norte nunca entra nene

The sound of the Spanish **n** is often affected by the sounds that occur around it. When it appears before **b, v,** or **p,** it is pronounced like the English *m.* Repeat:

invierno tan bueno un vaso un bebé un perro

18. The Spanish **ñ (eñe)** has a sound similar to the English *ny* in the word *canyon.* Repeat:

muñeca leña año señorita piña señor

19. The Spanish **x** has two pronunciations, depending on its position. Between vowels, the sound is similar to the English *ks*. Repeat:

examen   boxeo   exigente   éxito

Before a consonant, the Spanish **x** sounds like the English *s*. Repeat:

expreso   excusa   exquisito   extraño

Linking

In spoken Spanish, the various words in a phrase or sentence are not pronounced as isolated elements, but they are combined. This is called *linking*.

1. The final consonant of a word is pronounced together with the initial vowel of the following word. Repeat:

   Carlos‿anda   un‿ángel   el‿otoño   unos‿estudiantes

2. The final vowel of a word is pronounced together with the initial vowel of the following word. Repeat:

   su‿esposo   la‿hermana   ardua‿empresa   la‿invita

3. When the final vowel of a word and the initial vowel of the following word are identical, they are pronounced slightly longer than one vowel. Repeat:

   Ana‿alcanza   me‿espera   mi‿hijo   lo‿olvida

   The same rule applies when two identical vowels appear within a word. Repeat:

   cooperación   crees   leemos   coordinación

4. When the final consonant of a word and the initial consonant of the following word are the same, they are pronounced as one consonant with slightly longer-than-normal duration. Repeat:

   el‿lado   un‿novio   Carlos‿salta   tienes‿sed   al‿leer

Rhythm

Rhythm is the variation of sound intensity that we usually associate with music. Spanish and English each regulate these variations in speech differently, because they have different patterns of syllable length. In Spanish the length of the stressed and unstressed syllables remains almost the same, while in English stressed syllables are considerably longer than unstressed ones. Pronounce the following Spanish words, enunciating each syllable clearly.

es-tu-dian-te   bue-no   Úr-su-la
com-po-si-ción   di-fí-cil   ki-ló-me-tro
po-li-cí-a   Pa-ra-guay

Because the length of the Spanish syllables remains constant, the greater the number of syllables in a given word or phrase, the longer the phrase will be.

Intonation

Intonation is the rise and fall of pitch in the delivery of a phrase or a sentence. In general, Spanish pitch tends to change less than English, giving the impression that the language is less emphatic.

As a rule, the intonation for normal statements in Spanish starts in a low tone, raises to a higher one on the first stressed syllable, maintains that tone until the last stressed syllable, and then goes back to the initial low tone, with still another drop at the very end.

Tu amigo viene mañana. José come pan.
Ada está en casa. Carlos toma café.

Syllable Formation in Spanish

General rules for dividing words into syllables are as follows.

Vowels

1. A vowel or a vowel combination can constitute a syllable.

   a-lum-no a-bue-la Eu-ro-pa

2. Diphthongs and triphthongs are considered single vowels and cannot be divided.

   bai-le puen-te Dia-na es-tu-diáis an-ti-guo

3. Two strong vowels (**a, e, o**) do not form a diphthong and are separated into two syllables.

   em-ple-ar vol-te-ar lo-a

4. A written accent on a weak vowel (**i** or **u**) breaks the diphthong, thus the vowels are separated into two syllables.

   trí-o dú-o Ma-rí-a

Consonants

1. A single consonant forms a syllable with the vowel that follows it.

   po-der ma-no mi-nu-to

   NOTE: **rr** is considered a single consonant: **pe-rro.**

2. When two consonants appear between two vowels, they are separated into two syllables.

   al-fa-be-to cam-pe-ón me-ter-se mo-les-tia

   EXCEPTION: When a consonant cluster composed of **b, c, d, f, g, p,** or **t** with **l** or **r** appears between two vowels, the cluster joins the following vowel: **so-bre, o-tros, ca-ble, te-lé-gra-fo.**

3. When three consonants appear between two vowels, only the last one goes with the following vowel.

ins-pec-tor   trans-por-te   trans-for-mar

EXCEPTION: When there is a cluster of three consonants in the combinations described in rule 2, the first consonant joins the preceding vowel, and the cluster joins the following vowel: **es-cri-bir, ex-tran-je-ro, im-plo-rar, es-tre-cho.**

Accentuation

In Spanish, all words are stressed according to specific rules. Words that do not follow the rules must have a written accent to indicate the change of stress. The basic rules for accentuation are as follows.

1. Words ending in a vowel, **n,** or **s** are stressed on the next-to-the-last syllable.

hi-jo	**ca**-lle	**me**-sa	fa-**mo**-sos
flo-**re**-cen	**pla**-ya	**ve**-ces	

2. Words ending in a consonant, except **n** or **s,** are stressed on the last syllable.

ma-**yor**   a-**mor**   tro-pi-**cal**   na-**riz**   re-**loj**   co-rre-**dor**

3. All words that do not follow these rules must have the written accent.

ca-**fé**	**lá**-piz	**mú**-si-ca	sa-**lón**
án-gel	**lí**-qui-do	fran-**cés**	**Víc**-tor
sim-**pá**-ti-co	rin-**cón**	a-**zú**-car	**dár**-se-lo
sa-**lió**	**dé**-bil	e-**xá**-me-nes	**dí**-me-lo

4. Pronouns and adverbs of interrogation and exclamation have a written accent to distinguish them from relative pronouns.

—¿**Qué** comes?	*"What are you eating?"*
—La pera que él no comió.	*"The pear that he did not eat."*
—¿**Quién** está ahí?	*"Who is there?"*
—El hombre a quien tú llamaste.	*"The man whom you called."*
—¿**Dónde** está?	*"Where is he?"*
—En el lugar donde trabaja.	*"At the place where he works."*

5. Words that have the same spelling but different meanings take a written accent to differentiate one from the other.

el	*the*	**él**	*he, him*	**te**	*you*	**té**	*tea*
mi	*my*	**mí**	*me*	**si**	*if*	**sí**	*yes*
tu	*your*	**tú**	*you*	**mas**	*but*	**más**	*more*

Verbs

Regular Verbs

Model -ar, -er, -ir *verbs*

	INFINITIVE	
amar (*to love*)	**comer** (*to eat*)	**vivir** (*to live*)
	GERUND	
amando (*loving*)	**comiendo** (*eating*)	**viviendo** (*living*)
	PAST PARTICIPLE	
amado (*loved*)	**comido** (*eaten*)	**vivido** (*lived*)

SIMPLE TENSES		
	Indicative Mood	
	PRESENT	
(*I love*)	(*I eat*)	(*I live*)
am**o**	com**o**	viv**o**
am**as**	com**es**	viv**es**
am**a**	com**e**	viv**e**
am**amos**	com**emos**	viv**imos**
am**áis**[1]	com**éis**	viv**ís**
am**an**	com**en**	viv**en**
	IMPERFECT	
(*I used to love*)	(*I used to eat*)	(*I used to live*)
am**aba**	com**ía**	viv**ía**
am**abas**	com**ías**	viv**ías**
am**aba**	com**ía**	viv**ía**
am**ábamos**	com**íamos**	viv**íamos**
am**abais**	com**íais**	viv**íais**
am**aban**	com**ían**	viv**ían**

[1] **Vosotros amáis:** The **vosotros** form of the verb is used primarily in Spain. This form has not been used in this text.

	PRETERIT	
(I love)	*(I ate)*	*(I lived)*
am**é**	com**í**	viv**í**
am**aste**	com**iste**	viv**iste**
am**ó**	com**ió**	viv**ió**
am**amos**	com**imos**	viv**imos**
am**asteis**	com**isteis**	viv**isteis**
am**aron**	com**ieron**	viv**ieron**

	FUTURE	
(I will love)	*(I will eat)*	*(I will live)*
amar**é**	comer**é**	vivir**é**
amar**ás**	comer**ás**	vivir**ás**
amar**á**	comer**á**	vivir**á**
amar**emos**	comer**emos**	vivir**emos**
amar**éis**	comer**éis**	vivir**éis**
amar**án**	comer**án**	vivir**án**

	CONDITIONAL	
(I would love)	*(I would eat)*	*(I would live)*
amar**ía**	comer**ía**	vivir**ía**
amar**ías**	comer**ías**	vivir**ías**
amar**ía**	comer**ía**	vivir**ía**
amar**íamos**	comer**íamos**	vivir**íamos**
amar**íais**	comer**íais**	vivir**íais**
amar**ían**	comer**ían**	vivir**ían**

Subjunctive Mood

	PRESENT	
([that] I [may] love)	*([that] I [may] eat)*	*([that] I [may] live)*
am**e**	com**a**	viv**a**
am**es**	com**as**	viv**as**
am**e**	com**a**	viv**a**
am**emos**	com**amos**	viv**amos**
am**éis**	com**áis**	viv**áis**
am**en**	com**an**	viv**an**

	IMPERFECT (two forms: **-ra**, **-se**)	
([*that*] *I* [*might*] *love*)	([*that*] *I* [*might*] *eat*)	([*that*] *I* [*might*] *live*)
am**ara(-ase)**	com**iera(-iese)**	viv**iera(-iese)**
am**aras(-ases)**	com**ieras(-ieses)**	viv**ieras(-ieses)**
am**ara(-ase)**	com**iera(-iese)**	viv**iera(-iese)**
am**áramos (-ásemos)**	com**iéramos (-iésemos)**	viv**iéramos (-iésemos)**
am**arais(-aseis)**	com**ierais(-ieseis)**	viv**ierais(-ieseis)**
am**aran(-asen)**	com**ieran(-iesen)**	viv**ieran(-iesen)**

Imperative Mood (Command Forms)

(*love*)	(*eat*)	(*live*)
am**a** (tú)	com**e** (tú)	viv**e** (tú)
am**e** (Ud.)	com**a** (Ud.)	viv**a** (Ud.)
am**emos** (nosotros)	com**amos** (nosotros)	viv**amos** (nosotros)
am**ad** (vosotros)	com**ed** (vosotros)	viv**id** (vosotros)
am**en** (Uds.)	com**an** (Uds.)	viv**an** (Uds.)

COMPOUND TENSES

	PERFECT INFINITIVE	
haber amado	**haber comido**	**haber vivido**

	PERFECT PARTICIPLE	
habiendo amado	**habiendo comido**	**habiendo vivido**

Indicative Mood

	PRESENT PERFECT	
(*I have loved*)	(*I have eaten*)	(*I have lived*)
he amado	he comido	he vivido
has amado	has comido	has vivido
ha amado	ha comido	ha vivido
hemos amado	hemos comido	hemos vivido
habéis amado	habéis comido	habéis vivido
han amado	han comido	han vivido

	PLUPERFECT	
(*I had loved*)	(*I had eaten*)	(*I had lived*)
había amado	había comido	había vivido
habías amado	habías comido	habías vivido
había amado	había comido	había vivido
habíamos amado	habíamos comido	habíamos vivido
habíais amado	habíais comido	habíais vivido
habían amado	habían comido	habían vivido

	FUTURE PERFECT	
(*I will have loved*)	(*I will have eaten*)	(*I will have lived*)
habré amado	habré comido	habré vivido
habrás amado	habrás comido	habrás vivido
habrá amado	habrá comido	habrá vivido
habremos amado	habremos comido	habremos vivido
habréis amado	habréis comido	habréis vivido
habrán amado	habrán comido	habrán vivido

	CONDITIONAL PERFECT	
(*I would have loved*)	(*I would have eaten*)	(*I would have lived*)
habría amado	habría comido	habría vivido
habrías amado	habrías comido	habrías vivido
habría amado	habría comido	habría vivido
habríamos amado	habríamos comido	habríamos vivido
habríais amado	habríais comido	habríais vivido
habrían amado	habrían comido	habrían vivido

Subjunctive Mood

	PRESENT PERFECT	
([*that*] *I* [*may*] *have loved*)	([*that*] *I* [*may*] *have eaten*)	([*that*] *I* [*may*] *have lived*)
haya amado	haya comido	haya vivido
hayas amado	hayas comido	hayas vivido
haya amado	haya comido	haya vivido
hayamos amado	hayamos comido	hayamos vivido
hayáis amado	hayáis comido	hayáis vivido
hayan amado	hayan comido	hayan vivido

PLUPERFECT (two forms: **-ra, -se**)		
([*that*] *I* [*might*] *have loved*)	([*that*] *I* [*might*] *have eaten*)	([*that*] *I* [*might*] *have lived*)
hubiera(-iese) amado	hubiera(-iese) comido	hubiera(-iese) vivido
hubieras(-ieses) amado	hubieras(-ieses) comido	hubieras(-ieses) vivido
hubiera(-iese) amado	hubiera(-iese) comido	hubiera(-iese) vivido
hubiéramos(-iésemos) amado	hubiéramos(-iésemos) comido	hubiéramos(-iésemos) vivido
hubierais(-ieseis) amado	hubierais(-ieseis) comido	hubierais(-ieseis) vivido
hubieran(-iesen) amado	hubieran(-iesen) comido	hubieran(-iesen) vivido

Stem-Changing Verbs

The **-ar** *and* **-er** *stem-changing verbs*

Stem-changing verbs are those that have a change in the root of the verb. Verbs that end in **-ar** and **-er** change the stressed vowel **e** to **ie** and the stressed **o** to **ue.** These changes occur in all persons, except the first and second persons plural of the present indicative, present subjunctive, and command.

INFINITIVE	PRESENT INDICATIVE	IMPERATIVE	PRESENT SUBJUNCTIVE
cerrar	cierro	—	cierre
(*to close*)	cierras	cierra	cierres
	cierra	(Ud.) cierre	cierre
	cerramos	cerremos	cerremos
	cerráis	cerrad	cerréis
	cierran	(Uds.) cierren	cierren

INFINITIVE	PRESENT INDICATIVE	IMPERATIVE	PRESENT SUBJUNCTIVE
perder (*to lose*)	pierdo pierdes pierde perdemos perdéis pierden	— pierde (Ud.) pierda perdamos perded (Uds.) pierdan	pierda pierdas pierda perdamos perdáis pierdan
contar (*to count, to tell*)	cuento cuentas cuenta contamos contáis cuentan	— cuenta (Ud.) cuente contemos contad (Uds.) cuenten	cuente cuentes cuente contemos contéis cuenten
volver (*to return*)	vuelvo vuelves vuelve volvemos volvéis vuelven	— vuelve (Ud.) vuelva volvamos volved (Uds.) vuelvan	vuelva vuelvas vuelva volvamos volváis vuelvan

Verbs that follow the same pattern include the following.

acertar *to guess right*
acordarse *to remember*
acostar(se) *to go to bed*
almorzar *to have lunch*
atravesar *to go through*
cegar *to blind*
cocer *to cook*
colgar *to hang*
comenzar *to begin*
confesar *to confess*
costar *to cost*
demostrar *to demonstrate, to show*
despertar(se) *to wake up*
empezar *to begin*
encender *to light, to turn on*
encontrar *to find*
entender *to understand*
llover *to rain*
mostrar *to show*
mover *to move*
negar *to deny*
nevar *to snow*
pensar *to think, to plan*
probar *to prove, to taste*
recordar *to remember*
resolver *to decide on*
rogar *to beg*
sentar(se) *to sit down*
soler *to be in the habit of*
soñar *to dream*
tender *to stretch, to unfold*
torcer *to twist*

The -ir *stem-changing verbs*

There are two types of stem-changing verbs that end in **-ir:** one type changes stressed **e** to **ie** in some tenses and to **i** in others and stressed **o** to **ue** or **u;** the second type always changes stressed **e** to **i** in the irregular forms of the verb.

Type I				
		e:ie	or	**i**
	-ir:			
		o:ue	or	**u**

These changes occur as follows.

Present Indicative: all persons except the first and second plural change **e** to **ie** and **o** to **ue.** *Preterit:* third person, singular and plural, changes **e** to **i** and **o** to **u.** *Present Subjunctive:* all persons change **e** to **ie** and **o** to **ue,** except the first and second persons plural, which change **e** to **i** and **o** to **u.** *Imperfect Subjunctive:* all persons change **e** to **i** and **o** to **u.** *Imperative:* all persons except the second person plural change **e** to **ie** and **o** to **ue;** first person plural changes **e** to **i** and **o** to **u.** *Present Participle:* changes **e** to **i** and **o** to **u.**

	Indicative		*Imperative*	*Subjunctive*	
INFINITIVE	PRESENT	PRETERIT		PRESENT	IMPERFECT
sentir	siento	sentí	—	sienta	sintiera(-iese)
(*to feel*)	sientes	sentiste	siente	sientas	sintieras
	siente	sintió	(Ud.) sienta	sienta	sintiera
PRESENT	sentimos	sentimos	sintamos	sintamos	sintiéramos
PARTICIPLE	sentís	sentisteis	sentid	sintáis	sintierais
sintiendo	sienten	sintieron	(Uds.) sientan	sientan	sintieran
dormir	duermo	dormí	—	duerma	durmiera(-iese)
(*to sleep*)	duermes	dormiste	duerme	duermas	durmieras
	duerme	durmió	(Ud.) duerma	duerma	durmiera
PRESENT	dormimos	dormimos	durmamos	durmamos	durmiéramos
PARTICIPLE	dormís	dormisteis	dormid	durmáis	durmierais
durmiendo	duermen	durmieron	(Uds.) duerman	duerman	durmieran

Other verbs that follow the same pattern include the following.

advertir *to warn*
arrepentir(se) *to repent*
consentir *to consent, to pamper*
convertir(se) *to turn into*
discernir *to discern*
divertir(se) *to amuse oneself*
herir *to wound, to hurt*
mentir *to lie*
morir *to die*
preferir *to prefer*
referir *to refer*
sugerir *to suggest*

Type II **-ir: e:i**

The verbs in this second category are irregular in the same tenses as those of the first type. The only difference is that they only have one change: **e:i** in all irregular persons.

	Indicative		*Imperative*	*Subjunctive*	
INFINITIVE	PRESENT	PRETERIT		PRESENT	IMPERFECT
pedir	pido	pedí	—	pida	pidiera(-iese)
(*to ask for,*	pides	pediste	pide	pidas	pidieras
to request)	pide	pidió	(Ud.) pida	pida	pidiera
PRESENT	pedimos	pedimos	pidamos	pidamos	pidiéramos
PARTICIPLE	pedís	pedisteis	pedid	pidáis	pidierais
pidiendo	piden	pidieron	(Uds.) pidan	pidan	pidieran

Verbs that follow this pattern include the following.

competir *to compete*
concebir *to conceive*
despedir(se) *to say good-bye*
elegir *to choose*
impedir *to prevent*
perseguir *to pursue*
reír(se) *to laugh*
reñir *to fight*
repetir *to repeat*
seguir *to follow*
servir *to serve*
vestir(se) *to dress*

Orthographic-Changing Verbs

Some verbs undergo a change in the spelling of the stem in certain tenses in order to maintain the original sound of the final consonant. The most common verbs of this type are those with the consonants **g** and **c.** Remember that **g** and **c** have a soft sound in front of **e** or **i** and a hard sound in front of **a, o,** or **u.** In order to maintain the soft sound in front of **a, o,** and **u, g** and **c** change to **j** and **z,** respectively. And in order to maintain the hard sound of **g** and **c** in front of **e** and **i, u** is added to the **g** (**gu**) and **c** changes to **qu.**

The following important verbs undergo spelling changes in the tenses listed below.

1. Verbs ending in **-gar** change **g** to **gu** before **e** in the first person of the preterit and in all persons of the present subjunctive.

   pagar (*to pay*)
   Preterit: pa**gu**é, pagaste, pagó, etc.
   Pres. Subj.: pa**gu**e, pa**gu**es, pa**gu**e, pa**gu**emos, pa**gu**éis, pa**gu**en

   Verbs that follow the same pattern: **colgar, jugar, llegar, navegar, negar, regar, rogar.**

2. Verbs ending in **-ger** and **-gir** change **g** to **j** before **o** and **a** in the first person of the present indicative and in all persons of the present subjunctive.

   proteger (*to protect*)
   Pres. Ind.: prote**j**o, proteges, protege, etc.
   Pres. Subj.: prote**j**a, prote**j**as, prote**j**a, prote**j**amos, prote**j**áis, prote**j**an

   Verbs that follow the same pattern: **coger, corregir, dirigir, elegir, escoger, exigir, recoger.**

3. Verbs ending in **-guar** change **gu** to **gü** before **e** in the first person of the preterit and in all persons of the present subjunctive.

   averiguar (*to find out*)
   Preterit: averi**gü**é, averiguaste, averiguó, etc.
   Pres. Subj.: averi**gü**e, averi**gü**es, averi**güe,** averi**güemos,** averi**gü**éis, averi**gü**en

   The verb **apaciguar** follows the same pattern.

4. Verbs ending in **-guir** change **gu** to **g** before **o** and **a** in the first person of the present indicative and in all persons of the present subjunctive.

   conseguir (*to get*)
   Pres. Ind.: consi**g**o, consigues, consigue, etc.
   Pres. Subj.: consi**g**a, consi**g**as, consi**g**a, consi**g**amos, consi**g**áis, consi**g**an

   Verbs that follow the same pattern: **distinguir, perseguir, proseguir, seguir.**

5. Verbs ending in **-car** change **c** to **qu** before **e** in the first person of the preterit and in all persons of the present subjunctive.

tocar (*to touch, to play [a musical instrument]*)
Preterit: to**qu**é, tocaste, tocó, etc.
Pres. Subj.: to**qu**e, to**qu**es, to**qu**e, to**qu**emos, to**qu**éis, to**qu**en

Verbs that follow the same pattern: **atacar, buscar, comunicar, explicar, indicar, pescar, sacar.**

6. Verbs ending in **-cer** and **-cir** preceded by a consonant change **c** to **z** before **o** and **a** in the first person of the present indicative and in all persons of the present subjunctive.

torcer (*to twist*)
Pres. Ind.: tuer**z**o, tuerces, tuerce, etc.
Pres. Subj.: tuer**z**a, tuer**z**as, tuer**z**a, tor**z**amos, tor**z**áis, tuer**z**an

Verbs that follow the same pattern: **convencer, esparcir, vencer.**

7. Verbs ending in **-cer** and **-cir** preceded by a vowel change **c** to **zc** before **o** and **a** in the first person of the present indicative and in all persons of the present subjunctive.

conocer (*to know, to be acquainted with*)
Pres. Ind.: cono**zc**o, conoces, conoce, etc.
Pres. Subj.: cono**zc**a, cono**zc**as, cono**zc**a, cono**zc**amos, cono**zc**áis, cono**zc**an

Verbs that follow the same pattern: **agradecer, aparecer, carecer, entristecer, establecer, lucir, nacer, obedecer, ofrecer, padecer, parecer, pertenecer, reconocer, relucir.**

8. Verbs ending in **-zar** change **z** to **c** before **e** in the first person of the preterit and in all persons of the present subjunctive.

rezar (*to pray*)
Preterit: re**c**é, rezaste, rezó, etc.
Pres. Subj.: re**c**e, re**c**es, re**c**e, re**c**emos, re**c**éis, re**c**en

Verbs that follow the same pattern: **abrazar, alcanzar, almorzar, comenzar, cruzar, empezar, forzar, gozar.**

9. Verbs ending in **-eer** change the unstressed **i** to **y** between vowels in the third person singular and plural of the preterit, in all persons of the imperfect subjunctive, and in the present participle.

creer (*to believe*)
Preterit: creí, creíste, cre**y**ó, creímos, creísteis, cre**y**eron
Imp. Subj.: cre**y**era(ese), cre**y**eras, cre**y**era, cre**y**éramos, cre**y**erais, cre**y**eran
Pres. Part.: cre**y**endo

Leer and **poseer** follow the same pattern.

10. Verbs ending in **-uir** change the unstressed **i** to **y** between vowels (except **-quir,** which has the silent **u**) in the following tenses and persons.

huir (*to escape, to flee*)
Pres. Part.: huyendo
Past Part.: huido
Pres. Ind.: huyo, huyes, huye, huimos, huís, huyen
Preterit: huí, huiste, huyó, huimos, huisteis, huyeron
Imperative: huye, huya, huyamos, huid, huyan
Pres. Subj.: huya, huyas, huya, huyamos, huyáis, huyan
Imp. Subj.: huyera(ese), huyeras, huyera, huyéramos, huyerais, huyeran

Verbs that follow the same pattern: **atribuir, concluir, constituir, construir, contribuir, destituir, destruir, disminuir, distribuir, excluir, incluir, influir, instruir, restituir, sustituir.**

11. Verbs ending in **-eír** lose one **e** in the third person singular and plural of the preterit, in all persons of the imperfect subjunctive, and in the present participle.

reír(se) (*to laugh*)
Preterit: reí, reíste, rió, reímos, reísteis, rieron
Imp. Subj.: riera(ese), rieras, riera, riéramos, rierais, rieran
Pres. Part.: riendo

Freír and **sonreír** follow the same pattern.

12. Verbs ending in **-iar** add a written accent to the **i,** except in the first and second persons plural of the present indicative and subjunctive.

fiar(se) (*to trust*)
Pres. Ind.: fío, fías, fía, fiamos, fiáis, fían
Pres. Subj.: fíe, fíes, fíe, fiemos, fiéis, fíen

Verbs that follow the same pattern: **ampliar, criar, desviar, enfriar, enviar, esquiar, guiar, telegrafiar, vaciar, variar.**

13. Verbs ending in **-uar** (except **-guar**) add a written accent to the **u,** except in the first and second persons plural of the present indicative and subjunctive.

actuar (*to act*)
Pres. Ind.: actúo, actúas, actúa, actuamos, actuáis, actúan
Pres. Subj.: actúe, actúes, actúe, actuemos, actuéis, actúen

Verbs that follow the same pattern: **acentuar, continuar, efectuar, exceptuar, graduar, habituar, insinuar, situar.**

14. Verbs ending in **-ñir** remove the **i** of the diphthongs **ie** and **ió** in the third person singular and plural of the preterit and in all persons of the imperfect subjunctive. They also change the **e** of the stem to **i** in the same persons.

teñir (*to dye*)
Preterit: teñí, teñiste, **tiñó,** teñimos, teñisteis, **tiñeron**
Imp. Subj.: **tiñe**ra(ese), **tiñe**ras, **tiñe**ra, **tiñé**ramos, **tiñe**rais, **tiñe**ran

Verbs that follow the same pattern: **ceñir, constreñir, desteñir, estreñir, reñir.**

Some Common Irregular Verbs

Only those tenses with irregular forms are given below.

adquirir (*to acquire*)
Pres. Ind.: adquiero, adquieres, adquiere, adquirimos, adquirís, adquieren
Pres. Subj.: adquiera, adquieras, adquiera, adquiramos, adquiráis, adquieran
Imperative: adquiere, adquiera, adquiramos, adquirid, adquieran

andar (*to walk*)
Preterit: anduve, anduviste, anduvo, anduvimos, anduvisteis, anduvieron
Imp. Subj.: anduviera (anduviese), anduvieras, anduviera, anduviéramos, anduvierais, anduvieran

avergonzarse (*to be ashamed, to be embarrassed*)
Pres. Ind.: me avergüenzo, te avergüenzas, se avergüenza, nos avergonzamos, os avergonzáis, se avergüenzan
Pres. Subj.: me avergüence, te avergüences, se avergüence, nos avergoncemos, os avergoncéis, se avergüencen
Imperative: avergüénzate, avergüéncese, avergoncémonos, avergonzaos, avergüéncense

caber (*to fit, to have enough room*)
Pres. Ind.: quepo, cabes, cabe, cabemos, cabéis, caben
Preterit: cupe, cupiste, cupo, cupimos, cupisteis, cupieron
Future: cabré, cabrás, cabrá, cabremos, cabréis, cabrán
Conditional: cabría, cabrías, cabría, cabríamos, cabríais, cabrían
Imperative: cabe, quepa, quepamos, cabed, quepan
Pres. Subj.: quepa, quepas, quepa, quepamos, quepáis, quepan
Imp. Subj.: cupiera (cupiese), cupieras, cupiera, cupiéramos, cupierais, cupieran

caer (*to fall*)
Pres. Ind.: caigo, caes, cae, caemos, caéis, caen
Preterit: caí, caíste, cayó, caímos, caísteis, cayeron
Imperative: cae, caiga, caigamos, caed, caigan
Pres. Subj.: caiga, caigas, caiga, caigamos, caigáis, caigan
Imp. Subj.: cayera (cayese), cayeras, cayera, cayéramos, cayerais, cayeran
Past Part.: caído

conducir (*to guide, to drive*)

Pres. Ind.: conduzco, conduces, conduce, conducimos, conducís, conducen
Preterit: conduje, condujiste, condujo, condujimos, condujisteis, condujeron
Imperative: conduce, conduzca, conduzcamos, conducid, conduzcan
Pres. Subj.: conduzca, conduzcas, conduzca, conduzcamos, conduzcáis, conduzcan
Imp. Subj.: condujera (condujese), condujeras, condujera, condujéramos, condujerais, condujeran

(All verbs ending in **-ducir** follow this pattern.)

convenir (*to agree*) See **venir.**

dar (*to give*)

Pres. Ind.: doy, das, da, damos, dais, dan
Preterit: di, diste, dio, dimos, disteis, dieron
Imperative: da, dé, demos, dad, den
Pres. Subj.: dé, des, dé, demos, deis, den
Imp. Subj.: diera (diese), dieras, diera, diéramos, dierais, dieran

decir (*to say, to tell*)

Pres. Ind.: digo, dices, dice, decimos, decís, dicen
Preterit: dije, dijiste, dijo, dijimos, dijisteis, dijeron
Future: diré, dirás, dirá, diremos, diréis, dirán
Conditional: diría, dirías, diría, diríamos, diríais, dirían
Imperative: di, diga, digamos, decid, digan
Pres. Subj.: diga, digas, diga, digamos, digáis, digan
Imp. Subj.: dijera (dijese), dijeras, dijera, dijéramos, dijerais, dijeran
Pres. Part.: diciendo
Past Part.: dicho

detener (*to stop, to hold, to arrest*) See **tener.**

entretener (*to entertain, to amuse*) See **tener.**

errar (*to err, to miss*)

Pres. Ind.: yerro, yerras, yerra, erramos, erráis, yerran
Imperative: yerra, yerre, erremos, errad, yerren
Pres. Subj.: yerre, yerres, yerre, erremos, erréis, yerren

estar (*to be*)

Pres. Ind.: estoy, estás, está, estamos, estáis, están
Preterit: estuve, estuviste, estuvo, estuvimos, estuvisteis, estuvieron

Imperative: está, esté, estemos, estad, estén
Pres. Subj.: esté, estés, esté, estemos, estéis, estén
Imp. Subj.: estuviera (estuviese), estuvieras, estuviera, estuviéramos, estuvierais, estuvieran

haber (*to have*)

Pres. Ind.: he, has, ha, hemos, habéis, han
Preterit: hube, hubiste, hubo, hubimos, hubisteis, hubieron
Future: habré, habrás, habrá, habremos, habréis, habrán
Conditional: habría, habrías, habría, habríamos, habríais, habrían

Imperative:	he, haya, hayamos, habed, hayan
Pres. Subj.:	haya, hayas, haya, hayamos, hayáis, hayan
Imp. Subj.:	hubiera (hubiese), hubieras, hubiera, hubiéramos, hubierais, hubieran

hacer (*to do, to make*)

Pres. Ind.:	hago, haces, hace, hacemos, hacéis, hacen
Preterit:	hice, hiciste, hizo, hicimos, hicisteis, hicieron
Future:	haré, harás, hará, haremos, haréis, harán
Conditional:	haría, harías, haría, haríamos, haríais, harían
Imperative:	haz, haga, hagamos, haced, hagan
Pres. Subj.:	haga, hagas, haga, hagamos, hagáis, hagan
Imp. Subj.:	hiciera (hiciese), hicieras, hiciera, hiciéramos, hicierais, hicieran
Past Part.:	hecho

imponer (*to impose, to deposit*) See **poner.**

introducir (*to introduce, to insert, to gain access*) See **conducir.**

ir (*to go*)

Pres. Ind.:	voy, vas, va, vamos, vais, van
Imp. Ind.:	iba, ibas, iba, íbamos, ibais, iban
Preterit:	fui, fuiste, fue, fuimos, fuisteis, fueron
Imperative:	ve, vaya, vayamos, id, vayan
Pres. Subj.:	vaya, vayas, vaya, vayamos, vayáis, vayan
Imp. Subj.:	fuera (fuese), fueras, fuera, fuéramos, fuerais, fueran

jugar (*to play*)

Pres. Ind.:	juego, juegas, juega, jugamos, jugáis, juegan
Imperative:	juega, juegue, juguemos, jugad, jueguen
Pres. Subj.:	juegue, juegues, juegue, juguemos, juguéis, jueguen

obtener (*to obtain*) See **tener.**

oír (*to hear*)

Pres. Ind.:	oigo, oyes, oye, oímos, oís, oyen
Preterit:	oí, oíste, oyó, oímos, oísteis, oyeron
Imperative:	oye, oiga, oigamos, oíd, oigan
Pres. Subj.:	oiga, oigas, oiga, oigamos, oigáis, oigan
Imp. Subj.:	oyera (oyese), oyeras, oyera, oyéramos, oyerais, oyeran
Pres. Part.:	oyendo
Past Part.:	oído

oler (*to smell*)

Pres. Ind.:	huelo, hueles, huele, olemos, oléis, huelen
Imperative:	huele, huela, olamos, oled, huelan
Pres. Subj.:	huela, huelas, huela, olamos, oláis, huelan

poder (*to be able*)

Pres. Ind.:	puedo, puedes, puede, podemos, podéis, pueden

Preterit: pude, pudiste, pudo, pudimos, pudisteis, pudieron
Future: podré, podrás, podrá, podremos, podréis, podrán
Conditional: podría, podrías, podría, podríamos, podríais, podrían
Imperative: puede, pueda, podamos, poded, puedan
Pres. Subj.: pueda, puedas, pueda, podamos, podáis, puedan
Imp. Subj.: pudiera (pudiese), pudieras, pudiera, pudiéramos, pudierais, pudieran
Pres. Part.: pudiendo

poner (*to place, to put*)
Pres. Ind.: pongo, pones, pone, ponemos, ponéis, ponen
Preterit: puse, pusiste, puso, pusimos, pusisteis, pusieron
Future: pondré, pondrás, pondrá, pondremos, pondréis, pondrán
Conditional: pondría, pondrías, pondría, pondríamos, pondríais, pondrían
Imperative: pon, ponga, pongamos, poned, pongan
Pres. Subj.: ponga, pongas, ponga, pongamos, pongáis, pongan
Imp. Subj.: pusiera (pusiese), pusieras, pusiera, pusiéramos, pusierais, pusieran
Past Part.: puesto

querer (*to want, to wish, to like*)
Pres. Ind.: quiero, quieres, quiere, queremos, queréis, quieren
Preterit: quise, quisiste, quiso, quisimos, quisisteis, quisieron
Future: querré, querrás, querrá, querremos, querréis, querrán
Conditional: querría, querrías, querría, querríamos, querríais, querrían
Imperative: quiere, quiera, queramos, quered, quieran
Pres. Subj.: quiera, quieras, quiera, queramos, queráis, quieran
Imp. Subj.: quisiera (quisiese), quisieras, quisiera, quisiéramos, quisierais, quisieran

resolver (*to decide on*)
Past Part.: resuelto

saber (*to know*)
Pres. Ind.: sé, sabes, sabe, sabemos, sabéis, saben
Preterit: supe, supiste, supo, supimos, supisteis, supieron
Future: sabré, sabrás, sabrá, sabremos, sabréis, sabrán
Conditional: sabría, sabrías, sabría, sabríamos, sabríais, sabrían
Imperative: sabe, sepa, sepamos, sabed, sepan
Pres. Subj.: sepa, sepas, sepa, sepamos, sepáis, sepan
Imp. Subj.: supiera (supiese), supieras, supiera, supiéramos, supierais, supieran

salir (*to leave, to go out*)
Pres. Ind.: salgo, sales, sale, salimos, salís, salen
Future: saldré, saldrás, saldrá, saldremos, saldréis, saldrán
Conditional: saldría, saldrías, saldría, saldríamos, saldríais, saldrían
Imperative: sal, salga, salgamos, salid, salgan
Pres. Subj.: salga, salgas, salga, salgamos, salgáis, salgan

ser (*to be*)

Pres. Ind.:	soy, eres, es, somos, sois, son
Imp. Ind.:	era, eras, era, éramos, erais, eran
Preterit:	fui, fuiste, fue, fuimos, fuisteis, fueron
Imperative:	sé, sea, seamos, sed, sean
Pres. Subj.:	sea, seas, sea, seamos, seáis, sean
Imp. Subj.:	fuera (fuese), fueras, fuera, fuéramos, fuerais, fueran

suponer (*to assume*) See **poner.**

tener (*to have*)

Pres. Ind.:	tengo, tienes, tiene, tenemos, tenéis, tienen
Preterit:	tuve, tuviste, tuvo, tuvimos, tuvisteis, tuvieron
Future:	tendré, tendrás, tendrá, tendremos, tendréis, tendrán
Conditional:	tendría, tendrías, tendría, tendríamos, tendríais, tendrían
Imperative:	ten, tenga, tengamos, tened, tengan
Pres. Subj.:	tenga, tengas, tenga, tengamos, tengáis, tengan
Imp. Subj.:	tuviera (tuviese), tuvieras, tuviera, tuviéramos, tuvierais, tuvieran

traducir (*to translate*) See **conducir.**

traer (*to bring*)

Pres. Ind.:	traigo, traes, trae, traemos, traéis, traen
Preterit:	traje, trajiste, trajo, trajimos, trajisteis, trajeron
Imperative:	trae, traiga, traigamos, traed, traigan
Pres. Subj.:	traiga, traigas, traiga, traigamos, traigáis, traigan
Imp. Subj.:	trajera (trajese), trajeras, trajera, trajéramos, trajerais, trajeran
Pres. Part.:	trayendo
Past Part.:	traído

valer (*to be worth*)

Pres. Ind.:	valgo, vales, vale, valemos, valéis, valen
Future:	valdré, valdrás, valdrá, valdremos, valdréis, valdrán
Conditional:	valdría, valdrías, valdría, valdríamos, valdríais, valdrían
Imperative:	vale, valga, valgamos, valed, valgan
Pres. Subj.:	valga, valgas, valga, valgamos, valgáis, valgan

venir (*to come*)

Pres. Ind.:	vengo, vienes, viene, venimos, venís, vienen
Preterit:	vine, viniste, vino, vinimos, vinisteis, vinieron
Future:	vendré, vendrás, vendrá, vendremos, vendréis, vendrán
Conditional:	vendría, vendrías, vendría, vendríamos, vendríais, vendrían
Imperative:	ven, venga, vengamos, venid, vengan
Pres. Subj.:	venga, vengas, venga, vengamos, vengáis, vengan
Imp. Subj.:	viniera (viniese), vinieras, viniera, viniéramos, vinierais, vinieran
Pres. Part.:	viniendo

ver (*to see*)

Pres. Ind.:	veo, ves, ve, vemos, veis, ven
Imp. Ind.:	veía, veías, veía, veíamos, veíais, veían
Preterit:	vi, viste, vio, vimos, visteis, vieron
Imperative:	ve, vea, veamos, ved, vean
Pres. Subj.:	vea, veas, vea, veamos, veáis, vean
Imp. Subj.:	viera (viese), vieras, viera, viéramos, vierais, vieran
Past. Part.:	visto

volver (*to return*)

Past Part.:	vuelto

Appendix C

Useful Classroom Expressions

You will hear your teacher use the following directions and general terms in class. Take time to familiarize yourself with them.

- When the teacher is speaking to the whole class:

Abran sus libros, por favor.	*Open your books, please.*
Cierren sus libros, por favor.	*Close your books, please.*
Escriban, por favor.	*Write, please.*
Escuchen, por favor.	*Listen, please.*
Estudien la lección...	*Study Lesson...*
Hagan el ejercicio número...	*Do exercise number...*
Levanten la mano.	*Raise your hands.*
Repasen el vocabulario.	*Review the vocabulary.*
Repitan, por favor.	*Repeat, please.*
Siéntense, por favor.	*Sit down, please.*
Vayan a la página...	*Go to page...*

- When the teacher is speaking to one student:

Continúe, por favor.	*Go on, please.*
Lea, por favor.	*Read, please.*
Vaya a la pizarra, por favor.	*Go to the chalkboard, please.*

- Some other words used in the classroom.

diccionario	*dictionary*	**palabra**	*word*
dictado	*dictation*	**presente**	*present, here*
examen	*exam*	**prueba**	*quiz*
horario de clases	*class schedule*	**tarea**	*homework*

Weights and Measures

Length

la pulgada = *inch*
el pie = *foot*
la yarda = *yard*
la milla = *mile*

1 centímetro (cm) = .3937 pulgadas (*less than 1/2 inch*)
1 metro (m) = 39.37 pulgadas (*1 yard, 3 inches*)
1 kilómetro (km) (1.000 metros) = .6214 millas (*5/8 mile*)

Weight

la onza = *ounce*
la libra = *pound*
la tonelada = *ton*

1 gramo (g) = .03527 onzas
100 gramos = 3.527 onzas (*less than 1/4 pound*)
1 kilogramo (kg) (1.000 gramos) = 2.2 libras

Liquid Measure

la pinta = pint
el cuarto (de galón) = quart
el galón = gallon

1 litro (l) = 1.0567 cuartos (de galón) (*slightly more than a quart*)

Surface

el acre = *acre*
1 hectárea = 2.471 acres

Temperature

°C = Celsius (*Celsius*) or centigrade (*centígrado*); °F = Fahrenheit (*Fahrenheit*)
0° C = 32° F (*freezing point of water*)
37° C = 98.6° F (*normal body temperature*)
100° C = 212° F (*boiling point of water*)

Conversión de grados Fahrenheit a grados centígrados °C = 5/9 (°F −32)
Conversión de grados centígrados a grados Fahrenheit °F = 9/5 (°C) + 32

Spanish-English Vocabulary

The end vocabularies contain all vocabulary items introduced in the *Vocabulario* and *Vocabulario adicional* lists, identified by the lesson in which they first appear. Words and expressions that are given an English gloss or a footnote in the text and certain non-cognate expressions that appear in authentic documents are also included.

The following abbreviations are used:

adj.	adjective	*Méx.*	Mexico
f.	feminine noun	*pl.*	plural
fam.	familiar	*pron.*	pronoun
form.	formal	*sing.*	singular
m.	masculine noun		

A

a at, to, on
  ¿— cómo está el cambio de moneda? What's the exchange rate?, 7
  — ... cuadras de ... blocks from, 6
  — eso de at about, 6
  — la derecha to the right, 12
  — la izquierda to the left, 12
  — las (+ *time*) at (+ time), 5
  — menudo often
  — mitad de precio at half price, 13
  — plazos on installments, 15
  ¿— qué hora? At what time?, 4
  — tiempo on time, 16
  — veces sometimes, 1
abierto(a) open
abordar el avión to board the plane, 7
abrelatas (*m. sing.*) can opener, 10
abrigo (*m.*) overcoat, 12
abrir to open, 2
abrocharse el cinturón de seguridad to fasten one's seat belt, 16
abuela (*f.*) grandmother, 3
abuelo (*m.*) grandfather, 3
aburrido(a) boring, 3
acabar de (+ *inf.*) to have just (done something), 4
acampar to camp, 8
accidente (*m.*) accident, 17
aceite (*m.*) oil, 10
aceptar to accept, 1
acetona (*f.*) nail polish remover, 9
acondicionador (*m.*) conditioner, 9
aconsejar to advise, 16
acostarse (o:ue) to go to bed, 9
actividad al aire libre outdoor activity, 8
acumulador (*m.*) battery, 14
además (de) besides, 5
adiós good-bye, PI
adivinanza (*f.*) riddle
administración de empresas (*f.*) business administration, 18
adónde where (to), 5
aduana (*f.*) customs, 7
aerolínea (*f.*) airline, 7
aeropuerto (*m.*) airport, 7
afeitar(se) to shave (oneself), 9
agencia (*f.*) agency
  — de alquiler de automóviles (*f.*) car rental agency, 15
  — de viajes (*f.*) travel agency, 7
agente (*m., f.*) agent, 7
agua (*f.*) water, 1
  — mineral (*f.*) mineral water, 1
ahora now, 3
  — mismo right now
ahorrar to save, 15
aire acondicionado (*m.*) air conditioning, 4
al (*contraction*) to the
  — contado in full (not on installments), cash, 15
  — fin at last, finally, 12
  — final in the end
alberca (*f.*) swimming pool (*Méx.*), 4
albóndiga (*f.*) meatball
alemán(-ana) German
alérgico(a) allergic, 19
alfombra (*f.*) carpet, rug, 10
algo anything, something, 10
  ¿— más? anything else?, 20
alguien someone, somebody, 18
alguna vez ever, 17
algún, alguno(a) any, some, 6
algún mensaje any message, PII
algunos(as) some, 11
allí there, 3
almohada (*f.*) pillow, 5
almorzar (o:ue) to have lunch, 6
almuerzo (*m.*) lunch, 5
alpinismo (*m.*) mountain climbing, 8
alquilar to rent, 8
alto stop, 15
alto(a) tall, 3; high, 19
amable nice, kind, courteous, 12
ambulancia (*f.*) ambulance, 17
americano(a) American, 3
amigo(a) (*m., f.*) friend, 3
amor (*m.*) love, 2
análisis (*m.*) analysis, medical test, 17
ancho(a) wide, 12
andar a caballo to ride horseback, 8
andén (*m.*) platform (railway), 16
anillo (*m.*) ring, 13
aniversario de bodas (*m.*) wedding anniversary, 2
anoche last night, 11
anotar to write something down, 2
anteayer the day before yesterday, 19
anteojos (*m. pl.*) eyeglasses, 13
  — de sol (*m. pl.*) sunglasses, 13
antes sooner, before, 12
  — de que before, 19
antibiótico (*m.*) antibiotic, 19
anual yearly, 15
año (*m.*) year, 4
aparcar to park
apartado postal (*m.*) post office box, 20
apendicitis (*m.*) appendicitis, 19
aprender to learn, 11
aquí here, PII
  — mismo right here, 18
  — tiene... here's..., 4
aretes (*m. pl.*) earrings, 13
argentino(a) Argentinian, 18
armario (*m.*) cupboard, 11
aros (*m. pl.*) earrings, 13
arrancar to start (a motor), 14
arreglar to fix, 11; to arrange, 13
arroz (*m.*) rice
  — con leche (*m.*) rice pudding
  — con pollo (*m.*) chicken and rice
arte (*m.*) art, 18
artesanía (*f.*) arts and crafts, 12
artículo (*m.*) article, item, 12
  — de tocador toiletries
  —s para caballeros men's clothing, 12
  —s para señoras women's clothing, 12
arvejas (*f. pl.*) peas, 5

asado(a) roasted, 2
asar to roast, 11
ascensor (*m.*) elevator, 13
asegurado(a) insured, 15
aseguranza (*f.*) insurance (*Méx.*), 15
así que so
asiento (*m.*) seat, 7
— de pasillo (*m.*) aisle seat, 7
— de ventanilla (*f.*) window seat, 7
asignatura (*f.*) (academic) subject, 18
asistir to attend, 3
asma (*f.*) asthma, 19
aspiradora (*f.*) vacuum cleaner, 10
aspirina (*f.*) aspirin, 6
ataque al corazón (*m.*) heart attack, 19
atender (e:ie) to wait on, 9
aterrizar to land (plane), 16
atún (*m.*) tuna, 5
autobús (*m.*) bus, 6
automático(a) automatic, 15
automóvil (*m.*) car, automobile, 14
autopista (*f.*) freeway, 14
auxiliar de vuelo (*m., f.*) flight attendant, 7
avenida (*f.*) avenue, 9
averiguar to find out, 7
avión (*m.*) plane, 7
ayer yesterday, 19
ayudar to help, 10
azúcar (*m.*) sugar, 1
azul blue, 12
azulejo (*m.*) tile

B

bacalao (*m.*) cod
¿Bailamos? Shall we dance?, 3
bailar to dance, 3
bajarse to get off, to disembark, 16
bajo(a) short (height), 3
balanza (*f.*) scale, 19
baloncesto (*m.*) basketball, 8
banana (*f.*) banana, plantain, 1
bañadera (*f.*) bathtub, 4
bañador (*m.*) bathing suit (*Spain*), 12
bañar(se) to bathe (oneself), 9
bañera (*f.*) bathtub, 4
baño (*m.*) bathroom, 4
barato(a) inexpensive, 4
barba (*f.*) beard, 9
barbería (*f.*) barbershop, 9
barbero (*m.*) barber, 9
barquito de vela (*m.*) little sailboat
barrer to sweep, 11
basquetbol (*m.*) basketball, 8
basura (*f.*) garbage, 11
bata (*f.*) bathrobe, 13; hospital gown, 17
— de dormir (*f.*) nightgown, 13
batería (*f.*) battery, 14
baúl (*m.*) trunk (of a car) (*Puerto Rico*), 14
beber to drink, 2
bebida (*f.*) drink
beca (*f.*) scholarship, 18
béisbol (*m.*) baseball
bello(a) beautiful
bendito(a) blessed, darn, 5
biblioteca (*f.*) library, 18
bien well, fine, PI
— cocido well done
bigote (*m.*) mustache, 9
billete (*m.*) ticket, 7; bill (currency), 15
billetera (*f.*) wallet, 9
biología (*f.*) biology, 18
bistec (*m.*) steak, 1
blanco(a) white, 1
blusa (*f.*) blouse, 12
boca (*f.*) mouth, 17
bocadillo (*m.*) sandwich, 5 (*Spain*)
boleto (*m.*) ticket, 16
bolsa (*f.*) purse, 12
— de dormir (*f.*) sleeping bag, 8
bolso (*m.*) handbag, 5
— de mano (*m.*) carry-on bag, 7
bomba de agua (*f.*) water pump, 14
bonete (*m.*) hood (of a car) (*Puerto Rico*), 14
bonito(a) pretty, 3
bordado(a) embroidered
botas (*f. pl.*) boots, 13
botella (*f.*) bottle, 1
botiquín (*m.*) medicine cabinet, 9
botones (*m.*) bellhop, 4
brasileño(a) Brazilian, 8
brazo (*m.*) arm, 17
brindis (*m.*) toast, 2
bronceador (*m.*) suntan lotion, 9
bucear to dive, 8
budín (*m.*) pudding, 2
¡Buen viaje! Have a nice trip!, Bon voyage!, 7
buenas noches good evening, PI
buenas tardes good afternoon, PI
¿bueno?, hello?, PII; well, 5; okay
bueno(a) good, 4
buenos días good morning, PI
bufanda (*f.*) scarf, 12
buscar to pick up, to look for, 6; to get, 6
butaca (*f.*) armchair, 4
buzón (*m.*) mailbox, 20

C

caballo (*m.*) horse, 8
cabaña (*f.*) cabin, 8
cabeza (*f.*) head, 8
cacerola (*f.*) saucepan, 11
cada every, 19
cadena (*f.*) chain, 13
caerse to fall down, 17
café (*m.*) coffee, 1
— al aire libre (*m.*) outdoor cafe, 9
— con leche (*m.*) coffee with milk
cafetería (*f.*) cafeteria, PII
caja de seguridad (*f.*) safe deposit box, 20
cajero(a) (*m., f.*) cashier, teller, 20
— automático (*m.*) automatic teller machine
cajita (*f.*) little box
cajuela (*f.*) trunk (of a car) (*Mex.*), 14
calcetines (*m. pl.*) socks, 13
calculadora (*f.*) calculator, 18
calefacción (*f.*) heating, 5
calidad (*f.*) quality, 13
caliente hot, 1
calor (*m.*) heat
calzar to wear a certain size of shoe, 13
calzoncillo (*m.*) undershorts (men's), 13
cama (*f.*) bed, 4
— chica (*f.*) single bed, 4
— doble (*f.*) double bed, 4
camarera (*f.*) waitress, 1
camarero (*m.*) waiter, 1
camarón (*m.*) shrimp, 2
cambiar to change, 6
— un cheque to cash a check, 15
cambio de moneda (*m.*) rate of exchange, 7
caminar to walk, 16
caminata (*f.*) hike, 8
camino (*m.*) road
camión (*m.*) truck, 15
camioneta (*f.*) pickup truck, van, 15
camisa (*f.*) shirt, 12
camiseta (*f.*) T-shirt, undershirt, 13
camisón (*m.*) nightgown, 13
campana (*f.*) bell
campeona (*f.*) champion, 8
campeón (*m.*) champion, 8
campo (*m.*) country
cancelar una reservación to cancel a reservation, 4
cangrejo (*m.*) crab, 2
canoa (*f.*) canoe, 8
cansado(a) tired, 3
caña de pescar (*f.*) fishing pole
capital (*f.*) capital, 5
capó (*m.*) hood (of a car), 14
cápsula (*f.*) capsule, 19
cara (*f.*) face, 17
¡caramba! gee!, 6
cargado(a) (de) loaded (with), 13
carne (*f.*) meat
carnicería (*f.*) meat market, butcher's shop, 13
caro(a) expensive, 4
carrera de caballos (*f.*) horse race
carretera (*f.*) highway, 14
carro (*m.*) car, automobile, 14
carta (*f.*) letter, 20
cartera (*f.*) purse, 12
casa (*f.*) house, 2
casi almost, 13
casilla de correos (*f.*) post office box, 20
casillero (*m.*) mailbox (i.e., in an office), 20
castillo (*m.*) castle, 6
catedral (*f.*) cathedral, 6
cazar to hunt, 8
"c-e" (*m.*) e-mail, 15
cebolla (*f.*) onion, 10
ceda el paso yield, 15
celebrar to celebrate, 2
cena (*f.*) dinner, supper, 5
cenar to have dinner (supper), 2
centro (*m.*) downtown, 5
cepillar(se) to brush, 9
— el pelo to brush one's hair, 9

cepillo (*m.*) hairbrush, 9
— **de dientes** (*m.*) toothbrush, 9
cerca (de) near, close, 6
cereal (*m.*) cereal, 5
cerrado(a) closed, 14
cerrar (e:ie) to close, 5
certificado(a) registered, 20
cerveza (*f.*) beer, 3
chaleco (*m.*) vest, 12
champán (*m.*) champagne, 3
champaña (*f.*) champagne
champiñones (*m. pl.*) mushrooms, 10
champú (*m.*) shampoo, 9
chapa (*f.*) license plate, 14
chaqueta (*f.*) jacket, sports jacket, 12
chau bye, PI; good-bye, 18
cheque (*m.*) check, 1
— **de viajero** (*m.*) traveler's check, 1
chequear to check, 14
chica (*f.*) girl, young woman, 3
chico (*m.*) boy, young man, 3
chico(a) small, 4
china (*f.*) orange (*Puerto Rico*), 1
chino(a) Chinese
chocar to collide, 15
chocolate (*m.*) chocolate, 11
chorizo (*m.*) sausage, 5
chuleta de cerdo (*f.*) pork chop, 2
cielo (*m.*) sky, 10
cigarrillo (*m.*) cigarette, 7
cine (*m.*) movie theater, 3
cinto (*m.*) belt, 12
cinturón (*m.*) belt, 12
cirugía (*f.*) surgery, 19
cirujano(a) (*m., f.*) surgeon, 17
cita (*f.*) appointment, 9
ciudad (*f.*) city, 2
claro of course, 8
clase (*f.*) class, 18; kind
— **turista** tourist class, 7
cloro (*m.*) bleach, 10
club (*m.*) club, PII
— **automovilístico** (*m.*) automobile club, 14
— **náutico** (*m.*) marina club, yacht club, PII
— **nocturno** (*m.*) nightclub, 6
cobija (*f.*) blanket, 5
cobrar to charge, 4
— **por kilómetros** to charge mileage, 15
cocina (*f.*) stove, 10; kitchen, 4
cocinar to cook, 11
— **al horno** to bake, 10
— **al vapor** to steam (food), 11
coco (*m.*) coconut, 2
coche (*m.*) car, automobile, 14
— **cama** (*m.*) sleeping car, 16
— **comedor** (*m.*) dining car, 16
— **convertible** (*m.*) convertible (car), 15
— **de dos puertas** two-door car, 15
cola (*f.*) line, 16
colchón (*m.*) mattress, 6
colgar (o:ue) to hang up, 10
collar (*m.*) necklace, 13
colonia (*f.*) cologne
combinar con to match, 13
comedia (*f.*) comedy, 9
comedor (*m.*) dining room, 4
comenzar (e:ie) to start, to begin, 5
comer to eat, 2
— **algo** to have something to eat
comida (*f.*) food, 2; meal, 5
como since, being that, 10
¿cómo? how?, 11
¿— **está Ud.?** How are you?, PI
¿— **estás?** How are you?, PI
¿— **se llega a...?** How do you get to ...?, 16
cómoda (*f.*) chest of drawers
cómodo(a) comfortable, 6
comprar to buy, 5
comprobante (*m.*) claim check, claim ticket, 7
computadora (*f.*) computer, 18
comunicarse to communicate, 15
con with, 1
— **permiso** Excuse me, PI
conducir to drive, 15
conferencia (*f.*) lecture, 3
confirmar una reservación to confirm a reservation, 4
conmigo with me, 7
conocer to meet, 13
conseguir (e:i) to get
consejero(a) (*m., f.*) counselor, adviser, 18
consejo (*m.*) (piece of) advice
consultorio (*m.*) doctor's office, 17
contabilidad (*f.*) accounting, 18
contaminación del aire (*f.*) smog
contento(a) happy
contigo with you (*fam.*), 6
contra against
conversaciones breves (*f. pl.*) brief conversations, PI
conversar to talk, to chat, 2
copa (*f.*) wine glass, 1
corazón (*m.*) heart, 17
corbata (*f.*) tie, 12
cordero (*m.*) lamb, 2
correa (*f.*) belt (*Puerto Rico*), 12
correo (*m.*) mail, 20; post office, 20
— **"e"** e-mail, 15
— **electrónico** e-mail; 15
correr to run, 4
cortar to cut, 9
— **el césped** to mow the lawn, 10
corte de pelo (*m.*) haircut, 9
cortesía (*f.*) politeness
cortina (*f.*) curtain, 10
corto(a) short, 9
cosa (*f.*) thing, 9
costar (o:ue) to cost, 7
creer to think, to believe, 12
crema (*f.*) cream, 1
— **para las manos** (*f.*) hand lotion, 9
cuadra (*f.*) city block, 6
¿cuál? which?, what?, 13
cuando when, 2
¿cuándo? when?, 7
¿cuánto(a)? how much?, 4
¿cuánto tiempo? how long?, 5
¿cuántos(as)? how many, PII
cuarto (*m.*) room, 4
— **con vista a la calle** (*m.*) exterior room, 6
— **exterior** (*m.*) exterior room, 6
cubiertos (*m. pl.*) silverware, 11
cuchara (*f.*) spoon, 1
cucharada (*f.*) tablespoonful, 19
cucharadita (*f.*) teaspoonful, 19
cuchillo (*m.*) knife, 1
cuello (*m.*) neck, 17
cuenta (*f.*) check, bill, 1; account, 20
— **corriente** (*f.*) checking account, 20
— **de ahorros** (*f.*) savings account, 15
cuero (*m.*) leather, 13
cuerpo (*m.*) body
cultural cultural
cumpleaños (*m.*) birthday, 11
cumplir (años) to turn (years old), 11
cuñada (*f.*) sister-in-law, 3
cuñado (*m.*) brother-in-law, 3
curandero(a) (*m., f.*) healer
curar to cure
curita (*f.*) adhesive bandage, 17
curva peligrosa (*f.*) dangerous curve, 15

D

dar to give, 3
— **marcha atrás** to back up (a car), 15
— **puntos** to put in stitches, 17
de from, PII; of, 1
— **cambios mecánicos** standard shift, 15
¿— **dónde?** where from?, PII
— **estatura mediana** of medium height, 3
— **ida** one-way, 7
— **ida y vuelta** round-trip, 7
— **modo que** so, 20
— **nada** you're welcome, PI
— **niño(a)** as a child, 19
— **postre** for dessert, 1
— **vacaciones** on vacation, 5
— **veras** really, 11
¿De parte de quién? Who's speaking (calling)?, PII
debajo de under, 11
deber must, should, 4
débil weak, 19
decidir to decide, 2
decir (e:i) to say, to tell, 7
dedo (*m.*) finger, 17
— **del pie** (*m.*) toe, 17
dejar to leave (behind), 1
delgado(a) thin, 3
dentista (*m., f.*) dentist, 17
departamento (*m.*) department, 12
— **de artículos para caballeros** men's department, 13
— **de artículos para señoras** women's department, 12

depender to depend, 15
deporte (*m.*) sport, 8
depositar to deposit, 15
desayunar to have breakfast, 11
desayuno (*m.*) breakfast, 5
descapotable (*m.*) convertible, 15
descuento (*m.*) discount, 16
desde since, 19
desear to wish, to want, 1
desgraciadamente unfortunately, 18
desinfectar to disinfect, 17
desmayarse to lose consciousness, to faint, 17
desocupar to vacate, 4
desodorante (*m.*) deodorant, 9
despacho de boletos (*m.*) ticket window, 16
despedida (*f.*) farewell
despegar to take off (plane), 16
después (de) later, afterwards, 2
desvío (*m.*) detour, 15
detergente (*m.*) detergent, 10
devolver (o:ue) to return (something), 20
día (*m.*) day, 2
diabetes (*f.*) diabetes, 19
diabético(a) diabetic, 19
diariamente daily, 6
diario (*m.*) newspaper, 5
diario(a) daily, 16
diarrea (*f.*) diarrhea, 19
diccionario (*m.*) dictionary, 18
dicho (*m.*) saying
dientes (*m. pl.*) teeth, 9
difícil difficult, 18
difteria (*f.*) diphtheria
diligencias (*f. pl.*) errands
dinero (*m.*) money, 2
discoteca (*f.*) discotheque, 6
diversión (*f.*) entertainment
divertirse (e:ie) to have fun, 11
doblar to turn, 16
— **la ropa** to fold clothing (laundry), 10
docena (*f.*) dozen, 10
doctor(a) (*m., f.*) doctor, PI
documento (*m.*) document, 7
dólar (*m.*) dollar, 4
doler (o:ue) to hurt, to ache, 8
dolor (*m.*) pain, 17
— **de cabeza** (*m.*) headache, 19
¿dónde? where?, 4
dormir (o:ue) to sleep, 8
dormitorio (*m.*) bedroom, 4
ducha (*f.*) shower, 4
dudar to doubt, 17
dueño(a) (*m., f.*) owner, proprietor, 5
dulcería (*f.*) candy store, 13
durar to last
durazno (*m.*) peach, 1

E

echar al correo to mail, 20
edificio (*m.*) building, 17
educación física (*f.*) physical education, 18
ejecutivo(a) (*m., f.*) executive, 15
el gusto es mío the pleasure is mine, PI
elegante elegant, 2
elevador (*m.*) elevator, 13
embarazada pregnant, 19
empacar to pack, 16
empeorar to get worse, 19
empezar (e:ie) to start, to begin, 5
empleado(a) (*m., f.*) employee, PII; clerk, 12
en at, in
— **cuanto** as soon as, 19
— **efectivo** (in) cash, 15
¿— qué puedo servirle? May I help you?, How can I serve you?, 4
— **seguida** right away, 2
— **seguida regreso** I'll be right back, 2
— **vez de** instead of
encontrar (o:ue) to find, 9
encontrar(se) (o:ue) con to meet, to encounter, 9
enfermedad (*f.*) disease, sickness, 19
enfermero(a) (*m., f.*) nurse, 18
ensalada (*f.*) salad, 1
enseñar to show, 8; to teach, 11
ensuciar to get (something) dirty
entender (e:ie) to understand, 15
entonces then, in that case, 3
entrada (*f.*) ticket (for an event), 9
entrar to go in, to enter, 9
entre among, 18
— **emana** during the week, 7
enviar to send, 20
enyesar to put in a cast, 17
equipaje (*m.*) luggage, 5
equipo (*m.*) team, 8
es difícil it's unlikely, 18
es (una) lástima it's a pity, 18
es verdad it's true, 6
escalar to climb, 8
escalera (*f.*) stairs
— **mecánica** (*f.*) escalator, 13
escarlatina (*f.*) scarlet fever
escoba (*f.*) broom, 11
escondido(a) hidden
escritorio (*m.*) desk
escuchar to listen, 18
escuela (*f.*) school
— **elemental (primaria)** (*f.*) grade school, 18
— **secundaria** (*f.*) high school, 18
esmalte para las uñas (*m.*) nail polish, 9
esmoquin (*m.*) tuxedo, 13
eso that, 8
¿— incluye...? Does that include...?, 5
espaguetis (*m. pl.*) spaghetti, 5
espalda (*f.*) back, 17
especialidad (*f.*) specialty, 2
especialización (*f.*) major, 18
espejo (*m.*) mirror, 9
esperar to wait for, 4; to hope, 17
esposa (*f.*) wife, 2
esposo (*m.*) husband, 2
esquí acuático (*m.*) water skiing, 8
esquiar to ski, 8
esquina (*f.*) corner, 4
esta noche tonight, 6
esta tarde this afternoon, 10
está bien fine, okay, 10
¿Está ... + *name*? Is ... (name) there?, PII
estación (*f.*) station, season
— **de servicio** (*f.*) service station, gas station, 14
— **de trenes** (*f.*) train station, 16
estacionamiento (*m.*) parking
estacionar to park, 15
estadio (*m.*) stadium, 6
Estados Unidos (*m., pl.*) United States, 3
estampilla (*f.*) postage stamp, 20
estar to be, 3
— **de acuerdo** to agree, to be in agreement, 8
— **de visita** to be visiting, 8
este (*m.*) east, 16
este(a) this, 8
estómago (*m.*) stomach, 17
estrecho(a) narrow, tight
estrella (*f.*) star, 8
estudiante (*m., f.*) student, 3
estudiar to study, 6
estufa (*f.*) stove, 10
examen (*m.*) exam, 18
— **de mitad de curso** midterm exam, 18
— **parcial** (*m.*) midterm exam, 18
excelente excellent, 6
expresión (*f.*) expression
expreso (*m.*) express train, 16
exterior exterior, 6
extranjero(a) foreign
extrañar to miss, 15

F

fabuloso(a) fabulous, 16
fácil easy, 18
facsímil (*m.*) fax, 15
falda (*f.*) skirt, 12
familia (*f.*) family, 3
farmacia (*f.*) pharmacy, 6
favor de (+ *inf.*) please (do something), 7
fax (*m.*) fax, 15
fecha (*f.*) date, P
— **de nacimiento** (*f.*) date of birth
felicitación (*f.*) congratulations, 20
feliz happy, 2
— **cumpleaños** happy birthday, 20
ferrocarril (*m.*) railroad, 15
ferroviario(a) railway
fideos (*m. pl.*) noodles, 2
fiebre (*f.*) fever, 19
fiesta (*f.*) party, 3
fila (*f.*) line, 16
finca (*f.*) farm, ranch, farmhouse, 8
firmar to sign, 4
física (*f.*) physics, 18
físico(a) physical
flan (*m.*) caramel custard
folleto (*m.*) brochure, 7
fotocopia (*f.*) photocopy, 20
fotocopiadora (*f.*) photocopier, 20

fotocopiar to make copies, to photocopy, 20
fractura (*f.*) fracture, 17
fracturarse to fracture, to break, 17
francés(esa) French
frase célebre (*f.*) famous phrase
frazada (*f.*) blanket, 5
fregadero (*m.*) sink, 11
fregar (e:ie) to wash, to scrub, 11
freír to fry, 11
frenos (*m. pl.*) brakes, 14
frente (*f.*) forehead, 17
fresas (*f. pl.*) strawberries, 1
frío(a) cold, 1
frito(a) fried, 1
frontera (*f.*) border, 16
fruta (*f.*) fruit, 1
frutería (*f.*) fruit store (market), 13
fuerte strong, 19
fumar to smoke, 7
función (*f.*) show, 9
funcionar to work, to function, 6
funda (*f.*) pillowcase, 6
fútbol (*m.*) soccer, 8
— **americano** (*m.*) football, 8

G

gafas de sol (*f. pl.*) sunglasses (*Spain*), 13
gamba (*f.*) shrimp (*Spain*), 2
ganga (*f.*) bargain, 12
garaje (*f.*) garage, 11
garganta (*f.*) throat, 17
gasolina (*f.*) gasoline, 14
gasolinera (*f.*) service station, gas station, 14
gastar to consume, to spend, to use, 15
gastroenteritis (*f.*) gastroenteritis, 19
gato (*m.*) jack, 14
generalmente generally
gente joven (*f.*) young people
geografía (*f.*) geography, 18
gerente (*m., f.*) manager, 4
girar to turn, 16
giro postal (*m.*) money order, 20
golpear(se) to hit (oneself), 17
goma (*f.*) tire, 14
— **pinchada (ponchada)** (*f.*) flat tire, 14
gordo(a) fat, 3
gorra (*f.*) cap, 12
grabar to tape, to record, 11
gracias thank you, PI
graduarse graduate, 18
grande big, large, 11
gratuito free
grave serious
gripe (*f.*) influenza, flu, 19
gris gray, 13
grúa (*f.*) tow truck, 14
grupo (*m.*) group, 12
guante (*m.*) glove, 12
guantera (*f.*) glove compartment, 14
guantero (*m.*) glove compartment, 14
guapo(a) handsome, 3
guardar cama to stay in bed (when one is sick), 19
guía (*m.*) steering wheel (*Puerto Rico*), 14; (*m., f.*) guide, 6
guiar to drive (*Puerto Rico*), 15
guisado (*m.*) stew
guisantes (*m. pl.*) peas, 5
guiso (*m.*) stew
gustar to like, to be pleasing to, 8
gustarle más a uno to like better, 8

H

habitación (*f.*) room, 4
hablar to talk, to speak, 4
hacer to do, to make, 8
— **calor** to be hot, 10
— **cola** to wait in line, 16
— **diligencias** to run errands, 9
— **escala** to make a stopover, 7
— **falta** to need, to lack, 8
— **fila** to wait in line, 16
— **fotocopias** to make copies, to photocopy, 20
— **juego (con)** to match, 12
— **la cama** to make the bed, 10
— **preguntas** to ask questions, 19
— **una caminata** to take a hike, 8
— **una reservación** to make a reservation, 4
haciendo doing
hamburguesa (*f.*) hamburger, 5
hasta until, 8
— **la vista** I'll see you around (until we meet again), PI
— **llegar a** until you get to, 16
— **luego** I'll see you later, PI
— **mañana** I'll see you tomorrow, PI
— **que** until, 19
hay there is, there are, PII
hecho(a) ready-made
heladera (*f.*) refrigerator, 10
helado (*m.*) ice cream, 1
— **de vainilla** (*m.*) vanilla ice cream, 1
herida (*f.*) wound, 17
hermana (*f.*) sister, 3
hermanastra (*f.*) stepsister, 3
hermanastro (*m.*) stepbrother, 3
hermano (*m.*) brother, 3
hermoso(a) beautiful, 15
hervir (e:ie) to boil, 11
hielo (*m.*) ice, 1
hija (*f.*) daughter, 3
hijastra (*f.*) stepdaughter, 3
hijastro (*m.*) stepson, 3
hijo (*m.*) son, 3
hijos (*m. pl.*) children (sons and daughters), 3
hipódromo (*m.*) racetrack, 6
historia (*f.*) history, 18
hoja de afeitar (*f.*) razor blade, 9
hola hello, hi, PI
hongos (*m. pl.*) mushrooms, 10
horario de clases (*m.*) class schedule, 18
horario de trenes (*m.*) train schedule, 16
hornear to bake, 10
horno (*m.*) oven, 10
hospital (*m.*) hospital, 18
hotel (*m.*) hotel, 4
hoy today, PI
— **mismo** today, this very day, 7
huevo (*m.*) egg, 5
— **frito** (*m.*) fried egg, 11
— **pasado por agua** (*m.*) soft-boiled egg, 11
— **revuelto** (*m.*) scrambled egg, 11

I

idea (*f.*) idea, 8
impedimento (*m.*) disability
impermeable (*m.*) raincoat, 12
incluir to include, 5
incómodo(a) uncomfortable, 6
infarto (*m.*) heart attack, 19
infección (*f.*) infection, 19
información (*f.*) information, 7
informática (*f.*) computer science, 18
informe (*m.*) report, 18
ingresar to enter
inmediatamente immediately, 17
instalar to install, 14
inteligente intelligent, 3
interesante interesting, 8
interior interior, 6
internacional international, 18
invierno (*m.*) winter
invitado(a) (*m., f.*) guest, 11
inyección injection, shot, 17
— **antitetánica** tetanus shot, 17
ir to go, 2
— **de caza** to go hunting, 8
— **de compras** to go shopping, 12
— **de excursión** to go on a tour, excursion, 5
— **de pesca** to go fishing, 8
irse to leave, 9
italiano(a) Italian

J

jabón (*m.*) soap, 5
jamón (*m.*) ham, 5
japonés (*m.*) Japanese
japonesa (*f.*) Japanese
jarabe (*m.*) syrup, 19
jardín (*m.*) garden
jardinero (*m.*) gardener, 10
jarra (*f.*) pitcher, 11
jefe(a) (*m., f.*) boss, 10
jeringuilla (*f.*) syringe
joven young, 9
joyas (*f., pl.*) jewelry
joyería (*f.*) jewelry store, 13
jueves Thursday
jugador(a) (*m., f.*) player, 8
jugar (u:ue) to play (i.e., a game), 8
jugo (*m.*) juice, 1
junto a near, next to, 8
juntos(as) together, 18

K

kilómetro (*m.*) kilometer, 15

L

lacio straight (hair), 9
lago (*m.*) lake, 5
lana (*f.*) wool, 13
langosta (*f.*) lobster, 2
lápiz de labios (*m.*) lipstick, 9
largo(a) long, 9
lastimarse to get hurt, 17
lata de la basura (*f.*) garbage can, 11
lavado (*m.*) shampoo, 9
lavadora (*f.*) washing machine, 10
lavaplatos (*m. sing.*) dishwasher, 10
lavar(se) to wash (oneself), 9
leche (*f.*) milk, 5
lechería (*f.*) dairy
lechuga (*f.*) lettuce
leer to read, 2
lejía (*f.*) bleach, 10
lengua (*f.*) tongue, 17
lentejas (*f. pl.*) lentils, 5
letrero (*m.*) sign
levantar to raise, to lift, 14
levantarse to get up, 9
libra (*f.*) pound, 19
librería (*f.*) bookstore, 18
licencia para conducir (manejar), guiar (*Puerto Rico*) (*f.*) driver's license, 15
limpiaparabrisas (*m. sing.*) windshield wiper, 14
limpiar to clean, 10
 — en seco to dry clean, 10
liquidación (*f.*) sale, 12
líquido (*m.*) liquid, 19
lista (*f.*) list, 2
listo(a) ready, 13
litera alta (*f.*) upper berth, 16
litera baja (*f.*) lower berth, 16
literatura (*f.*) literature, 18
llamada (*f.*) call, 7
llamar to call, 4
 — por teléfono to phone, 15
Llamo más tarde. I'll call later. PII
llano (*m.*) plain
llanta (*f.*) tire, 14
llave (*f.*) key, 4
llegadas y salidas (*f. pl.*) arrivals and departures, 7
llegar to arrive, 6
 — a casa to arrive home, 13
llenar to fill, 14
lleno(a) full, 14
llevar to take (something or someone someplace), 2; to carry, 4; to wear, 12
llover (o:ue) to rain, 10
lloviznar to drizzle
lluvia (*f.*) rain
lo más pronto posible as soon as possible, 18
lo siento I'm sorry, PII
los (las) dos both, 3
lugar (*m.*) place, 6
 — de interés (*m.*) place of interest, 6
luna (*f.*) moon, 8
lunes Monday, PI
luz (*f.*) light, 14

M

madrastra (*f.*) stepmother, 3
madre (*f.*) mother, 3
madrina (*f.*) godmother, 2
madrugada (*f.*) dawn, 11
magnífico(a) magnificent, 8
maleta (*f.*) suitcase, 4
maletero (*m.*) trunk (of a car), 14
maletín (*m.*) handbag, carry-on bag, 7
malo(a) bad, 6
mamá (*f.*) mother, 3
mandar to send, 10
manejar to drive, 15
mano (*f.*) hand, 17
manta (*f.*) blanket, 5
mantecado (*m.*) ice cream (*Puerto Rico*), 1
mantel (*m.*) tablecloth, 11
mantelerías (*f., pl.*) table linens
mantequilla (*f.*) butter, 5
manzana (*f.*) apple, 1
mañana tomorrow, 3; (*f.*) morning, 10
maquillaje (*m.*) makeup, 9
máquina de afeitar (*f.*) razor, 9
 — eléctrica (*f.*) electric razor, 9
marca (*f.*) brand, 14
marearse to become dizzy, 16
mareo (*m.*) dizziness, dizzy spell, 16
margarina (*f.*) margarine, 5
marido (*m.*) husband, 2
mariposa (*f.*) butterfly, 6
mariscos (*m. pl.*) shellfish, 2
martes Tuesday, PI
más more, most, 8
 — sano(a) healthiest
 — tarde later, 1
matemáticas (*f. pl.*) mathematics, 18
materia (*f.*) (academic) subject, 18
matrícula (*f.*) license plate, 14; tuition, 18
matricularse to register, 18
me gusta I like, 2
me llamo my name is, PI
mecánico(a) (*m., f.*) mechanic, 14
media botella half a bottle, 2
media hora half an hour, 12
mediano(a) medium, 12
medias (*f. pl.*) socks, 13
médico(a) (*m., f.*) medical doctor, M.D., 17
medida (*f.*) size, 12
medio(a) half, 2
medio crudo rare
medios (*m. pl.*) means
mediodía (*m.*) noon, 4
medir (e:i) to measure
mejor better, best, 4
mejorar(se) to improve, to get better, 19
melocotón (*m.*) peach, 1
melón (*m.*) melon, 1
 — de agua (*m.*) watermelon (*Cuba*), 1
mencionar to mention
menos less, 8
 — sano(a) least healthy
mensaje (*m.*) message, PII
mensual monthly, 15
mente (*f.*) mind
menú (*m.*) menu, 1
merienda (*f.*) afternoon snack
mermelada (*f.*) marmalade, jam, 5
mes (*m.*) month, 7
mesa (*f.*) table, PII
 — de centro (*m.*) coffee table, 4
mesera (*f.*) waitress, 1
mesero (*m.*) waiter, 1
mesita de noche (*f.*) nightstand, 4
metro (*m.*) subway, 18
mexicano(a) Mexican
mezquita (*f.*) mosque
mi amor darling, my love, 2
miembros (*m., pl.*) members
mientras while, 4
 — tanto meanwhile
milla (*f.*) mile, 14
mío(a) mine, 9
mirar to look, 8
mirarse en el espejo to look at oneself in the mirror, 9
Misa de Gallo (*f.*) Midnight Mass
mismo(a) same
mitad (*f.*) half, 13
mixto(a) mixed, tossed, 1
mochila (*f.*) backpack, 8
modelo compacto (*m.*) compact car, 15
modista (*f.*) dressmaker, 13
momento (*m.*) moment, 8
monasterio (*m.*) monastery, 6
mono(a) (*m., f.*) monkey
montaña (*f.*) mountain, 8
montar a caballo to ride a horse, 8
montar en bicicleta to ride a bicycle, 8
monumento (*m.*) monument, 6
moreno(a) dark, brunette, 3
morir (o:ue) to die, 19
mostrar (o:ue) to show, 8
motoneta (*f.*) motor scooter
motor (*m.*) motor, 14
mozo (*m.*) waiter, 1
muchacha (*f.*) girl, young woman, 3
muchacho (*m.*) boy, young man, 3
mucho much, a lot, PI
 — gusto it's a pleasure to meet you, PI
muchos(as) many, 3
mudarse to move, 14
mueblería (*f.*) furniture store, 13
muebles (*m. pl.*) furniture, 10
mujer (*f.*) wife, 2; woman, 5
muletas (*f. pl.*) crutches, 17
multa (*f.*) fine, ticket, 15
muñeca (*f.*) wrist, 17
museo (*m.*) museum, 6
musical musical, 9
muy very, PI
 — bien very well, fine, PI

N

nada nothing, 10
nadar to swim, 8
nadie nobody, 19
naranja (*f.*) orange, 1
nariz (*f.*) nose, 17
natación (*f.*) swimming, 8
náusea (*f.*) nausea, 19
navajita (*f.*) razor blade, 13
navegar la red to navigate the Web
Navidad (*f.*) Christmas, 3
necesario(a) necessary, 18
necesitar to need, 4
negro(a) black, 9
neumático (*m.*) tire, 14
nevar (e:ie) to snow
nevera (*f.*) refrigerator, 10
nieta (*f.*) granddaughter, 3
nieto (*m.*) grandson, 3
nieve (*f.*) ice cream (*Méx.*), 1; snow
ninguno(a) none, not any, 6
niña (*f.*) girl, child, 4
niño (*m.*) boy, child, 4
niños (*m. pl.*) children
no no, not, PI
  — está he (she) is not here, PII
  — fumar no smoking, 7
  — tire basura don't litter, 15
noche (*f.*) night, 4
Nochebuena (*f.*) Christmas Eve
nombre (*m.*) name, noun
norte (*m.*) north, 10
norteamericano(a) North American (from the U.S.), 3
nos vemos we'll see you, PI
nota (*f.*) grade, 18; note
novia (*f.*) girlfriend, 3
novio (*m.*) boyfriend, 3
nublado(a) cloudy, 10
nuera (*f.*) daughter-in-law, 3
nuevo(a) new, 8
número (*m.*) number, 16
nunca never, 6

O

o or, 1
objeto (*m.*) object, 12
obra (*f.*) play
oculista (*m., f.*) oculist, eye specialist, 17
ocupado(a) busy, 9
odiar to hate, 18
oeste (*m.*) west, 16
oficina (*f.*) office, 20
  — de correos (*f.*) post office, 20
oído (*m.*) inner ear, 17
ojalá... I hope..., 17
ojo (*m.*) eye, 17
olla (*f.*) pot, 11
olvidarse (de) to forget, 13
ómnibus (*m.*) bus, 6
operación (*f.*) operation, 19
operar to operate, 19
ordenador (*m.*) computer (*Spain*), 18
oreja (*f.*) ear, 17
oro (*m.*) gold, 6
ortopédico(a) (*m., f.*) orthopedist
otra vez again, 13
otro(a) other, another, 4
¡oye! listen!, 3

P

padrastro (*m.*) stepfather, 3
padre (*m.*) father, 3
padres (*m. pl.*) parents, 3
padrino (*m.*) godfather, 2
pagar to pay, 1
  — cuentas to pay bills, 20
pago (*m.*) payment, 15
país (*m.*) country
palabra (*f.*) word
palacio (*m.*) palace, 6
palita (*f.*) dustpan, 11
pan (*m.*) bread, 5
  — tostado (*m.*) toast, 5
panadería (*f.*) bakery, 13
panqueque (*m.*) pancake, 5
pantalón (*m.*) pants, trousers, 12
pantalones (*m. pl.*) pants, trousers, 12
pantimedias (*f. pl.*) pantyhose, 13
pantuflas (*f. pl.*) slippers, 12
pañuelo (*m.*) handkerchief, 12
papa (*f.*) potato, 1
  — al horno (*f.*) baked potato, 2
  —s fritas (*f. pl.*) French fries, 1
papá (*m.*) father, 3
papel (*m.*) paper, 11
paperas (*f. pl.*) mumps, 19
papitas (*f. pl.*) potato chips, 5
paquete (*m.*) package, 20
par (*m.*) pair, 13
para for, 4; in order to, 2; for, to, 16
  ¿— qué? What for?
parabrisas (*m. sing.*) windshield, 14
parada de autobuses (*f.*) bus stop, 16
parada de taxis (*f.*) taxi stand, 16
paraguas (*m.*) umbrella, 12
parar to stop
pariente (*m.*) relative
  — político (*m.*) in-law
parque (*m.*) park, 6
  — de diversiones (*m.*) amusement park, 6
parquear to park, 15
partera (*f.*) midwife
partido (*m.*) game, 8
pasado(a) last, 14
  — por agua soft-boiled, 11
pasado mañana the day after tomorrow, 7
pasaje (*m.*) ticket, 7
pasajero(a) (*m., f.*) passenger, 7
pasaporte (*m.*) passport, 7
pasar to happen, 17; to spend time, 2
  — la aspiradora to vacuum, 10
  — por to go through
Pase. Come in., PI
paso de peatones (*m.*) pedestrian crossing, 15
pasta de dientes (dentífrica) (*f.*) toothpaste, 9
pastel (*m.*) pie, 2
pastilla (*f.*) pill, 16
patata (*f.*) potato (*Spain*), 1
patinar to skate, 8
patines (*m. pl.*) skates, 8
pato (*m.*) duck, 2
pavo (relleno) (*m.*) (stuffed) turkey, 5
peatón(-ona) (*m., f.*) pedestrian, 15
pecho (*m.*) chest, 17
pedido (*m.*) order, 2
pedir (e:i) to order, to ask for, 2
  — prestado(a) to borrow, 14
peinado (*m.*) hairstyle, 9
peinarse to comb one's hair, 9
peine (*m.*) comb, 9
pelar to peel, 11
pelea (*f.*) fight, 8
película (*f.*) film, 3
peligro (*m.*) danger, 15
peligroso(a) dangerous, 15
pelo (*m.*) hair, 9
  — corto (*m.*) short hair, 9
  — lacio (*m.*) straight hair, 9
  — largo (*m.*) long hair, 9
  — rizado (*m.*) curly hair, 9
pelota (*f.*) ball, 8; baseball (*Cuba, Puerto Rico*)
peluquería (*f.*) beauty salon, hair salon, 9
peluquero(a) (*m., f.*) beautician, hair stylist, 9
pensar (e:ie) to think, to intend, to plan, 5
pensión (*f.*) boarding house, 1
pera (*f.*) pear, 1
perder (e:ie) to lose, 5; to miss
  — el conocimiento to lose consciousness, to faint, 17
  — el tren (avión, autobús) to miss the train (plane, bus), 16
Perdón. Excuse me., 13
perfecto(a) perfect, 8
perfume (*m.*) perfume, 9
periódico (*m.*) newspaper, 5
permanente (*f.*) permanent wave, 9
pero but, 1
perro caliente (*m.*) hot dog, 5
persona (*f.*) person, 4
pesar to weigh, 19
pescadería (*f.*) fish market, 13
pescado (*m.*) fish, 2
pescar to fish, 8
  — una pulmonía to catch pneumonia, 19
peso (*m.*) weight, 19
pie (*m.*) foot, 17
pierna (*f.*) leg, 17
pieza de repuesto (*f.*) spare part, 14
pijama (*m.*) pajamas, 13
píldora (*f.*) pill, 19
pileta (*f.*) sink, 11
  — de natación (*f.*) swimming pool (*South America*), 4
pimienta (*f.*) pepper, 10

pintalabios (*m.*) lipstick (*Spain*), 9
pintura de uñas (*f.*) nail polish (*Puerto Rico*), 9
piña (*f.*) pineapple, 1
piscina (*f.*) swimming pool, 4
piso (*m.*) floor, 5
placa (*f.*) license plate, 14
planchar to iron, 10
planear to plan, 8
planta baja (*f.*) ground (first) floor, 13
plata (*f.*) silver
plátano (*m.*) banana, 1
plato (*m.*) plate, dish, 1
playa (*f.*) beach, 8
poder (o:ue) to be able, 6
poema (*m.*) poem
poliomielitis (*f.*) polio
pollitos chicks
pollo (*m.*) chicken, 1
 — frito (*m.*) fried chicken
pomelo (*m.*) grapefruit (*Spain*), 1
poner to put, 10
 — la mesa to set the table, 11
 — puntos to put in stitches, 17
 — una inyección to give an injection, 17
ponerse to put on, 9
por for, 4; through, 10
 — adelantado in advance, 5
 — aquí this way, 2
 — ciento (*m.*) percent, 16
 ¿— cuánto tiempo es válido el pasaje? How long is the ticket valid for?, 16
 — desgracia unfortunately, 18
 — día by the day, per day, 15
 — eso that's why, 12
 — favor please, PI
 — fin at last, 13
 — lo menos at least
 — mes monthly, 15
 — noche per night, 4
 ¿— qué? why?, 4
 — semana by the week, per week, 15
 — supuesto of course, 8
 — teléfono on the phone, PII
 — vía aérea by air mail, 20
porque because, 2
portaguantes (*m.*) glove compartment, 14
postre (*m.*) dessert
practicar to play, to practice (a sport), 8
precio (*m.*) price, 5
precioso(a) beautiful, 8
preferir (e:ie) to prefer, 6
preguntar to ask (a question), 8
preocupado(a) worried, 12
preocuparse to worry, 10
preparar to prepare, 10
prepararse to get ready, 9
presión (*f.*) blood pressure, 19
 — de aire (*f.*) air pressure, 14
prestar to lend, 8
prevenir to prevent
primera clase (*f.*) first class, 7
primo(a) (*m., f.*) cousin, 3
privado(a) private, 4
probablemente probably, 6
probador (*m.*) fitting room, 12
probarse (o:ue) to try on, 12
problema (*m.*) problem, 6
profesor(a), (*m., f.*) professor, teacher, PI
prohibido estacionar no parking, 15
propina (*f.*) tip, 1
próximo(a) next, 5
psicología (*f.*) psychology, 18
pudín (*m.*) pudding, 2
pueblo (*m.*) town
puente angosto (*m.*) narrow bridge, 15
puerta de salida (*f.*) departure gate, 7
puertorriqueño(a) Puerto Rican, 18
pues therefore
pulmonía (*f.*) pneumonia, 19
pulsera (*f.*) bracelet, 13
puré de papas (*m.*) mashed potatoes, 2
puro(a) pure, 13

Q

que who, that, 10
 ¡— se (te) mejore(s)! Get well soon!, 19
 — viene next, coming, 18
 — yo sepa, no. Not that I know of., 19
qué what, 1; how, 10
 ¡— amable! How nice!, 12
 ¡— bien! That's great!, 13
 ¿— fecha es hoy? What's the date today?, PI
 ¿— hay de nuevo? What's new?, PI
 ¿— más? What else?
 ¿— número calza? What size shoe do you wear?, 13
 ¿— tal? How's it going? (*informal*), PI
 ¿— tal es...? What is... like?, 6
 ¿— te parece...? What do you think of...?, 8
quedar to be located, 4
quedarle ancho(a), [estrecho(a)] a uno to be (too) wide, loose (narrow, tight) on one, 12
quedarle bien to fit
quedarle chico (grande) a uno to be too small (big) on one, 12
quedarse to stay, 9
quehaceres de la casa (*m. pl.*) household chores, 10
querer (e:ie) to want, to wish, 5
querido(a) dear, darling, 9
queso (*m.*) cheese, 1
¿quién? who?, whom?, 3
química (*f.*) chemistry, 18
quitaesmalte (*m.*) nail polish remover, 9
quitarse to take off, 17

R

rabanitos (*m. pl.*) radishes, 10
radiografía (*f.*) X-ray, 17
rápido (*m.*) express train, 16
raqueta (*f.*) racquet, 8
rebaja (*f.*) sale
recado (*m.*) message, 15
recámara (*f.*) bedroom (*Mex.*)
recepcionista (*m., f.*) receptionist, PII
receta (*f.*) recipe, 11
recetar to prescribe, 17
recibo (*m.*) receipt, 15
recientemente recently
reclinadora (*f.*) recliner, 4
recogedor (*m.*) dustpan, 11
recoger to pick up, 20
recordar (o:ue) to remember, 6
refresco (*m.*) soda pop
refrigerador (*m.*) refrigerator, 10
regalar to give (as a gift), 20
regalo (*m.*) gift, present, 12
registro (*m.*) register, 4
regresar to return, 1
reír(se) (e:i) to laugh, 12
reloj de pulsera (*m.*) wristwatch, 13
remar to row, to paddle, 8
remolacha (*f.*) beet, 10
remolcador (*m.*) tow truck, 14
remolcar to tow, 14
repollo (*m.*) cabbage, 10
requisito (*m.*) requirement, 18
reservación (*f.*) reservation, 4
reservar to reserve, 7
respirar to breathe, 19
 — hondo to take a deep breath, 19
restaurante (*m.*) restaurant, 1
reunión (*f.*) meeting, 9
revisar to check, 14
revista (*f.*) magazine, 5
revuelto(a) scrambled (i.e., egg), 11
Reyes Magos (*m. pl.*) Wise Men
rico(a) tasty, 2
río abajo down the river
rizado(a) curly, 9
rizador (*m.*) curling iron, 9
rodilla (*f.*) knee, 17
rojo(a) red, 10
romperse to fracture, to break, 17
ron (*m.*) rum, 2
ropa (*f.*) clothes, 10
 — interior (*f.*) underwear, 13
ropero (*m.*) closet, 10
rubéola (*f.*) German measles (rubella), 19
rubio(a) blond, 3
ruido (*m.*) noise, 14

S

sábado Saturday
sábana (*f.*) sheet, 6
saber to know (a fact), 7
sabroso(a) tasty, 2
sacar to get (a grade), 18
 — buenas (malas) notas to get good (bad) grades, 18
 — la basura to take out the garbage, 11
 — la lengua to stick out one's tongue, 19
sacudir to dust, 10
sal (*f.*) salt, 10

sala (*f.*) living room, 3
— **de emergencia** (*f.*) emergency room, 17
— **de equipaje** (*f.*) baggage area, 7
— **de espera** (*f.*) waiting room, 17
— **de estar** (*f.*) den, family room, 4
— **de rayos X** (*f.*) X-ray room, 17
salchicha (*f.*) sausage, 5
saldo (*m.*) balance, 20
salida (*f.*) exit, 7
salir to go out, to leave, 9
salón de belleza (*m.*) beauty salon, 9
salón de estar (*m.*) den, family room, 4
salsa (*f.*) sauce, 2
salud (*f.*) health, 2
¡salud! cheers!, 2
saludos (*m. pl.*) greetings
— **a...** say hello to..., PI
sandalias (*f. pl.*) sandals, 13
sandía (*f.*) watermelon, 1
sangrar to bleed, 19
sano(a) healthy
santa (*f.*) saint, 2
santo (*m.*) saint, 2
sarampión (*m.*) measles, 19
sartén (*f.*) frying pan, 11
sastre (*m.*) tailor
saya (*f.*) skirt (*Cuba*), 12
secador (*m.*) hair dryer, 9
secadora (*f.*) dryer, 10
sección de (no) fumar (*f.*) (non-) smoking section
seco(a) dry, 9
seda (*f.*) silk
seguir derecho to go straight ahead, 16
según according to, 16
segundo(a) second, 5
seguro (*m.*) insurance, 15
seguro(a) sure, 6
sello (*m.*) stamp, 20
semana (*f.*) week, 5
semestre (*m.*) semester, 18
sentar(se) (e:ie) to sit down, 9
sentido (*m.*) sense
sentirse (e:ie) to feel, 17
señal de tráfico (*f.*) traffic sign, 15
señor Mr., sir, gentleman, PI
señora Mrs., madam, lady, PI
señorita Miss, young lady, PI
ser to be, PII
— **necesario** to be necessary, 17
— **operado(a)** to be operated on, 19
servicio (*m.*) service
— **de cuarto** (*m.*) room service, 4
— **de habitación** (*m.*) room service, 4
servilleta (*f.*) napkin, 11
servir (e:i) to serve, 5
si if, whether, 5
sí yes, 1
siempre always, 3
silla (*f.*) chair, PII
simpático(a) nice, charming, 2
sin without, 15
— **embargo** however
— **plomo** unleaded, 14
síntoma (*m.*) symptom, 19
situación (*f.*) situation
sobre (*m.*) about, 7; envelope, 20
sobrenombre (*m.*) nickname
sobrina (*f.*) niece, 3
sobrino (*m.*) nephew, 3
socio(a) (*m., f.*) member, 14
sociología (*f.*) sociology, 18
sofá (*m.*) sofa, couch, 4
solamente only, 7
solicitar to apply, 18
— **un préstamo** to apply for a loan, 20
solo(a) by oneself, alone, 3
sólo only, 7
sombrero (*m.*) hat, 12
sonar (o:ue) to ring
sopa (*f.*) soup, 1
— **de arroz** rice soup
— **de cebollas** onion soup
— **de fideos** noodle soup
— **de verduras** (*f.*) vegetable soup, 1
sortija (*f.*) ring, 13
subir al avión to board a plane, 7
subterráneo (*m.*) subway, 18
subvencionado(a) subsidized
sucio(a) dirty, 11
sucursal (*f.*) branch, 15
suegra (*f.*) mother-in-law, 3
suegro (*m.*) father-in-law, 3
suerte (*f.*) luck, 18
suéter (*m.*) sweater, 10
sufrir to suffer
— **del corazón** to have heart trouble, 19
sugerir (e:ie) to suggest, 16
supermercado (*m.*) supermarket, 10
sur (*m.*) south, 16

T

talla (*f.*) size, 12
tallarines (*m. pl.*) spaghetti, 5
taller de mecánica (*m.*) repair shop, 14
talonario de cheques (*m.*) checkbook, 20
tamaño (*m.*) size
también too, also, 2
tan ... como as ... as, 4
tan pronto como as soon as, 19
tanque (*m.*) tank, 14
tantos(as) so many, 6
tarde (*f.*) afternoon, 13
tarea (*f.*) homework, 18
tarifa (*f.*) rate, 16
tarjeta (*f.*) card
— **de crédito** (*f.*) credit card, 1
— **de embarque (embarco)** (*f.*) boarding pass, 7
— **postal** (*f.*) postcard, 20
taza (*f.*) cup, 1
tazón (*m.*) bowl, 11
te gusta you like, 2
té (*m.*) tea, 1
— **frío (helado)** iced tea, 1
teatro (*m.*) theater, 5
tele (*f.*) television, 8
teléfono (*m.*) phone, PII
— **celular** cellular phone, 20
telenovela (*f.*) soap opera, 11
televisión (*f.*) television, 8
televisor (*m.*) TV set, 4
temer to fear, to be afraid, 17
temperatura (*f.*) temperature, 19
temprano early, 9
tenedor (*m.*) fork, 1
tener to have, 4
— **calor** to be hot, 4
— **éxito** to be a success, to be successful, 11
— **(mucha) hambre** to be (very) hungry, 4
— **... horas de retraso (atraso)** to be ... hours behind schedule, 16
— **la presión alta** to have high blood pressure, 19
— **la presión baja** to have low blood presure, 19
— **mucho que hacer** to have a lot to do, 11
— **que** (+ *inf.*) to have to (do something), 4
— **sed** to be thirsty, 4
— **tos** to have a cough, 19
tenis (*m.*) tennis, 8
terminar to finish, 2
término medio medium rare
termómetro (*m.*) thermometer, 19
terraza (*f.*) terrace, 10
tía (*f.*) aunt, 3
tiempo (*m.*) time, 5; weather
tienda (*f.*) store, 5
— **de campaña** tent, 8
tijera (*f.*) scissors, 9
tinte (*m.*) dye
tinto(a) red (i.e., wine), 1
tintorería (*f.*) dry cleaners, 10
tío (*m.*) uncle, 3
título (*m.*) degree, 17
toalla (*f.*) towel, 5
tobillo (*m.*) ankle, 17
tocar to play, 3
tocador (*m.*) dresser, 4
tocino (*m.*) bacon, 3
todo el mundo (*m.*) everybody, 11
todo lo necesario everything necessary, 10
todos(as) all, 3; every, 5
— **los días** every day, 6
todos (*m. pl.*) everybody, 11
tomar to drink, 1; to take, 14
— **algo** to have something to drink, 2
tomate (*m.*) tomato, 1
Tome asiento. Have a seat., PI
toronja (*f.*) grapefruit, 1
torre (*f.*) tower
torta (*f.*) cake, 2
— **al ron** (*f.*) rum cake, 2
tos (*f.*) cough
— **ferina** (*f.*) whooping cough
toser to cough, 19
tostada (*f.*) toast, 11
tostadora (*f.*) toaster, 11
trabajar to work, 10

trabajos de la casa (*m. pl.*) household chores, 10
trabalenguas (*m.*) tongue-twister
traer to bring, 2
traje (*m.*) suit, 12
— **de baño** (*m.*) bathing suit, 8
transacción financiera (*f.*) financial transaction
transbordar to change (trains, buses, etc.), to transfer, 16
tranvía (*m.*) streetcar, local train, 16
tratar (de) to try (to), 8
tren (*m.*) train, 16
trimestre (*m.*) quarter, 18
triste sad
trucha (*f.*) trout
trusa (*f.*) bathing suit (*Cuba*), 12
turista (*m., f.*) tourist, 1
turnarse to take turns
turno (*m.*) appointment, 9
tuyo(a) yours, 9

U

último(a) last, 7
un momento one moment, PII
un poco a little, 3
un rato a while, 2
una vía one way, 15
universidad (*f.*) university, 3
unos(as) some, 7
usar to use, 8; to wear, 12
uvas (*f. pl.*) grapes, 1

V

vacaciones (*f. pl.*) vacation, 5
vacío(a) empty, 14
vacuna (*f.*) vaccination
vajilla (*f.*) china, 11
válido(a) valid
vamos let's go, 5
varicela (*f.*) chicken pox
varios(as) several, 9
vaso (*m.*) glass, 1
vegetales (*m. pl.*) vegetables, 1
velocidad máxima (*f.*) speed limit, 14
vendar to bandage, 17
vendedor(a) ambulante (*m., f.*) street vendor, 12
vender to sell, 13
venir to come, 4
venta (*f.*) sale, 12
ventaja (*f.*) advantage
ventana (*f.*) window, 10
ventanilla (*f.*) window (of a car or plane), 7; ticket window, 16; post office window, 20
ver to see, 3
verano (*m.*) summer, 10
verbo (*m.*) verb
verdad (*f.*) right, 5; true, truth, 6
verde green, 12
verdulería (*f.*) vegetable market
verduras (*f.*) vegetables, 1
vermut (*m.*) vermouth, 2
verse to look, to appear, 9
vestíbulo (*m.*) lobby, 6
vestido (*m.*) dress, 9
— **de noche** (*m.*) evening gown, 13
vestir(se) (e:i) to get dressed, 9
vez time (in a series; as equivalent of *occasion*), 10
viajar to travel, 7
viaje (*m.*) trip, 4
— **de negocios** (*m.*) business trip, 4
vida (*f.*) life
vidriera (*f.*) shop window, 12
viernes Friday
vinagre (*m.*) vinegar, 10
vino (*m.*) wine, 1
viruela (*f.*) smallpox
visa (*f.*) visa, 7
visado (*m.*) visa (*Spain*), 7
visitar to visit, 6
vitrina (*f.*) shop window, 12
vivir to live, 3
vocabulario (*m.*) vocabulary
volante (*m.*) steering wheel, 14
volar (o:ue) to fly, 16
volcán (*m.*) volcano, 6
volver (o:ue) to return, to come (go) back, 6
vomitar to vomit, to throw up, 19
vuelo (*m.*) flight, 7
— **directo** direct flight, 7

Y

y and, PI
ya already, now, 6
¡— lo creo! I'll say!, 6
— **que** since, 12
yerno (*m.*) son-in-law, 3

Z

zanahoria (*f.*) carrot, 10
zapatería (*f.*) shoe store, 13
zapatillas (*f. pl.*) slippers, 12
zapatos (*m. pl.*) shoes, 13
— **de tenis** (*m. pl.*) sneakers, tennis shoes, 13
zona de estacionamiento (*f.*) parking lot, 15
zoológico (*m.*) zoo, 6
zumo (*m.*) juice (*Spain*), 1

English-Spanish Vocabulary

A

a little un poco, 3
a lot mucho, PI
a while un rato, 2
accept aceptar, 1
accident accidente (*m.*), 17
account cuenta (*f.*), 20
accounting contabilidad (*f.*), 18
ache doler (o:ue), 8
advantage ventaja (*f.*)
advice consejo (*m.*)
advise aconsejar, 16
adviser consejero(a) (*m., f.*), 18
afternoon snack merienda (*f.*)
afterwards después (de), 2
again otra vez, 13
against contra
agency agencia (*f.*)
agent agente (*m., f.*), 7
agree estar de acuerdo, 8
air conditioning aire acondicionado (*m.*), 4
air pressure presión de aire (*f.*), 14
airline aerolínea (*f.*), 7
airport aeropuerto (*m.*), 7
aisle seat asiento de pasillo (*m.*), 7
all todos(as), 3
allergic alérgico(a), 19
almost casi, 13
alone solo(a), 3
already ya, 6
also también, 2
always siempre, 8
ambulance ambulancia (*f.*), 17
among entre
amusement park parque de diversiones (*m.*)
analysis análisis (*m.*)
and y, PI
ankle tobillo (*m.*), 18
another otro(a), 4
antibiotic antibiótico (*m.*), 19
any algún, alguno(a), 6
— **message?** ¿algún mensaje?, PII
anything algo, 10
— **else?** ¿algo más?, 20
appear verse, 9
appendicitis apendicitis (*m.*), 19
apple manzana (*f.*), 1
apply solicitar, 17
— **for a loan** solicitar un préstamo, 20
appointment cita (*f.*), 9; turno (*m.*), 9
Argentinian argentino(a), 18
arm brazo (*m.*), 17
armchair butaca (*f.*), sillón (*m.*), 4
arrange arreglar, 13
arrivals and departures llegadas y salidas (*f. pl.*)
arrive llegar, 9
— **home** llegar a casa, 13
art arte (*m.*), 18
article artículo (*m.*), 12
as... as tan... como, 4
as a child de niño(a), 19
as long as ya que, 12
as soon as en cuanto, tan pronto como, 19
— **possible** lo más pronto posible, 17
ask (questions) preguntar, 8; hacer preguntas, 19; (for) pedir (e:i), 2
aspirin aspirina (*f.*), 6
asthma asma (*f.*), 19
at en, a
— **about** a eso de, 6
— **half price** a mitad de precio, 13
— **last** por fin, 13
— **least** por lo menos
— **what time?** ¿a qué hora?, 4
attend asistir, 3
aunt tía (*f.*)
automatic automático(a), 15
— **teller machine** cajero automático (*m.*)
automobile automóvil (*m.*), carro (*m.*), coche (*m.*), 14
— **club** club automovilístico (*m.*), 14
avenue avenida (*f.*), 9

B

back espalda (*f.*), 18
— **up (a car)** dar marcha atrás, 15
backpack mochila (*f.*), 8
bacon tocino (*m.*)
bad malo(a), 6
baggage claim area sala de equipaje (*f.*)
bake cocinar al horno, hornear, 10
baked potato papa al horno (*f.*), 2
bakery panadería (*f.*)
balance saldo (*m.*), 20
ball pelota (*f.*), 8
banana banana (*f.*), plátano (*m.*), 1
bandage curita (*f.*), 18; vendar
barber barbero (*m.*), 9
barbershop barbería (*f.*), 9
bargain ganga (*f.*), 12
baseball béisbol (*m.*), pelota (*f.*) (*Cuba, Puerto Rico*)
basketball baloncesto (*m.*), 8; basquetbol (*m.*), 8
bathe (oneself) bañar(se), 9
bathing suit traje de baño (*m.*), bañador (*m.*) (*Spain*), trusa (*f.*) (*Cuba*), 12
bathrobe bata (*f.*), 13
bathroom baño (*m.*), 4
bathtub bañera (*f.*), bañadera (*f.*), 4
battery acumulador (*m.*), batería (*f.*), 14
be ser, PII; estar, 3
— **a success** tener éxito, 11
— **able** poder (o:ue), 6
— **afraid** temer, 17
— **(too) big on one** quedarle grande a uno, 12
— **hot** hacer calor, 4; tener calor, 8
— **... hours behind schedule** tener ... horas de retraso (atraso), 16
— **(very) hungry** tener (mucha) hambre, 4
— **located** quedar, 4
— **(too) loose on one** quedarle ancho(a) a uno
— **(too) narrow on one** quedarle estrecho(a) a uno
— **necessary** ser necesario, 18
— **operated on** ser operado(a), 19
— **pleasing to** gustar, 8
— **(too) small on one** quedarle chico(a) a uno, 12
— **successful** tener éxito, 11
— **thirsty** tener sed, 4
— **(too) tight on one** quedarle estrecho(a) a uno
— **(too) wide on one** quedarle ancho(a), a uno, 12
beach playa (*f.*), 8
beard barba (*f.*), 9
beautician peluquero(a) (*m., f.*), 9
beautiful precioso(a), 8; hermoso(a), 15; bello(a)
beauty salon peluquería (*f.*), salón de belleza (*m.*), 9
because porque, 4
become dizzy marearse, 16
bed cama (*f.*), 4
bedroom dormitorio (*m.*), recámara (*f.*) (*Méx.*), 4
beer cerveza (*f.*), 3
beet remolacha (*f.*)
before antes, 12; antes de que, 19
begin empezar (e:ie), 5
believe creer, 12
bell campana (*f.*)
bellhop botones (*m.*), 4
belt cinto (*m.*), cinturón (*m.*), correa (*f.*) (*Puerto Rico*), 12
besides además (de), 5
best mejor, 4
better mejor, 4
big grande, 12
bill (*in a restaurant*) cuenta (*f.*), 1; (*currency*) billete (*m.*)
biology biología (*f.*), 18
birthday cumpleaños (*m.*), 11
black negro(a), 9
blanket cobija (*f.*), frazada (*f.*), manta (*f.*), 5
bleach lejía (*f.*)

bleed sangrar
blessed bendito(a), 5
blond rubio(a), 3
blood pressure presión (*f.*), 19
blouse blusa (*f.*), 12
blue azul, 12
board abordar, 7; subirse, 17
— **the plane** abordar el avión, subir al avión, 7
boarding house pensión (*f.*), 5
boarding pass tarjeta de embarque (embarco) (*f.*)
body cuerpo (*m.*)
boil hervir (e:ie)
bon voyage! ¡buen viaje!, 7
bookstore librería (*f.*)
boots botas (*f. pl.*), 13
border frontera (*f.*), 16
boring aburrido(a), 3
borrow pedir prestado(a), 14
both los dos, 3
bottle botella (*f.*), 1
bowl tazón (*m.*)
box cajita (*f.*)
boy chico (*m.*), muchacho (*m.*), niño (*m.*), 3
boyfriend novio (*m.*), 3
bracelet pulsera (*f.*)
brakes frenos (*m. pl.*), 14
branch sucursal (*f.*)
brand marca (*f.*), 14
Brazilian brasileño(a), 8
bread pan (*m.*), 10
break fracturarse, romperse, 18
breakfast desayuno (*m.*), 5
breathe respirar, 19
brief conversations conversaciones breves (*f. pl.*), PI
bring traer, 2
brochure folleto (*m.*), 7
broom escoba (*f.*), 11
brother hermano (*m.*), 3
brother-in-law cuñado (*m.*), 3
brunette morena(a), 3
brush cepillar(se), 9
— **one's hair** cepillarse el pelo, 9
building edificio (*m.*)
bus autobús (*m.*), ómnibus (*m.*), 6
— **stop** parada de autobuses (*f.*), 16
business administration administración de empresas (*f.*), 18
but pero, 1
butcher's shop carnicería (*f.*)
butter mantequilla (*f.*)
buy comprar, 5
by por
— **air mail** por vía aérea, 20
— **oneself** solo(a), 3
— **the day** por día, 15
— **the week** por semana, 15
bye adios, chau, PI

C

cabbage repollo (*m.*)
cabin cabaña (*f.*), 8
cafeteria cafetería (*f.*), PII
cake torta (*f.*), 2
calculator calculadora (*f.*), 18
call llamar, 4; llamada (*f.*), 7
camp acampar, 8
can opener abrelatas (*m. sing.*), 10
cancel a reservation cancelar una reservación, 4
candy shop dulcería (*f.*)
canoe canoa (*f.*), 8
cap gorra (*f.*)
capsule cápsula (*f.*), 19
car automóvil (*m.*), carro (*m.*), coche (*m.*), 14
— **rental agency** agencia de alquiler de automóviles (*f.*), 15
caramel custard flan (*m.*)
carpet alfombra (*f.*), 10
carrot zanahoria (*f.*), 10
carry llevar, 4
carry-on bag maletín (*m.*), bolso de mano (*m.*), 7
cash en efectivo, 15; al contado
— **a check** cambiar un cheque, 15
cashier cajero(a) (*m., f.*), 20
castle castillo (*m.*), 6
catch pneumonia pescar una pulmonía, 19
cathedral catedral (*f.*), 6
cellular phone teléfono celular (*m.*)
cereal cereal (*m.*), 5
chain cadena (*f.*), 13
chair silla (*f.*), PII
champagne champán (*m.*), 3; champaña (*f.*)
champion campeón (*m.*), campeona (*f.*), 8
change cambiar, 6; (trains, buses, etc.) transbordar, 16
charge cobrar, 4
— **mileage** cobrar por kilómetros, 15
chat conversar, 2
check (*in a restaurant*) cuenta (*f.*), 1; (*personal*) cheque (*m.*), 1; revisar, chequear, 14
— **book** talonario de cheques (*m.*)
checking account cuenta corriente (*f.*)
cheers! ¡salud!, 2
cheese queso (*m.*), 2
chemistry química (*f.*), 17
chest pecho (*m.*), 18
— **of drawers** cómoda (*f.*)
chicken pollo (*m.*), 1
— **and rice** arroz con pollo (*m.*)
— **pox** varicela (*f.*)
chicks pollitos (*m. pl.*)
child niña (*f.*), niño (*m.*)
children (*sons and daughters*) hijos (*m. pl.*), 3; niños (*m. pl.*)
china vajilla (*f.*)
Chinese chino(a)
chocolate chocolate (*m.*), 11
Christmas Navidad (*f.*), 3
— **Eve** Nochebuena (*f.*)
cigarette cigarrillo (*m.*), 7
city ciudad (*f.*), 2
— **block** cuadra (*f.*), 6
claim check (ticket) comprobante (*m.*), 7
class clase (*f.*), 18
— **schedule** horario de clases (*m.*)
clean limpiar, 10
clerk empleado(a) (*m., f.*), 12
climb escalar, 8
close cerca (de), 6; cerrar (e:ie), 6
closed cerrado(a), 14
closet ropero (*m.*), 10
clothes ropa (*f.*), 10
cloudy nublado(a), 10
club club (*m.*), PII
coconut coco (*m.*), 2
cod bacalao (*m.*)
coffee café (*m.*), 1
— **table** mesa de centro (*f.*)
— **with milk** café con leche (*m.*)
cold frío(a), 1
collide chocar, 15
cologne colonia (*f.*)
comb peine (*m.*), 9
— **one's hair** peinarse, 9
come venir, 4
— **back** volver (o:ue), 6
— **in** Pase, PI
comedy comedia (*f.*), 9
comfortable cómodo(a), 6
coming que viene, 17
communicate comunicarse, 15
compact car modelo compacto (*m.*), 15
computer computadora (*f.*), ordenador (*m.*) (*Spain*), 18
— **science** informática (*f.*), 17
conditioner acondicionador (*m.*), 9
confirm a reservation confirmar una reservación, 4
congratulations felicitación (*f.*), 20
consume gastar, 15
convertible coche convertible (*m.*), descapotable (*m.*), 15
cook cocinar, 11
corner esquina (*f.*), 4
cost costar (o:ue), 7
couch sofá (*m.*)
cough toser
counselor consejero(a) (*m., f.*), 18
country país (*m.*), campo (*m.*)
courteous amable, 12
cousin primo(a) (*m., f.*), 3
crab cangrejo (*m.*), 2
cream crema (*f.*), 1
credit card tarjeta de crédito (*f.*), 1
crutches muletas (*f. pl.*), 18
cultural cultural
cup taza (*f.*), 1
cupboard armario (*m.*), 11
cure curar
curling iron rizador (*m.*), 9
curly hair pelo rizado (*m.*), 9
curtain cortina (*f.*), 10
customs aduana (*f.*), 7
cut cortar, 9

D

daily por día, 15; diario(a), 16
dairy lechería (*f.*)

dance bailar, 3
danger peligro (*m.*), 15
dangerous peligroso(a), 15
 — curve curva peligrosa (*f.*), 15
dark moreno(a), 3
darling mi amor (*m., f.*), 2; querido(a) (*m., f.*), 9
darn bendito(a), 5
date fecha (*f.*), P
 — of birth fecha de nacimiento (*f.*)
daughter hija (*f.*), 3
 — in-law nuera (*f.*)
dawn madrugada (*f.*), 11
day after tomorrow pasado mañana, 7
day before yesterday anteayer, 19
dear querido(a), 9
decide decidir, 2
degree título (*m.*), 17
den sala de estar (*f.*), salón de estar (*m.*)
dentist dentista (*m., f.*), 17
deodorant desodorante (*m.*), 9
department departamento (*m.*), 12
departure salida (*f.*), 7
 — gate puerta de salida (*f.*), 7
depend depender, 15
deposit depositar, 15
desk escritorio (*m.*)
dessert postre (*m.*)
detergent detergente (*m.*), 10
detour desvío (*m.*), 15
diabetes diabetes (*f.*), 19
diabetic diabético(a), 19
diarrhea diarrea (*f.*), 19
dictionary diccionario (*m.*)
die morir (o:ue), 19
difficult difícil, 18
dining car coche-comedor (*m.*), 16
dining room comedor (*m.*), 4
dinner cena (*f.*), 5
diphtheria difteria (*f.*)
dirty sucio(a), 11
disability impedimento (*m.*)
discotheque discoteca (*f.*), 6
discount descuento (*m.*), 16
disease enfermedad (*f.*), 19
disembark bajarse, 16
dish plato (*m.*), 1
dishwasher lavaplatos (*m. sing.*)
disinfect desinfectar, 17
dizziness mareo (*m.*), 16
dizzy spell mareo (*m.*), 16
do hacer, 8
doctor doctor(a) (*m., f.*), PI; médico(a) (*m., f.*), 18
doctor's office consultorio (*m.*), 17
document documento (*m.*), 7
does that include...? ¿eso incluye...?, 5
doing haciendo
dollar dólar (*m.*), 4
don't litter no tire basura, 15
double bed cama doble (*f.*), 4
doubt dudar, 17
down abajo
downtown centro (*m.*), 5
dozen docena (*f.*), 10
dress vestido (*m.*), 9; vestirse (e:i)
dresser tocador (*m.*)
dressmaker modista (*f.*)
drink tomar, 1; beber, 2; bebida (*f.*), 2
drive conducir, manejar, guiar (*Puerto Rico*), 15
driver's license licencia para conducir (manejar), guiar (*Puerto Rico*) (*f.*), 15
drizzle lloviznar
dry seco(a), 9
 — clean limpiar en seco, 10
 — cleaners tintorería (*f.*), 10
dryer secadora (*f.*), 10
duck pato (*m.*), 2
dust sacudir, 10
dustpan palita (*f.*), recogedor (*m.*), 11
dye tinte (*m.*)

E

early temprano, 9
earrings aretes (*m. pl.*), aros (*m. pl.*), 13
east este (*m.*), 16
easy fácil, 17
eat comer, 2
egg huevo (*m.*)
electric razor máquina de afeitar eléctrica (*f.*), 9
elegant elegante, 2
elementary school escuela elemental (primaria) (*f.*)
elevator ascensor (*m.*), elevador (*m.*), 13
e-mail correo electrónico (*m.*), correo "e" (*m.*), "c-e" (*m.*), 15
emergency room sala de emergencia (*f.*), 18
employee empleado(a) (*m., f.*), PII
empty vacío(a), 14
encounter encontrarse con (o:ue), 9
enter entrar, 9; ingresar
entertainment diversión (*f.*)
envelope sobre (*m.*), 20
errand diligencia (*f.*)
escalator escalera mecánica (*f.*), 13
evening gown vestido de noche (*m.*)
ever alguna vez, 17
every todos(as), 5; cada, 19
 — day todos los días, 6
everybody todos (*m. pl.*), 11
everything necessary todo lo necesario, 10
exam examen (*m.*), 17
excellent excelente, 6
Excuse me. Perdón., 13
exit salida (*f.*), 7
expensive caro(a), 4
express train expreso (*m.*), rápido (*m.*), 16
exterior exterior, 6
 — room cuarto con vista a la calle (*m.*), cuarto exterior (*m.*), 6
eye ojo (*m.*), 18
 — doctor oculista (*m., f.*)

F

face cara (*f.*), 17
facsimile fax (*m.*), facsímil (*m.*), 15
faint desmayarse, perder (e:ie) el conocimiento, 17
fall down caerse, 17
family familia (*f.*), 3
 — room sala de estar (*f.*), salón de estar (*m.*)
famous phrase frase célebre (*f.*)
farm(house) finca (*f.*), 8
fasten one's seat belt abrocharse el cinturón de seguridad, 16
fat gordo(a), 3
father padre (*m.*), papá (*m.*), 3
 — -in-law suegro (*m.*)
fax fax (*m.*), facsímil (*m.*), 15
fear temer, 17
feel sentirse (e:ie), 19
fever fiebre (*f.*), 19
fight pelea (*f.*), 8
fill llenar, 14
finally al fin, 12
financial transaction transacción financiera (*f.*)
find encontrar (o:ue), 9
 — out averiguar, 7
fine bien, PI; está bien, 10; (*penalty*) multa (*f.*), 15
finger dedo (*m.*), 17
finish terminar, 2
first class primera clase (*f.*), 7
fish pescado (*m.*), 2; pescar, 8
 — market pescadería (*f.*)
fishing pole caña de pescar (*f.*)
fit quedarle bien
fitting room probador (*m.*), 12
fix arreglar, 11
flat tire goma pinchada (ponchada) (*f.*), 14
flight vuelo (*m.*), 7
 — attendant auxiliar de vuelo (*m., f.*), 7
floor piso (*m.*), 5
flu gripe (*f.*)
fly volar (o:ue), 16
fold clothing (laundry) doblar la ropa, 10
food comida (*f.*), 2
foot pie (*m.*), 18
football fútbol americano (*m.*)
for para, por, 4
 — dessert de postre, 1
forehead frente (*f.*), 18
foreigner extranjero(a)
forget olvidarse (de), 13
fork tenedor (*m.*), 1
fracture fractura (*f.*), 18; fracturarse, romperse, 18
free gratis
freeway autopista (*f.*), 14
French francés(-esa)
 — fries papas fritas (*f. pl.*), 1
Friday viernes
fried frito(a), 1
 — chicken pollo frito (*m.*)
 — egg huevo frito (*m.*), 11
friend amigo(a) (*m., f.*)
from de, PII
fruit fruta (*f.*), 1
 — market (store) frutería (*f.*)

fry freír (e:i)
frying pan sartén (*f.*), 11
full lleno(a)
function funcionar, 6
furniture muebles (*m. pl.*), 10
— **store** mueblería (*f.*)

G

game partido (*m.*), 8
garage garaje (*f.*), 11
garbage basura (*f.*), 11
— **can** lata de la basura (*f.*), 11
garden jardín (*m.*)
gas station estación de servicio (*f.*), gasolinera (*f.*), 14
gasoline gasolina (*f.*), 14
gastroenteritis gastroenteritis (*f.*), 19
gee! ¡caramba!, 6
generally generalmente
gentleman señor, PI
geography geografía (*f.*), 17
German alemán(ana)
— **measles** rubéola (*f.*)
get buscar, 6, conseguir (e:i)
— **bad grades** sacar malas notas, 17
— **better** mejorar(se)
— **(something) dirty** ensuciar, 11
— **dressed** vestir(se) (e:i), 9
— **good grades** sacar buenas notas, 17
— **hurt** lastimarse, 18
— **off** bajarse, 16
— **ready** prepararse, 9
— **up** levantarse, 9
— **well soon!** ¡que se (te) mejore(s)!
— **worse** empeorar
gift regalo (*m.*), 12
girl chica (*f.*), muchacha (*f.*), 3, niña (*f.*), 3
girlfriend novia (*f.*), 3
give dar, 3; (*as a gift*) regalar, 20
— **an injection** poner una inyección, 18
— **back** devolver (o:ue), 20
glass vaso (*m.*), 1
glove guante (*m.*), 12
— **compartment** guantera (*f.*), guantero (*m.*), portaguantes (*m.*)
go ir, 2
— **back** volver (o:ue), 6
— **fishing** ir de pesca
— **hunting** ir de caza
— **in** entrar, 9
— **on a tour** ir de excursión, 5
— **out** salir, 9
— **shopping** ir de compras, 12
— **straight ahead** seguir (e:i) derecho, 16
— **through** pasar por
— **to bed** acostarse (o:ue), 9
gold oro (*m.*)
good bueno(a), 4
— **afternoon** buenas tardes, PI
— **evening** buenas noches, PI
— **morning** buenos días, PI
good-bye adiós, PI; chau, 18
grade nota (*f.*), 17
— **school** escuela elemental (primaria) (*f.*), 17
graduate graduarse, 17
granddaughter nieta (*f.*)
grandfather abuelo (*m.*), 3
grandmother abuela (*f.*), 3
grandson nieto (*m.*)
grapefruit toronja (*f.*), pomelo (*m.*) (*Spain*), 1
grapes uvas (*f. pl.*), 1
gray gris, 13
green verde, 12
greeting felicitación (*m.*), 20
guest invitado(a) (*m., f.*), 11
guide guía (*m.*)

H

hair pelo (*m.*), 9
— **dryer** secador (*m.*), 9
— **salon** peluquería (*f.*), 9
— **stylist** peluquero(a) (*m., f.*), 9
hairbrush cepillo (*m.*), 9
haircut corte de pelo (*m.*), 9
hairstyle peinado (*m.*), 9
half medio(a), 2; mitad (*f.*), 13
— **a bottle** media botella, 2
— **an hour** media hora, 12
ham jamón (*m.*)
hamburger hamburguesa (*f.*)
hand mano (*f.*), 18
— **lotion** crema para las manos (*f.*), 9
handbag bolso (*m.*), 5; maletín (*m.*), 7
handkerchief pañuelo (*m.*)
handsome guapo(a), 3
hang colgar (o:ue), 10
happen pasar, 18
happy contento(a), feliz
— **birthday** feliz cumpleaños, 20
hat sombrero (*m.*), 12
hate odiar, 8
have tener, 4
— **a cough** tener tos
— **a lot to do** tener mucho que hacer, 11
— **a nice trip!** ¡buen viaje!, 7
— **a seat.** Tome asiento., PI
— **breakfast** desayunar, 11
— **dinner (supper)** cenar, 2
— **fun** divertirse (e:ie), 11
— **heart trouble** sufrir del corazón
— **high blood pressure** tener la presión alta, 19
— **just (done something)** acabar de (+ *inf.*), 4
— **low blood pressure** tener la presión baja
— **lunch** almorzar (o:ue), 6
— **something to drink (eat)** tomar (comer) algo, 2
— **to (do something)** tener que (+ *inf.*), 4
head cabeza (*f.*), 8
headache dolor de cabeza (*m.*), 19
healer curandero(a) (*m., f.*)
health salud (*f.*), 2
healthiest más sano(a)
healthy sano(a)
heart corazón (*m.*), 17
— **attack** ataque al corazón (*m.*), infarto (*m.*), 19
heating calefacción (*f.*), 5
hello hola, PI, Bueno, PII
help ayudar, 10
here aquí, PII
— **is...** aquí tiene..., 4
— **is the menu** aquí está el menú, 2
hi hola, PI
hidden escondido(a)
high alto(a), 19
— **school** escuela secundaria (*f.*)
highway carretera (*f.*), 14
hike caminata (*f.*), 8
history historia (*f.*), 17
hit (oneself) golpear(se), 18
homework tarea (*f.*), asignación (*f.*) (*Puerto Rico*), 17
hood (of a car) capó (*m.*), bonete (*m.*) (*Puerto Rico*), 14
hope esperar, 17
horse caballo (*m.*), 8
— **race** carrera de caballos (*f.*)
hospital hospital (*m.*), 18
— **gown** bata (*f.*), 17
hot dog perro caliente (*m.*)
hotel hotel (*m.*), 4
house casa (*f.*), 2
household chores quehaceres de la casa (*m. pl.*), trabajos de la casa (*m. pl.*), 10
housework quehaceres de la casa (*m. pl.*), trabajos de la casa (*m. pl.*), 10
how cómo, PI
— **are you?** ¿Cómo está Ud.?, PI
— **can I serve you?** ¿en qué puedo servirle?, 4
— **do you get to...?** ¿cómo se llega a ...?, 16
— **long?** ¿cuánto tiempo?, 5
— **many?** ¿cuántos(as)?, PII
— **much?** ¿cuánto?, 4
— **nice!** ¡qué amable!, 12
how's it going? ¿qué tal?, PI
however sin embargo
hunt cazar, 8
hurt doler (o:ue), 8
husband esposo (*m.*), marido (*m.*), 2

I

I like me gusta, 2
I hope... ojalá..., 17
I'll be right back en seguida regreso, 2
I'll call later Llamo más tarde, PII
I'll say! ¡Ya lo creo!, 6
I'll see you around hasta la vista, PI
I'll see you later hasta luego, PI
I'm sorry lo siento, PII
ice cream helado (*m.*), nieve (*f.*) (*Méx.*), mantecado (*m.*) (*Puerto Rico*), 1
iced tea té frío (helado) (*m.*), 1
idea idea (*f.*), 8

if si, 5
improve mejorar(se)
in en, a
— **advance** por adelantado, 5
— **full (not on installments)** al contado
— **order to** para, 8
— **that case** entonces, 6
— **the end** al final
in-law pariente político (*m.*)
inexpensive barato(a), 4
infection infección (*f.*), 19
influenza gripe (*f.*), 19
information información (*f.*), 7
injection inyección (*f.*), 18
inner ear oído (*m.*), 18
instead of en vez de
insurance seguro (*m.*), aseguranza (*f.*) (*Méx.*), 15
insured asegurado(a), 15
intelligent inteligente, 3
intend pensar (e:ie), 5
interesting interesante, 8
interior interior, 6
international internacional, 17
iron planchar, 10
Is... (name) there? ¿Está... + (*name*)?, PII
It's a pity. Es (una) lástima., 17
It's a pleasure to meet you. Mucho gusto., PI
it's true es verdad, 6
it's unlikely es difícil, 17
Italian italiano(a)
item artículo (*m.*), 12

J

jack gato (*m.*), 14
jacket, sports jacket chaqueta (*f.*), 12
jam mermelada (*f.*)
jewelry joyas (*f. pl.*)
— **store** joyería (*f.*), 13
juice jugo (*m.*), zumo (*m.*) (*Spain*), 1

K

key llave (*f.*), 4
kilometer kilómetro (*m.*), 15
kind amable, 12; clase (*f.*)
kitchen cocina (*f.*), 4
knee rodilla (*f.*), 18
knife cuchillo (*m.*), 1
know (*a fact*) saber, 7

L

lack hacer falta, 8
lady señora, PI
lake lago (*m.*), 8
lamb cordero (*m.*), 2
land (*a plane*) aterrizar, 16
large grande, 12
last último(a), 7; pasado(a), 17; durar
— **night** anoche, 11
later más tarde, 1; después, 2
laugh reír(se) (e:i), 12
learn aprender, 11
least healthy menos sano(a)
leather cuero (*m.*), 13
leave ir(se), salir, 9
— **(behind)** dejar, 1
lecture conferencia (*f.*), 3
leg pierna (*f.*), 18
lend prestar, 8
lentils lentejas (*f. pl.*)
less menos, 8
let's go vamos, 5
letter carta (*f.*), 20
lettuce lechuga (*f.*)
library biblioteca (*f.*), 18
license licencia (*f.*)
— **plate** chapa (*f.*), matrícula (*f.*), placa (*f.*), 14
life vida (*f.*)
lift levantar, 14
light luz (*f.*), 14
like gustar, 8
line cola (*f.*), fila (*f.*), 16
lipstick lápiz de labios (*m.*), pintalabios (*m.*) (*Spain*)
liquid líquido (*m.*), 19
list lista (*f.*), 2
listen! ¡oye!, 3
literature literatura (*f.*), 17
live vivir, 3
living room sala (*f.*), 3
loaded (with) cargado(a) (de), 13
lobby vestíbulo (*m.*), 6
lobster langosta (*f.*), 2
long hair pelo largo (*m.*), 9
look mirar, 8; verse, 9
— **at oneself in the mirror** mirarse en el espejo, 9
— **for** buscar, 12
lose perder (e:ie), 5
— **consciousness** desmayarse, perder el conocimiento, 17
love amor (*m.*), 2
lower berth litera baja (*f.*), 16
luck suerte (*f.*), 17
luggage equipaje (*m.*), 5
lunch almuerzo (*m.*), 5

M

madam señora, PI
magazine revista (*f.*), 5
magnificent magnífico(a), 8
mail correo (*m.*); echar al correo, 20
mailbox buzón (*m.*), 20; (*in an office*) casillero (*m.*), 20
major especialización (*f.*), 17
make hacer, 8
— **a reservation** hacer una reservación
— **a stopover** hacer escala
— **the bed** hacer la cama, 10
makeup maquillaje (*m.*), 9
manager gerente (*m., f.*), 4
many muchos(as), 3
margarine margarina (*f.*)
marina club club náutico (*m.*), PII
marmalade mermelada (*f.*)
mashed potatoes puré de papas (*m.*), 1
match hacer juego (con), combinar (con), 13
mathematics matemáticas (*f. pl.*), 17
mattress colchón (*m.*), 6
May I help you? ¿En qué puedo servirle?, 4
meal comida (*f.*), 5
means medios (*m. pl.*)
meanwhile mientras tanto
measles sarampión (*m.*), 19
measure medir (e:i)
meat carne (*f.*)
— **market** carnicería (*f.*)
meatball albóndiga (*f.*)
mechanic mecánico(a) (*m., f.*), 14
medical doctor, M.D. médico(a) (*m., f.*), 18
— **test** análisis (*m.*)
medicine cabinet botiquín (*m.*), 9
medium mediano(a), 12
— **height** estatura mediana, 3
— **rare** término medio
meet (*for the first time*) conocer, 13, encontrarse con (o:ue), 9
meeting reunión (*f.*), 9
melon melón (*m.*), 1
member socio(a) (*m., f.*), 14; miembro (*m.*)
men's clothing artículos para caballeros (*m.*), 12
mention mencionar
menu menú (*m.*), 1
message mensaje (*m.*), PII
Mexican mexicano(a)
Midnight Mass Misa de Gallo (*f.*)
midterm exam examen parcial (*m.*), examen de mitad de curso, 17
midwife partera (*f.*)
mile milla (*f.*)
milk leche (*f.*)
mind mente (*f.*)
mine mío(a), 9
mineral water agua mineral (*f.*), 1
mirror espejo (*m.*), 9
Miss señorita, PI
miss perder (e:ie)
— **the train (plane, bus)** perder el tren (avión, autobús)
mixed mixto(a), 1
moment momento (*m.*), 8
monastery monasterio (*m.*)
Monday lunes
money dinero (*m.*), 2
— **order** giro postal (*m.*), 20
monkey mono(a) (*m., f.*)
month mes (*m.*), 7
monthly mensual, por mes
monument monumento (*m.*)
moon luna (*f.*), 8
more más
morning mañana (*f.*), 10
mosque mezquita (*f.*)
most más

mother madre (*m.*), mamá (*f.*), 3
— **in-law** suegra (*f.*)
motor motor (*m.*), 14
— **scooter** motoneta (*f.*)
mountain montaña (*f.*), 8
— **climbing** alpinismo (*m.*)
mouth boca (*f.*), 17
movie theater cine (*m.*), 3
mow the lawn cortar el césped, 10
Mr. señor, PI
Mrs. señora, PI
much mucho, PI
mumps paperas (*f. pl.*), 19
museum museo (*m.*), 6
mushrooms champiñones (*m. pl.*), hongos (*m. pl.*), 10
musical musical, 9
must deber, 4
mustache bigote (*m.*), 9
my love mi amor, 2

N

nail polish esmalte para las uñas (*m.*), pintura de uñas (*f.*) (*Puerto Rico*)
— **remover** acetona (*f.*), quitaesmalte (*m.*), 9
name nombre (*m.*)
napkin servilleta (*f.*), 11
narrow estrecho(a)
— **bridge** puente angosto, 15
nausea náusea (*f.*), 19
navigate the Web navegar la red
near cerca (de), 6; junto a, 8
necessary necesario(a), 18
neck cuello (*m.*), 17
necklace collar (*m.*), 13
need necesitar, 4; hacer(le) falta (a uno), 8
nephew sobrino (*m.*)
never nunca, 6
new nuevo(a), 12
newspaper diario (*m.*), periódico (*m.*), 5
next próximo(a), 5; que viene, 17
— **to** junto a, 8
nice amable, 12
nickname sobrenombre (*m.*)
niece sobrina (*f.*)
night noche (*f.*), 4
— **club** club nocturno (*m.*), 6
nightgown bata de dormir (*f.*), camisón (*m.*), 13
nightstand mesita de noche (*f.*)
no no, PI
— **parking** prohibido estacionar, 15
— **smoking** no fumar, 7
nobody nadie, 19
noise ruido (*m.*)
non-smoking section sección de no fumar (*f.*)
noodles fideos (*m. pl.*)
noon mediodía (*m.*), 4
north norte (*m.*), 16
North American (from the U.S.) norteamericano(a), 3
nose nariz (*f.*), 18
not no, PI
note nota (*f.*)
nothing nada, 10
noun nombre (*m.*)
now ahora, 3; ya, 6
number número (*m.*), 16
nurse enfermero(a) (*m., f.*), 18

O

oculist oculista (*m., f.*)
of de, 1
office oficina (*f.*), 9
often a menudo
oil aceite (*m.*), 10
okay bueno, 12
on a, sobre
— **installments** a plazos, 15
— **the phone** por teléfono, PII
— **time** a tiempo, 16
— **vacation** de vacaciones, 5
one moment un momento, PII
one way (*ticket*) de ida, 7; (*street*) una vía, 15
onion cebolla (*f.*), 10
only solamente, sólo
open abrir, 2; abierto(a)
operate operar, 19
operation operación (*f.*), cirugía (*f.*), 19
or o, 1
orange naranja (*f.*), china (*f.*) (*Puerto Rico*), 1
order pedir (e:i), 2; pedido (*m.*), 2
orthopedist ortopédico(a) (*m., f.*)
other otro(a), 4
outdoor activity actividad al aire libre (*f.*), 8
outdoor cafe café al aire libre, 9
oven horno (*m.*)
overcoat abrigo (*m.*), 12
owner dueño(a) (*m., f.*), 5

P

package paquete (*m.*), 13
paddle remar
pain dolor (*m.*), 17
pair par (*m.*), 13
pajamas pijama (*m.*), 13
palace palacio (*m.*)
pancake panqueque (*m.*)
pants pantalón (*m.*), pantalones (*m. pl.*), 12
pantyhose pantimedias (*f. pl.*), 13
paper papel (*m.*), 11
parents padres (*m. pl.*)
park aparcar, estacionar, parquear; parque (*m.*)
parking estacionamiento (*m.*)
— **lot** zona de estacionamiento (*f.*)
party fiesta (*f.*), 3
passenger pasajero(a) (*m., f.*), 7
passport pasaporte (*m.*), 7
pay pagar, 1
— **bills** pagar cuentas
payment pago (*m.*), 15
peach durazno (*m.*), melocotón (*m.*), 1
pear pera (*f.*), 1
peas arvejas (*f. pl.*), guisantes (*m. pl.*), 5
pedestrian crossing paso de peatones (*m.*), 15
peel pelar, 11
pepper pimienta (*f.*)
per por
— **day** por día, 15
— **night** por noche, 4
— **week** por semana, 15
percent por ciento (*m.*), 16
perfect perfecto(a), 8
perfume perfume (*m.*), 9
permanent wave permanente (*f.*), 9
person persona (*f.*), 4
pharmacy farmacia (*f.*), 6
phone teléfono (*m.*), PII; llamar por teléfono, 15
photocopier fotocopiadora (*f.*), 20
photocopy fotocopia (*f.*), 20; fotocopiar, hacer fotocopias, 20
physical físico(a),
— **education** educación física (*f.*), 17
physics física (*f.*), 17
pick up buscar, 6; recoger
pickup truck camioneta (*f.*), 15
pie pastel (*m.*), 2
pill pastilla (*f.*), 16; píldora (*f.*), 19
pillow almohada (*f.*), 5
pillowcase funda (*f.*), 6
pineapple piña (*f.*), 1
pitcher jarra (*f.*)
place lugar (*m.*), 6
— **of interest** lugar de interés (*m.*), 6
plan pensar (e:ie), 5; planear, 8
plane avión (*m.*), 7
plate plato (*m.*), 1
platform (railway) andén (*m.*), 16
play (*a game*) jugar (u:ue), (*a sport*) practicar, 8; obra (*f.*)
player jugador(a) (*m., f.*)
please por favor, PI; favor de (+ *inf.*), 7
pneumonia pulmonía (*f.*), 19
poem poema (*m.*)
polio poliomielitis (*f.*)
pork chop chuleta de cerdo (*f.*), 2
post office correo (*m.*), oficina de correos (*f.*), 20
— **box** apartado postal (*m.*), casilla de correos (*f.*), 20
— **window** ventanilla, 20
postage stamp estampilla (*f.*), sello (*m.*), 20
postcard tarjeta postal (*f.*), 20
pot olla (*f.*), 11
potato papa (*f.*), patata (*f.*) (*Spain*), 1
— **chips** papitas (*f. pl.*)
pound libra (*f.*), 19
practice practicar
precious stones brillantería (*f.*)
prefer preferir (e:ie), 6
pregnant embarazada, 19
prepare preparar, 10
prescribe recetar, 19
present regalo (*m.*), 12

pretty bonito(a), 3
prevent prevenir
price precio (*m.*), 5
private privado(a), 4; propio(a)
probably probablemente, 6
problem problema (*m.*), 14
professor profesor(a) (*m., f.*), PI
proprietor dueño(a) (*m., f.*), 5
psychology psicología (*f.*)
pudding budín (*m.*), pudín (*m.*), 2
Puerto Rican puertorriqueño(a), 17
pure puro(a), 13
purse bolsa (*f.*), cartera (*f.*), 12
put poner, 10
— **in a cast** enyesar, 18
— **in stitches** dar (poner) puntos, 17
— **on** ponerse, 9

Q

quality calidad (*f.*), 13
quarter trimestre (*m.*)

R

race track hipódromo (*m.*)
racquet raqueta (*f.*), 8
radishes rabanitos (*m. pl.*)
railroad crossing ferrocarril (*m.*), 15
railway ferroviario(a)
rain llover (o:ue), 10; lluvia (*f.*)
raincoat impermeable (*m.*)
raise levantar, 14
ranch finca (*f.*), 8
rare medio crudo
rate tarifa (*f.*)
— **of exchange** cambio de moneda (*m.*), 7
razor máquina de afeitar (*f.*), 9
— **blade** navajita (*f.*), 13; hoja de afeitar (*f.*)
read leer, 2
ready listo(a), 13
ready-made hecho(a)
really de veras, 11
receipt recibo (*m.*), 15
recently recientemente
receptionist recepcionista (*m., f.*), PII
recipe receta (*f.*), 11
recliner reclinadora (*f.*)
red rojo(a), 10
— **wine** vino tinto (*m.*), 1
refrigerator heladera (*f.*), nevera (*f.*), refrigerador (*m.*), 10
register registro (*m.*), 4; matricularse, 17
registered certificado(a), 20
relative pariente (*m., f.*)
remember recordar (o:ue), 6
rent alquilar, 8
repair shop taller de mecánica (*m.*), 14
report informe (*m.*), 17
requirement requisito (*m.*), 17
reservation reservación (*f.*), 4
reserve reservar, 7
restaurant restaurante (*m.*), 1
return (*to a place*) regresar, 2; volver (o:ue), 6; (*something*) devolver (o:ue), 20
rice arroz (*m.*)
— **pudding** arroz con leche (*m.*)
ride a bicycle montar en bicicleta
ride horseback andar a caballo, montar a caballo, 8
riddle adivinanza (*f.*)
right? ¿verdad?, 5
— **away** en seguida, 2
— **here** aquí mismo, 18
— **now** ahora mismo
ring anillo (*m.*), sortija (*f.*), 13; sonar (o:ue)
road camino (*m.*)
roast asar, 11
roasted asado(a), 2
room cuarto (*m.*), habitación (*f.*), 4
— **service** servicio de cuarto (*m.*), servicio de habitación (*m.*)
round-trip de ida y vuelta, 7
row remar
rubella rubéola (*f.*)
rum cake torta al ron (*f.*), 2
run correr, 4
— **errands** hacer diligencias, 9

S

sad triste
safe deposit box caja de seguridad (*f.*), 20
sail boat barco de vela (*m.*)
salad ensalada (*f.*), 1
sale liquidación (*f.*), venta (*f.*), 12; rebaja (*f.*)
salt sal (*f.*)
same mismo(a)
sandals sandalias (*f. pl.*), 13
Saturday sábado (*m.*)
sauce salsa (*f.*), 2
saucepan cacerola (*f.*), 11
sausage chorizo (*m.*), salchicha (*f.*), 5
save ahorrar
savings account cuenta de ahorros (*f.*), 15
say decir (e:i), 7
— **hello to...** saludos a, PI
saying dicho (*m.*)
scale balanza (*f.*), 19
scarf bufanda (*f.*), 12
scarlet fever escarlatina (*f.*)
scholarship beca (*f.*), 18
school escuela (*f.*)
scissors tijeras (*f.*), 9
scrambled egg huevo revuelto (*m.*), 11
scrub fregar (e:ie), 11
season estación (*f.*)
seat asiento (*m.*), 7
second segundo(a), 5
see ver, 8
sell vender, 13
semester semestre (*m.*), 17
send mandar, 10; enviar, 20
sense sentido (*m.*)
serious grave
serve servir (e:i), 5
service servicio (*m.*)
— **station** estación de servicio (*f.*), gasolinera (*f.*), 14
set the table poner la mesa, 11
several varios(as), 9
Shall we dance? ¿Bailamos?, 3
shampoo champú (*m.*), lavado (*m.*), 9
shave (oneself) afeitar(se), 9
sheet sábana (*f.*), 6
shellfish mariscos (*m. pl.*), 2
shirt camisa (*f.*), 12
shoe zapato (*m.*), 13
— **store** zapatería (*f.*), 13
shop window vidriera (*f.*), vitrina (*f.*), 12
short (*height*) bajo(a), 3
— **hair** pelo corto, 9
shot inyección (*f.*), 18
should deber, 4
show enseñar, mostrar (o:ue), 8; función (*f.*), 9
shower ducha (*f.*), 4
shrimp camarón (*m.*), gamba (*f.*) (*Spain*), 2
sickness enfermedad (*f.*)
sign firmar, 4; letrero (*m.*)
silk seda (*f.*)
silver plata (*f.*)
silverware cubiertos (*m. pl.*), 11
since como, 10; ya que, 12; desde, 19
single bed cama chica (*f.*), 4
sink fregadero (*m.*), pileta (*f.*), 11
sir señor, PI
sister hermana (*f.*), 3
— **-in-law** cuñada (*f.*), 3
sit down sentar(se) (e:ie), 9
situation situación (*f.*)
size medida (*f.*), talla (*f.*), 12; tamaño (*m.*)
skate patinar, 8
skates patines (*m. pl.*), 8
ski esquiar, 8
skirt falda (*f.*), saya (*f.*) (*Cuba*), 12
sky cielo (*m.*), 10
sleep dormir (o:ue), 8
sleeping bag bolsa de dormir (*f.*), 8
sleeping car coche litera (*m.*), coche-cama (*m.*), 16
slippers pantuflas (*f. pl.*), zapatillas (*f. pl.*)
small chico(a), 4; pequeño(a)
smallpox viruela (*f.*)
smog contaminación del aire (*f.*)
smoke fumar, 7
sneakers zapatos de tenis (*m.*)
snow nevar (e:ie); nieve (*f.*)
so de modo que, 20; así que
— **many** tantos(as), 6
soap jabón (*m.*), 5
soccer fútbol (*m.*)
sociology sociología (*f.*), 17
socks calcetines (*m. pl.*), medias (*f. pl.*), 13
soda pop refresco (*m.*)
sofa sofá (*m.*)
soft-boiled egg huevo pasado por agua (*m.*), 11
some algún, alguno(a), unos(as), algunos(as), 11, 6
somebody alguien, 18
someone alguien, 18
something algo, 10
sometimes a veces, 11

son hijo (*m.*)
— **-in-law** yerno (*m.*)
sooner antes, 12
soup sopa (*f.*), 1
south sur (*m.*), 16
spaghetti espaguetis (*m. pl.*), tallarines (*m. pl.*)
spare part pieza de repuesto (*f.*), 14
speak hablar, 4
specialty especialidad (*f.*), 2
speed limit velocidad máxima (*f.*)
spend gastar, 15
spoon cuchara (*f.*), 1
sport deporte (*m.*), 8
stadium estadio (*m.*), 6
stairs escalera (*f.*)
stamp sello (*m.*), estampilla (*f.*), 20
standard shift (car) de cambios mecánicos, 15
star estrella (*f.*), 8
start empezar (e:ie), 5; (*a motor*) arrancar, 14
station estación (*f.*)
stay in bed (when one is sick) guardar cama
steak bistec (*m.*), 1
steam (food) cocinar al vapor, 11
steering wheel volante (*m.*), guía (*m.*) (*Puerto Rico*), 14
stepbrother hermanastro (*m.*)
stepdaughter hijastra (*f.*)
stepfather padrastro (*m.*)
stepmother madrastra (*f.*)
stepsister hermanastra (*f.*)
stepson hijastro (*m.*)
stew guisado (*m.*), guiso (*m.*), 2
stick out one's tongue sacar la lengua, 19
stomach estómago (*m.*), 18
stop alto, 15; parar
store tienda (*f.*), 5
stove cocina (*f.*), estufa (*f.*)
straight hair pelo lacio (*m.*), 9
strawberries fresas (*f. pl.*), 1
streetcar tranvía (*m.*)
strong fuerte
student estudiante (*m.*, *f.*), 3
study estudiar, 17
stuffed turkey pavo relleno (*m.*)
subject (academic) asignatura (*f.*), materia (*f.*), 18
subsidized subvencionado(a)
subway metro (*m.*), subterráneo (*m.*), 18
suffer sufrir
sugar azúcar (*m.*), 1
suggest sugerir (e:ie), 16
suit traje (*m.*), 12
suitcase maleta (*f.*), 4
summer verano (*m.*), 10
sunglasses anteojos de sol (*m. pl.*), gafas de sol (*f. pl.*) (*Spain*), 13
suntan lotion bronceador (*m.*)
supermarket supermercado (*m.*), 10
supper cena (*f.*), 5
sure seguro(a), 6
surgeon cirujano(a) (*m.*, *f.*), 17
surgery cirugía (*f.*), 19

sweater suéter (*m.*), 10
sweep barrer, 11
swim nadar, 8
swimming natación (*f.*)
— **pool** piscina (*f.*), alberca (*f.*) (*Méx.*), pileta de natación (*f.*) (*South America*), 4
symptom síntoma (*m.*), 19
syringe jeringuilla (*f.*)
syrup jarabe (*m.*), 19

T

T-shirt camiseta (*f.*), 13
table mesa (*f.*), PII
— **linens** mantelerías (*f.*, *pl.*)
tablecloth mantel (*m.*)
tablespoonful cucharada (*f.*), 19
tailor sastre (*m.*)
take (*someone or something someplace*) llevar, 2; (*a class*) tomar, 17; (*a bus*) tomar, 16
— **a deep breath** respirar hondo, 19
— **a hike** hacer una caminata, 8
— **off** quitarse, 18; (*plane*) despegar, 16
— **out the garbage** sacar la basura, 11
— **turns** turnarse
talk conversar, 2; hablar, 4
tall alto(a), 3
tank tanque (*m.*), 14
tasty rico(a), sabroso(a), 2
taxi stand parada de taxis (*f.*), 16
tea té (*m.*), 1
teach enseñar, 11
teacher profesor(a) (*m.*, *f.*), PI
team equipo (*m.*)
teaspoonful cucharadita (*f.*), 19
teeth dientes (*m. pl.*), 9
television televisión (*f.*), tele (*f.*), 8
— **set** televisor (*m.*), 4
tell decir (e:i), 7
teller cajero(a) (*m.*, *f.*), 20
temperature temperatura (*f.*), 19
tennis tenis (*m.*), 8
— **shoes** zapatos de tenis (*m. pl.*)
tent tienda de campaña (*f.*), 8
terrace terraza (*f.*), 10
tetanus shot inyección antitetánica (*f.*), 18
thank you gracias, PI
that eso, 8; que, 10
That's great! ¡Qué bien!, 13
that's why... por eso..., 12
The pleasure is mine. El gusto es mío., PI
theater teatro (*m.*)
then entonces, 6
there allí, 3
there are hay, PII
there is hay, PII
therefore pues
thermometer termómetro (*m.*), 19
thin delgado(a), 3
thing cosa (*f.*), 9
think pensar (e:ie), 5; creer, 12

this este(a), 8
— **afternoon** esta tarde, 10
— **very day** hoy mismo, 7
— **way** por aquí, 2
throat garganta (*f.*)
through por, 10
throw up vomitar, 19
Thursday jueves
ticket (*for a trip*) pasaje (*m.*), billete (*m.*), 7; (*for an event*) entrada (*f.*), 9; boleto (*m.*), 16; (*fine*) multa (*f.*)
— **window** despacho de boletos (*m.*), ventanilla (*f.*), 16
tie corbata (*f.*), 12
tight estrecho(a)
tile azulejo (*m.*)
time tiempo (*m.*), 5; (*as equivalent of occasion*) vez (*f.*), 10
tire goma (*f.*), llanta (*f.*), neumático (*m.*), 14
tired cansado(a), 3
to para, 16; a
— **the left** a la izquierda, 12
— **the right** a la derecha, 12
toast brindis (*m.*), 2; pan tostado (*m.*), 5; tostada (*f.*), 11
toaster tostadora (*f.*), 11
today hoy, PI; hoy mismo, 7
toe dedo del pie (*m.*), 18
together juntos(as), 17
toiletries artículos de tocador (*m. pl.*)
tomato tomate (*m.*), 1
tomorrow mañana, 3
tongue lengua (*f.*), 18
tongue-twister trabalenguas (*m.*)
tonight esta noche, 6
too también, 2
toothbrush cepillo de dientes (*m.*)
toothpaste pasta de dientes (*f.*), pasta dentífrica (*f.*), 9
tossed (salad) mixto(a), 1
tourist turista (*m.*, *f.*), 7
— **class** clase turista (*f.*), 7
tow remolcar, 14
— **truck** grúa (*f.*), remolcador (*m.*), 14
towel toalla (*f.*), 5
tower torre (*f.*)
town pueblo (*m.*)
traffic sign señal de tráfico (*f.*), 15
train tren (*m.*), 16
— **schedule** horario (itinerario) de trenes (*m.*), 16
— **station** estación de trenes (*f.*), 16
transfer transbordar, 16
travel viajar, 7
— **agency** agencia de viajes (*f.*), 7
traveler's check cheque de viajero (*m.*), 1
trip viaje (*m.*), 7
trousers pantalón (*m.*), pantalones (*m. pl.*), 12
trout trucha (*f.*)
truck camión (*m.*), 15
trunk (of a car) maletero (*m.*), baúl (*m.*) (*Puerto Rico*), cajuela (*f.*) (*Méx.*), 14
try (to) tratar (de), 8

try on probarse (o:ue), 12
Tuesday martes (*m.*)
tuition matrícula (*f.*), 17
tuna atún (*m.*), 5
turkey pavo (*m.*)
turn doblar, girar, 16
tuxedo esmoquin (*m.*)
TV televisión (*f.*), tele (*f.*), 8
— **set** televisor (*m.*), 4
two-door car coche de dos puertas (*m.*), 15

U

umbrella paraguas (*m.*)
uncle tío (*m.*)
uncomfortable incómodo(a), 6
under debajo de, 11
undershirt camiseta (*f.*), 13
undershorts (men's) calzoncillo (*m.*), 13
understand entender (e:ie), 15
underwear ropa interior (*f.*), 13
unfortunately desgraciadamente, por desgracia, 18
university universidad (*f.*), 17
unleaded sin plomo
until hasta, 8; hasta que, 19
upper berth litera alta (*f.*), 16
use usar, 9; gastar, 15; uso (*m.*)

V

vacate desocupar, 4
vacation vacaciones (*f. pl.*), 8
vaccination vacuna (*f.*), 19
vacuum pasar la aspiradora, 10
— **cleaner** aspiradora (*f.*), 10
valid válido(a)
van camioneta (*f.*), 15
vanilla ice cream helado de vainilla (*m.*), 1
vegetable market verdulería (*f.*)
vegetable soup sopa de verduras (*f.*), 17
vegetables vegetales (*m. pl.*), verduras (*f.*), 1
verb verbo (*m.*)
vermouth vermut (*m.*), 2
very muy, PI
— **well** muy bien, PI
vest chaleco (*m.*), 12
vinegar vinagre (*m.*)
visa visa (*f.*), visado (*m.*) (*Spain*), 7
visit visitar, 6
vocabulary vocabulario (*m.*)
vomit vomitar, 19

W

wait (for) esperar, 4
— **in line** hacer cola (fila), 16
— **on** atender (e:ie), 9
waiter camarero (*m.*), mesero (*m.*), mozo (*m.*), 1
waiting room sala de espera (*f.*), 18
waitress camarera (*f.*), mesera (*f.*), 1
walk caminar, 16
wallet billetera (*f.*), 9
want desear, 1; querer (e:ie), 5
wash lavado (*m.*), 9; (*oneself*) lavar(se), 9; fregar (e:ie), 11
washing machine lavadora (*f.*), 10
water agua (*f.*), 1
— **pump** bomba de agua (*f.*), 14
— **skiing** esquí acuático (*m.*)
watermelon sandía (*f.*), melón de agua (*m.*) (*Cuba*), 1
we'll see you nos vemos, 17
weak débil, 19
wear llevar, usar, 12
— **a certain shoe size** calzar, 13
weather tiempo (*m.*)
wedding anniversary aniversario de bodas (*m.*), 2
week semana (*f.*), 5
weigh pesar, 19
weight peso (*m.*), 19
well bien, PI; bueno..., 5
— **done** bien cocido
west oeste (*m.*), 16
what? ¿qué?, 1; ¿cuál?, 13
— **do you think of... ?** ¿Qué te parece... ?, 8
— **else?** ¿qué más?
— **for?** ¿para qué?
— **is... like?** ¿Qué tal es... ?, 6
— **size shoe do you wear?** ¿Qué número calza?, 13
What's new? ¿Qué hay de nuevo?, PI
What's the date today? ¿Qué fecha es hoy?, PI
What's the exchange rate? ¿A cómo está el cambio de moneda?, 7
when cuando, 2
when? ¿cuándo?, 7
where? ¿dónde?, 4
— **from?** ¿de dónde?, PII
— **to?** ¿adónde?, 5
whether si, 5
which? ¿cuál?, 13
while rato (*m.*) 2; mientras, 4
white blanco(a), 1
— **wine** vino blanco (*m.*), 2
who ¿quién?, 3; que, 10
Who's speaking? ¿De parte de quién?, PII
whom? ¿quién?, 3
whooping cough tos ferina (*f.*)
why ¿por qué?, 4
wide ancho(a), 12
wife esposa (*f.*), mujer (*f.*), 2
window ventana (*f.*), 10; (*of a car*) ventanilla (*f.*), 14
— **seat** asiento de ventanilla (*f.*), 7
windshield parabrisas (*m. sing.*), 14
— **wiper** limpiaparabrisas (*m. sing.*), 14
wine vino (*m.*), 1
— **glass** copa (*f.*), 1
winter invierno (*m.*)
wish querer (*e:ie*), 5
with con, 1
— **me** conmigo, 7
— **you** (*fam.*) contigo, 6
without sin, 15
Wise Men Reyes Magos (*m. pl.*)
woman mujer (*f.*), 5
women's clothing artículos para señoras (*m. pl.*), 12
wool lana (*f.*), 13
word palabra (*f.*)
work funcionar, 6; trabajar, 10
worried preocupado(a), 12
worry preocuparse, 18
wound herida (*f.*), 18
wrist muñeca (*f.*)
wristwatch reloj de pulsera (*m.*), 13
write something down anotar, 2

X

x-ray radiografía (*f.*), 18
— **room** sala de rayos X (*f.*), 18

Y

yacht club club náutico (*m.*), PII
yearly anual, 15
yes sí, 1
yesterday ayer, 19
yield ceda el paso, 15
you like te gusta, 2
young joven
— **lady** señorita, PI
— **man** chico (*m.*), muchacho (*m.*), 3
— **people** gente joven (*f.*)
— **woman** chica (*f.*), muchacha (*f.*), 3
yours tuyo(a), 9

Z

zoo zoológico (*m.*)

Mar Caribe
OCÉANO ATLÁNTICO
OCÉANO PACÍFICO
TRINIDAD Y TOBAGO
Puerto España
Barranquilla
Cartagena
Maracaibo
Caracas
La Guaira
San Carlos
Ciudad Bolívar
VENEZUELA
Río Orinoco
Georgetown
Paramaribo
Cayena
GUYANA
SURINAM
GUAYANA FRANCESA
Salto Ángel
Medellín
Río Magdalena
Zipaquirá
Bogotá
Cali
COLOMBIA
Popayán
San Agustín
Otavalo
Pichincha
Santo Domingo de los Colorados
Quito
ECUADOR
Chimborazo
Guayaquil
CORDILLERA DE LOS ANDES
Ecuador
Río Negro
Río Amazonas
Manaos
Belén
Iquitos
Río Madeira
Sipán
Trujillo
BRASIL
Recife
PERÚ
Machu Picchu
Callao
Lima
Cuzco
Lago Titicaca
Puno
La Paz
Cochabamba
Arequipa
Tiahuanaco
Río Paraguay
Salvador
Brasilia
BOLIVIA
Arica
Sucre
Potosí
Bello Horizonte
Iquique
Río Paraná
Filadelfia
PARAGUAY
Asunción
Río de Janeiro
San Pablo
Santos
Trópico de Capricornio
Antofagasta
Salta
San Miguel de Tucumán
Puerto Iguazú
Resistencia
CHILE
Río Uruguay
Puerto Alegre
Córdoba
Aconcagua
Mendoza
Viña del Mar
Valparaíso
Santiago
Rosario
URUGUAY
Montevideo
Buenos Aires
La Plata
Punta del Este
ARGENTINA
Río de la Plata
Concepción
Río Colorado
Mar del Plata
Bahía Blanca
Bariloche
Puerto Montt
PATAGONIA
ISLAS GALÁPAGOS
San Salvador
Santa Cruz
San Cristóbal
Isabela
Quito
Guayaquil
Estrecho de Magallanes
Islas Malvinas
Punta Arenas
TIERRA DEL FUEGO
Cabo de Hornos
América del Sur
0 250 500 Km.
0 250 500 Mi.